Menschen und Mächte
Geschichte im Blickpunkt
Herausgegeben von
Professor Dr. Hellmut Diwald

Die revolutionäre Bewegung des Frühjahrs 1848 erschüttert zunächst Frankreich und greift dann auf andere europäische Länder über. In Deutschland entlädt sich die wachsende Unruhe des »Vormärz« in Erhebungen des Bürger- und Kleinbürgertums, der Arbeiter, Studenten und Intellektuellen, vor allem in Wien (13.–15. März), wo die Revolutionäre die Entlassung des Staatskanzlers Metternich, des Hauptes der Reaktion, erzwingen, und in Berlin (Straßenkämpfe des 18. März). Am 18. Mai tritt in der Frankfurter Paulskirche eine aus demokratischen Wahlen hervorgegangene deutsche Nationalversammlung zusammen. Im Frühjahr 1849 beschließt sie eine liberale Reichsverfassung; diese wird jedoch von den beiden deutschen Großmächten und den größeren Mittelstaaten abgelehnt, und Friedrich Wilhelm IV. von Preußen weist die ihm angebotene Kaiserkrone zurück. Aufstände der Republikaner in Dresden, Baden und der Pfalz werden von preußischen Truppen niedergeworfen. Damit fand eine Revolution ihr Ende, die, wäre sie siegreich geblieben, vielleicht den deutschen Imperialismus späterer Jahrzehnte, die Weltkriege, den Nazismus verhindert hätte . . .

Rudolf Stadelmann (1902–1949) war von 1938 bis zu seinem Tod Professor für neuere Geschichte an der Universität Tübingen. Außer der vorliegenden Revolutionsgeschichte schrieb er u. a.: »Vom Erbe der Neuzeit« (Aufsätze, 1942), »Deutschland und Westeuropa« (1948), »Moltke und der Staat« (1950), »Scharnhorst« (1952), »Geschichte der englischen Revolution« (1954), »Die Bildungswelt des deutschen Handwerkers um 1800« (1955; mit Wolfram Fischer).

Dieses Buch gehört in den Themenkreis 46 der Reihe »Menschen und Mächte – Geschichte im Blickpunkt«

Rudolf Stadelmann

Soziale und politische Geschichte der Revolution von 1848

Mit einer Einführung
von Professor Dr. Hellmut Diwald

KÖNIG

König Verlag
Buch und Taschenbuch GmbH
München

Redaktion: Martin Vosseler

Ungekürzte Ausgabe
August 1973

Umschlaggestaltung: Rudolf Huber-Wilkoff, München
Fotos: Staatsbibliothek Berlin, Bildarchiv
König Verlag, Buch und Taschenbuch GmbH, München
Lizenzausgabe mit freundlicher Genehmigung des Verlages F. Bruckmann KG, München

Gesamtherstellung: Friedrich Pustet, Regensburg
ISBN 3-8082-0076-6

Inhalt

Einführung

Die Große Revolution von 1789 ist zweimal für beendet erklärt worden: zum ersten Mal nach dem Sturz Robespierres durch die Thermidorianer, zum zweiten Mal von Napoleon Bonaparte. Beide Male hat es sich um eine innerstaatliche Angelegenheit Frankreichs gehandelt. Unter europäischen Perspektiven ist sie ein drittes Mal 1815 auf dem Wiener Kongreß für beendet erklärt worden. Der Repräsentant dieser Schlußpunkt-Politik, Metternich, war einer der schärfsten Gegner der Revolution, gerade weil er nicht an die Dauerhaftigkeit seiner Politik und die endgültige Besiegung der revolutionären Ideen geglaubt hat.

Der Wiener Kongreß 1814/15 wollte die vorrevolutionären Zustände wiederherstellen. Alles, was seit 1789 virulent geworden war, sollte ausgetilgt werden: die Ideen der Volkssouveränität, der Menschen- und Bürgerrechte, des Konstitutionalismus, des Parlamentarismus, der Demokratie. Die erste Hälfte des 19. Jahrhunderts ist weithin von diesem Bestreben erfüllt, das Offiziell-Staatliche ist restaurativ ausgerichtet. Aber der Untergrund dieser Ära ist von den weiterwirkenden Ideen der 89er Revolution bestimmt. Napoleon hatte richtig gesehen, als er prophezeite: »Nach mir wird die Revolution wieder ihren Lauf nehmen; es wird wie mit einem Buch sein, aus dem man das Lesezeichen fortnimmt. Man beginnt die Lektüre an der alten Stelle.«

Das ist die erste und wichtigste einer langen Reihe von Dichotomien, die das 19. Jahrhundert kennzeichnen. Hätte das Gedankengut der Französischen Revolution nicht inzwischen eine Art Eigenleben entfaltet, das sich in ganz Europa ausbreitete, dann hätte einer Restaurationspolitik ihr natürlicher Partner, der Widersacher, gefehlt. Sie wäre nicht möglich, aber auch nicht nötig gewesen. Ob man die Revolution als Gift und Pest oder als Symbol einer besseren Welt bezeichnete, mit dem sich ein Kult der forcierten Zukunftserwartung treiben ließ, das kam nur auf die jeweilige Überzeugung an. Was sich nicht an diesem Kult beteiligte, wurde von den Oppositionellen pauschal als »Reaktion« abgetan und diffamiert.

Es gibt keinen Zweifel daran, daß sich die meisten Vorstellungen des 19. Jahrhunderts in Zustimmung, Ablehnung oder wenigstens Auseinandersetzung mit den Ideen von 1789 entwickelt und formiert haben. Gleichgültig, welche Erscheinungsformen die Revolution im 19. Jahrhundert angenommen hat: Das Thema der Revolution selbst, die Problematik des Revolutionären ist zu einer kardinalen Tatsache der europäischen Geschichte dieser Zeit geworden.

Ideen sind nur ein Teil der Historie. Aber auch die Veranstaltungen des

Spektakulären, die dem normalen Geschmack an dramatischen Pointen so sehr entgegenkommen, sind nicht die *ganze* Geschichte. Vorstellungen und Konzepte werden erst dann wirkliche Geschichte, wenn sie Wirkung bekommen. Dann sind sie historische Kräfte. Man kann es auch so ausdrücken: Erst eine Idee, die sich in Blut gewaschen hat, ist eine Idee, die sich gewaschen hat. Den großen Gedanken einer Zeit, die zum Durchbruch drängen, kommen im fraglichen Moment oft genug auch die unerläßlichen Barrikaden zu Hilfe. Diese Dynamik des geschichtlichen Geschehens mit all den durcheinanderlaufenden Möglichkeiten, mit all den verschiedenen Strömungen, Differenzierungen und Antagonismen – diese Dynamik hat schließlich 1848 zu der Kette von Aktionen in Europa geführt, die sich unter dem Sammelbegriff »nationale Revolutionen« zusammenfassen lassen.

1831 hatte Victor Hugo geschrieben, er höre bereits das dumpfe Grollen der Revolution, das, von Paris ausgehend, tief unter der Erde alle europäischen Königreiche unterwühle. Läßt man die Aktionen der ersten Hälfte des Jahres 1848 Revue passieren, so kann man wirklich sagen, daß der Kontinent buchstäblich explodiert ist. Dagegen steht nun das Urteil der Könige und Herrscher. Friedrich Wilhelm IV. schreibt in einem Brief, daß in Berlin systematisch vom Ausland her alles »zur infamsten Revolte, die jemals eine Stadt entehrt hat, vorbereitet« worden sei. Ähnlich heißt es in dem kaiserlichen Manifest aus Innsbruck Ende Mai: Die Vorgänge in Wien seien von einer anarchischen Fraktion und von Fremden veranlaßt worden.

In dieser starren Ratlosigkeit manifestiert sich die alte Verschwörungstheorie, die zum Rüstzeug der restaurativen Position gehört. Sogar Metternich schreibt noch am 29. Januar 1848 – also nach den italienischen Aufständen – an den Kaiser: »Über Europa flutet eine Verschwörung der Umsturzpartei gegen das Rechtlichbestehende.«

Diese Interpretation stammt aus der Zeit von 1815. Sie gehört zum Versuch der etablierten Mächte, mit reiner Konservierungspolitik eine staatliche Dauerordnung zu errichten. Die Haltung gegenüber 1789 ist klar. Die Revolution war ein Eiterherd der Gesellschaft, ein Abszeß oder Geschwür. Demgegenüber muß das politische Verhalten chirurgischen Charakter bekommen. Nicht die Gesellschaft selbst sei durch falsche Handlungen der Fürsten erkrankt, sondern sie sei von außen, durch die Revolutionäre, vergiftet worden. Restaurative Politik sei Wiederherstellung vorrevolutionärer Zustände und Verhütung einer neuerlichen Korrumpierung der Völker durch subversive Elemente, die sich vor allem aus den mittleren Klassen rekrutierten.

Hier handelt es sich zwar um eine Politik der Restauration, aber mißt man sie an den weiterwirkenden Ideen und Forderungen von 1789, dann ist es auch eine Politik der Negation mit suppressivem Charakter. Sie hat zwangsläufig auch diejenigen auf die radikale Seite gedrängt, die nicht von vornherein dafür bestimmt gewesen sind, also besonders die konservativ Gemäßigten und die behutsamen Reformer. Das ist einer der entscheidenden Gründe dafür, warum so viele Gruppierungen im Vormärz von keiner inneren Notwendigkeit geprägt sind, warum sich etwa der Konservativismus mit dem Partikularismus verbindet, der Nationalismus mit dem Liberalismus – vor allem in den deutschen Ländern – und warum in anderen Bereichen Legitimität und Fremdherrschaft oder nationales Freiheitsstreben und Jakobinertum als synonym angesehen werden.

Der Vormärz gilt, von der Erhaltung des Bestehenden aus gesehen, als eine Friedenszeit, als eine Epoche, die im wesentlichen von Ruhe bestimmt ist. Jacob Burckhardt spricht nach 1871 schon etwas vorsichtiger von »jenen drei scheinbar ruhigen Dezennien«. Aber selbst wenn man nur oberflächlich zusammenrechnet, kommt man in Europa während dieser Zeit auf mehr als ein Dutzend Aufstände, blutige Unruhen, Umstürze und Revolutionen. Die verschiedenen parallelen Vorgänge in Lateinamerika sind dabei ausdrücklich nicht mitgezählt. Im Vormärz hat es mindestens drei Hauptwellen revolutionärer Bewegungen gegeben, die dicht genug aufeinanderfolgen, um die Feststellung zu ermöglichen, daß die Restaurationsepoche von einer permanenten oder wenigstens endemischen Revolution unterströmt ist. Sie taucht immer wieder auf: in Griechenland, Spanien, Italien, der Schweiz, in Belgien, Polen und Frankreich.

Was Revolution ist, was sie dann vor allem 1848 gewesen ist, wird nicht nur durch das Ziel bestimmt, sondern genauso durch den Impetus. Für das 19. Jahrhundert ist die Verselbständigung des revolutionären Prinzips wichtig geworden, unabhängig von dem, was es im Einzelfall umschlossen hat. Die restaurativen Mächte haben deshalb auch alles, was gegen die etablierte Ordnung gerichtet war, fast durchweg als eine einheitliche Opposition angesehen, als Gefährdung der Stabilität.

Auf der revolutionären Gegenseite hat wenigstens in einem Punkt Übereinstimmung geherrscht: in der Verneinung der Restauration, im Haß gegen die Regierungen. Diese »Einheitsfront« hat sich allerdings schnell zersetzt, vor allem durch die liberalen, nationalen, sozialreformerischen und sozialrevolutionären Gegensätze, die sich rapide ausgebildet und zu einer Auffächerung der Bestrebungen geführt haben.

Neben dem Modell für den äußeren Ablauf einer Revolution hat 1789 auch das Modell für die Gruppierungen der Opposition im Vormärz geliefert: 1. die gemäßigten Liberalen, überwiegend zusammengesetzt aus Großbürgertum, Bildungsbürgertum und liberalen Aristokraten, 2. die radikalen Demokraten, unter Einschluß von Kleinbürgertum, Intellektuellen, aber auch deklassiertem Kleinadel, 3. die Sozialisten, 4. die Unterschichten, was nicht ganz präzise ist, denn sie waren keine Schichten, aber sie waren unten, repräsentiert durch die von Hébert geführten Sansculotten. Ihnen haben dann 1848 in Berlin die »Bassermannschen Gestalten« und »catilinarischen Existenzen« Bismarcks entsprochen, aber auch in Wien und in allen anderen Großstädten. Es handelte sich um die gleichen Leute, die von Karl Marx als »Lumpenproletariat« bezeichnet worden sind, asoziale Elemente, die unfähig waren, ein Klassenbewußtsein zu entwickeln. Für das Bürgertum allerdings rangierten noch lange Zeit die Arbeiter, die Proletarier, auf dieser Schicht unterhalb der untersten Schicht, des Vierten Standes.

Quer durch diese Grundrichtungen gehen im Vormärz die nationalen Bestrebungen. Allerdings lassen sie sich ebenfalls auf keinen einheitlichen Nenner bringen. Sie haben am stärksten dazu beigetragen, der revolutionären Bewegung in der Restaurationszeit ihren internationalen Charakter zu nehmen. Deshalb ist das Modell von 1789 zwar ein Urbild der politisch-gesellschaftlichen Revolution und ihrer Triebkräfte, aber kein Urbild der nationalen.

Wie brüchig das System der Großmächte schon geworden war, hat der kurze Bürgerkrieg in der Schweiz im Jahre 1847 gezeigt. In der Auseinandersetzung konnten die Bundesstaatlichen, also auch liberal gesinnte Teile der Eidgenossenschaft, den staatenbundlich konservativ orientierten »Sonderbund«, der sich aus den katholischen Kantonen zusammensetzte, überwinden. Schon nach 1834, als es zur Klosteraufhebung gekommen war, hatte der Sonderbund für den Fall eines Bürgerkrieges, den er in Reichweite sah, in Wien, Paris und Turin um Hilfe nachgesucht. Tatsächlich haben sich dann auch Österreich und Frankreich mit höchst realen Interventionsabsichten in der Schweiz getragen, ebenso Preußen und Rußland. Aber das scheiterte an der glatten Absage Englands. Die restaurativen Staaten hatten nicht Kraft genug, diesem Nein ein ebenso nachdrückliches Ja entgegenzustellen.

So überrascht es kaum – wenistens rückwirkend nicht –, daß das Jahr 1848 buchstäblich von einem Staffellauf revolutionärer Erhebungen durchzogen worden ist, der durch die meisten Gebiete des europäischen Kontinents geführt hat. Am 1. Januar beginnen die Unruhen in Mailand, am 3. kommt es zu einem Aufstand in Genua, Mitte des Monats zur Revolution in Sizilien; am 12. Februar verlangt Friedrich Daniel Bassermann, der Führer der liberalen Opposition, im badischen Landtag eine Volksvertretung beim Deutschen Bund. Zur gleichen Zeit wird Toskana eine Verfassung gewährt, am 23. Februar bricht in Paris die Revolution aus, und am 3. März hält schließlich der ungarische Oppositionsführer Ludwig von Kossuth im Preßburger Landtag die berühmt gewordene »Taufrede« der österreichischen Revolution, in der er darum bittet, »den kaiserlichen Thron mit konstitutionellen Einrichtungen zu umgeben, allen Ländern Österreichs eine Verfassung zu gewähren«. Vier Tage darauf werden die ersten Unruhen in Berlin verzeichnet, wenig später wird dasselbe aus Königsberg, Hamburg und Schwerin gemeldet. Am 15. März kommt es in Erfurt zu Straßenkämpfen, in Gent, Brüssel und Dresden zu ernsten Zusammenrottungen.

Höchsten Signal- und katalytischen Wert hat die neue Pariser Revolution. Vorangegangen war in Frankreich seit 1844 eine Annäherung des Bürgerkönigs Louis Philippe an das Metternichsche System, ferner die immer heftigeren Forderungen der radikalen Opposition nach einer grundlegenden Wahlreform, durch welche die große Benachteiligung der Kleinbürger und Arbeiter beseitigt werden sollte. Die französische Februarrevolution war also eine ausgesprochen sozial orientierte Revolution, Flucht und Abdankung des Bürgerkönigs stellten einen außerordentlichen Erfolg dar.

Daß die neue zweite Republik zunächst von extremen sozialistischen Tendenzen bestimmt war, hat freilich die gemäßigten Bürger, ebenso aber auch die Bauern zu größtem Mißtrauen veranlaßt. Trotz des allgemeinen Wahlrechts brachten deshalb die Wahlen zur Nationalversammlung eine dominierende gemäßigt-bürgerliche Mehrheit ans Ruder. Es wurde beschlossen, die seit kurzem errichteten Nationalwerkstätten, mit deren Hilfe das von den Sozialisten geforderte »Recht auf Arbeit« verwirklicht werden sollte, aufzulösen. Das führte zu dem fürchterlichen Juni-Aufstand der Arbeiter in Paris; er wurde von General Cavaignac rücksichtslos zusammengeschossen. Die neue Verfassung, präsentiert auf den Spitzen der Bajonette, hat die Arbeiterrechte, die in der Februarrevolution durchgesetzt worden waren, nicht erneuert. Es wurde wiederum ein parlamentarisches Regime eingesetzt, Prinz Louis Napoleon, der zweimal vergeblich gegen das Bürgerkönigtum geputscht hatte, siegte bei der Wahl über Cavaignac und wurde am 20. Dezember 1848 Präsident der Republik.

Im Gegensatz zu Frankreich, wo eine sozialistische Revolution gescheitert war und schließlich nur eine Kräfteumgruppierung innerhalb des Bürgertums stattgefunden hatte, scheiterte in Deutschland und in Österreich eine echt bürgerliche Revolution. Österreich hat die Wirren relativ schnell durchgestanden, eine prompte Überwindung der Revolution war ja für den Vielvölkerstaat eine nackte Existenzfrage. In der Habsburger Monarchie koppelten sich nicht nur liberale, konstitutionelle und demokratische Forderungen, sondern es kamen vor allem die nationalen Wünsche von elf verschiedensprachigen Völkern hinzu. So berechtigt unter nationalem Aspekt diese Autonomiewünsche auch gewesen sein mögen: Hier meldeten sich Zentrifugalkräfte, die dem puren Lebensinteresse der Monarchie strikt zuwiderliefen – außerdem hätte die Neuschaffung vieler kleiner Zwergstaaten für Europa einen Rattenschwanz heikelster und brisantester Probleme heraufbeschworen. Von dieser Tatsache, die erst viel später handgreiflich bewiesen worden ist, hatten die Regierungen schon damals eine richtige Ahnung.

Metternich, diese Symbolgestalt der Restauration, mußte zwar zurücktreten und ins Exil gehen, aber in Wien wurde zusätzlich kaum diskutiert. Nach dem ersten Schock und einigem Zögern ging man gegen die Revolution mit dem primitivsten, also wirkungsvollsten Mittel vor, mit den Generalen und der Armee. Den Aufstand der tschechischen Radikalen in Prag schlug Fürst Windischgrätz im Juni 1848 ohne Pardon nieder, in Italien gelang Radetzky der Sieg über die Truppen Alberts von Sardinien; damit wurde die Lombardei zurückgewonnen. Mit einem neuen Aufstand in Wien, bei dem der Kriegsminister Latour ermordet wurde, macht Windischgrätz ebenfalls kurzen Prozeß, seine Soldaten erstürmen am 31. Oktober 1848 die Hauptstadt.

Am längsten wird in Ungarn gekämpft. Die österreichischen Heerführer gehen anfangs nur zögernd vor, sie können sich nicht entschließen, genügend Truppen aus Italien abzuberufen und nach Ungarn zu werfen. Österreich sieht sich genötigt, den Zaren um Unterstützung zu bitten. Inzwischen hat Kossuth Ungarn für selbständig erklärt, aber gemeinsam mit den russischen Regimentern gelingt es den kaiserlichen Generalen verhältnismäßig rasch, auch den letzten Widerstand zu brechen. Daß Österreich für seine eigenen Territorien eine Intervention erbitten und annehmen mußte, ist die größte Schlappe, die es im Verlauf der 48er Revolution einzustecken hat.

Das Aufeinanderprallen der verschiedenen Nationalitätsauffassungen 1848 hat jedem aufmerksamen Beobachter gezeigt, wie groß die Kräfte waren, von denen sie getragen worden sind. Die Nationalitätsbestrebungen haben gemeinsam mit den liberalen Forderungen der revolutionären Welle zu ihrem staunenswerten Erfolg verholfen. Als sich dann aber in der Praxis zeigte, daß aus den drei Elementen Konstitution, Staat und Nation kein politisches Trinitätsdogma zu schaffen war, hat die politische Reaktion kaum noch um ihren Sieg kämpfen müssen. Er ist ihr geradezu nachgelaufen. Die Geschichte der Frankfurter Nationalversammlung gibt dafür einen entwaffnenden Beweis.

Diese erste Gesamtvertretung der Nation seit Auflösung des alten Reiches war von der Voraussetzung ausgegangen, daß der Zerfall Österreichs nur noch eine Frage von Tagen, höchstens Wochen sei. Die Eröffnungssitzung in der Paulskirche fand am 18. Mai 1848 statt; aber da war die Zeit, da alle Regierungen, wie der preußische König gesagt hatte, »auf dem Bauche lagen«, schon vorbei. Die Aufständischen hatten sich außerdem endgültig in Liberale und radikale Demokraten gespalten und dadurch geschwächt. Die revolutionäre Bewegung in Südwestdeutschland war nach dem Fiasko Heckers und Struves rückläufig.

Schon daran hätte die Nationalversammlung sehen müssen, wie stark selbst in diesem Jahr 48 die Realitäten waren und wie hilflos die Ideen. Wie hätte das Gegeneinander von konkreten, historischen Staaten und nationaler Einheitsvorstellung harmonisiert werden können? Wer den Einheitsstaat, den die Paulskirche schaffen sollte, auf den Volksgedanken gründete, der mußte die dynastischen und einzelstaatlichen Gewalten brechen. Wer nicht dazu bereit war, mußte das nationale Prinzip durch Konzessionen an das territoriale und geschichtliche Staatsprinzip desavouieren. Die Frankfurter Nationalversammlung hat beides versucht. Sie hat verbissen, sie hat verzweifelt alle Möglichkeiten diskutiert. Von Sitzung zu Sitzung ist aber deutlicher geworden, daß der bisherige Nationalitätsbegriff eine unmögliche Basis war.

Drei Hauptgruppen hat es in der Paulskirche gegeben: einmal die Kleindeutschen, zum anderen die großdeutschen Föderalisten und drittens schließlich die großdeutschen Republikaner. Diesen Gruppierungen entsprechend sind auch drei verschiedene Lösungen vorgeschlagen worden.

Die Kleindeutschen propagierten einen »engeren Bund« der deutschen Staaten, und zwar einschließlich Preußens. Sie waren ferner zu dem Zugeständnis eines sogenannten weiteren Bundes bereit, der auch die österreichische Monarchie einschließen sollte. Sie wünschten eine möglichst starke Reichsgewalt mit einem Kaiser an der Spitze; vorgesehen dafür war der preußische König Friedrich Wilhelm IV. Der Reichstag sollte sich aus einem Staatenhaus, einem Volkshaus und einem Reichsministerium zusammensetzen, der Kaiser sollte gegenüber dem Reichstag ein Vetorecht zugesprochen erhalten.

In scharfem Unterschied dazu plädierten die großdeutschen Föderalisten für eine Beibehaltung der beiden Großmächte innerhalb des deutschen Raumes, so wie er bisher von den Grenzen des Deutschen Bundes abgesteckt worden war. Die Reichsspitze, die sie vorgesehen hatten, konnte bei einem derart weitergeführten Dualismus von Österreich und Preußen auch nur betont schwach ausfallen; man dachte dabei an ein alternierendes Präsidium oder ein Wahlkaisertum. Bei diesem Lösungsvorschlag ist besonders die Tendenz aufgefallen, die größtmöglichen Rücksichten auf die Stammesgefühle zu nehmen, also die Form der bisherigen deutschen Territorialstaaten so weit wie nur irgend denkbar beizubehalten.

Bei den großdeutschen Republikanern schließlich sammelten sich die radikalen Linken. Ihre Vorschläge waren ebenso verwegen wie undurchführbar. Sie wünschten eine unitarische, zentralistische Republik, befürworteten eine

Auflösung sämtlicher deutscher Einzelstaaten, ja eine Auflösung der ganzen österreichischen Monarchie, von der nur die deutschsprachigen Teile in die neue Republik aufgenommen werden sollten. Daß sämtliche Dynastien abzutreten hatten, versteht sich bei solchen Entwürfen fast von selbst. Im Sinne eines konsequenten Nationalismus und Liberalismus hat aber selbst diese Lösung eine logische Folgerichtigkeit besessen, absurd war sie lediglich, wenn man überlegt, wie die realen Chancen für eine Verwirklichung ausgesehen haben. Sie waren gleich Null. Aber dieser Einwand gilt nicht nur für die dritte Paulskirchen-Gruppierung, sondern in einem breiten Sinn für die ganze Frankfurter Nationalversammlung, die im Guten wie im Schlechten ein charakteristisches Professorenparlament gewesen ist.

Am tragkräftigsten hat sich die zweite Lösung erwiesen, die der großdeutschen Föderalisten. Sie hat sich über die nächsten 16 Jahre, bis 1866 hin, im Kern durchgesetzt. Das war allerdings weniger ein Verdienst ihrer bürgerlichen Protagonisten als vielmehr eine Folge der Realvernunft, die in diesem Vorschlag steckte. Gleichwohl ist es bei einer permanenten Rivalität zwischen Preußen und Österreich geblieben. Ob dieser Konflikt tatsächlich nur mit Waffenmitteln gelöst werden konnte, wie Bismarck glaubte, steht dahin. Wir haben uns lediglich daran zu halten, daß er eben tatsächlich 1866 mit den Waffen gelöst worden ist.

Österreich hatte die Jahre über in der Bundesversammlung das ständige Präsidium innegehabt. Eine entscheidende Etappe in den Verhandlungen der Nationalversammlung wurde in dem Augenblick erreicht, in dem die Kleindeutschen das Übergewicht erringen konnten. Auf österreichischer Seite war der stärkste und gewiegteste Gegner Fürst Felix Schwarzenberg. Die neue Reichsverfassung wurde dann zwar von 28 deutschen Staaten angenommen, und demgegenüber wäre es nicht so bedenklich gewesen, daß sie von Sachsen, Hannover, Bayern und Württemberg abgelehnt wurde. Denn das Schicksal des ersten deutschen Parlaments war schon unwiderruflich entschieden, als Ministerpräsident Graf Brandenburg die preußische Nationalversammlung auflöste und am 5. Dezember 1848 eine Verfassung oktroyierte. Fürst Schwarzenberg zog nach, er dekretierte am 4. März 1849 für Österreich die Verfassung eines zentralistischen Einheitsstaates. Damit war die grundsätzliche Unteilbarkeit und Einheit der Habsburger Monarchie festgeschrieben.

Fürst Schwarzenberg protestierte folglich prompt und scharf gegen die Frankfurter Reichsverfassung. Er verwahrte sich gegen jede Unterordnung Österreichs unter einen anderen deutschen Fürsten und holte kurzerhand die österreichischen Abgeordneten zurück nach Wien. Das war deutlich, wäre aber kaum nötig gewesen; der preußische König lehnte nämlich am 3. April 1849 die ihm – eben entsprechend der kleindeutschen Reichsverfassung – angebotene Kaiserkrone ab. Weniger, weil sonst ein Krieg mit Österreich und Ungarn vor der Tür gestanden oder die Intervention der europäischen Großmächte gedroht hätte, sondern weil ihn diese Krone mit tiefstem Ekel erfüllte. Sie war für ihn »ein Diadem, geknetet aus Dreck und Letten der Treulosigkeit, des Eidbruchs und des Hochverrats«, eine »Wurstprezel«, die von »Meister Bäcker und Metzger, aber nicht von Gottes Gnaden kommen« könne, wie er wörtlich sagte. Überdies hatte auch Preußen nicht entfernt die Absicht, der kleindeutschen Reichsverfassung zuzustimmen.

Die Aufstände der Republikaner, die jetzt in Sachsen, Baden und der Pfalz ausbrachen, wurden schnell und nachhaltig von preußischen Truppen niedergeschlagen. Der Rest der radikalen Abgeordneten, die in der Paulskirche übriggeblieben waren, siedelte als Rumpfparlament nach Stuttgart über und wurde dort bald auseinandergetrieben und aufgelöst. Das war das Ende der Revolution des deutschen Bürgertums.

Die deutschen Fürsten hatten zwar gegen das revolutionäre Bürgertum gesiegt, aber es war doch weithin ein Pyrrhussieg gewesen. Der preußische König hat sich von den Berliner Märztagen nie mehr erholt. Daß man ihn gezwungen hatte, sich vor den Leichen der Barrikadenkämpfer im Hof des Schlosses zu verneigen, war eine Schmach, die er nie vergaß, so wenig wie den Kommentar der Königin: »Jetzt fehlt nur noch die Guillotine.« Wenn Varnhagen von Ense wenig später schrieb: »Epimenides nach seinem langen Schlafe kann beim Erwachen keine größere Veränderung gefunden haben, als wir seit dem 18. März hier erleben!«, so galt das nicht nur für Berlin und Preußen. 1848 hatte sich gezeigt, wie groß die innere Schwäche aller betroffenen Staaten war. Freilich war die Unfähigkeit der Revolutionäre, diesen politischen Marasmus auszunützen, noch erheblich größer.

Heinrich von Treitschke, Bismarcks Mitstreiter und seit 1886 offizieller Historiograph des preußischen Staates, hat später die reaktionären Regierungen der Jahrhundertmitte als »Kabinette der bewaffneten Furcht« verspottet. Aber eine solche Ausrüstung hatte immer noch mehr Effekt als der unbewaffnete Mut, denn auf der Gegenseite sah es so aus, daß die österreichischen Regimenter Wien nur deshalb erstürmten, weil Feldmarschall Windischgrätz – wörtlich – endlich der »Rotzbubenwirtschaft« ein Ende zu machen gedachte. Im politischen Raum weht polare Luft. Solange Preußen und Österreich noch Staaten mit allen Machtmitteln waren und diese Mittel auch benützten, war Deutschland kein Staat, sondern ein Phantom.

Ohne extreme Eingriffe in das europäische Staatensystem war das Nationalitätsprinzip nicht durchzuführen, das haben die Diskussionen und Beschlüsse der Paulskirche aller Welt gezeigt. Konsequent in die Politik umgesetzt, hätte dieses Prinzip unendlich mehr Sprengkraft entwickelt als die Forderung der Menschenrechtsdeklarationen des endenden 18. Jahrhunderts. Seiner destruktiven Komponente nach war es in diesem Moment, 1848, weit revolutionärer als alle liberalen konstitutionellen Wünsche zusammengenommen oder etwa das so inbrünstige Verlangen nach Pressefreiheit, deren Unterdrückung Rudolf Stadelmann scharfsichtig als »das größte Gravamen der Nation« bezeichnete. Von diesem Tatbestand, den schließlich auch das Gros der Frankfurter Abgeordneten traurig und erschöpft begriffen hat, ist die Revolution paralysiert worden. Ein Jahr nach der Reichsgründung 1871 notiert ein konservativ-katholischer Publizist: »Die Einführung des Nationalitäts-Prinzips in die praktische Politik war allerdings eine Umwälzung aller Staatsform, und zwar in höchster Potenz, viel mehr als ein einfacher Wechsel zwischen Monarchie und Republik.«

Nichts war 1848 heilloser, enervierender als der Umstand, daß die Revolutionäre der Paulskirche, die ihren eigenen Nationalstaat gründen wollten, zur selben Zeit die Nationalitätsbestrebungen der anderen Völker im Deutschen Bund bekämpft haben, daß also 1848 »revolutionär sein« tatsächlich auch heißen konnte: andere Nationalitätswünsche abwürgen. Es war die Selbstzerfleischung des Nationalitätsprinzips, zu einem Zeitpunkt, da es sich noch gar nicht durchgesetzt hatte. Das eben füllt den Kelch bis oben hin, daß die Polen, Tschechen, Ungarn, Kroaten, Serben, Italiener, Dänen aufrecht und steif auf demselben Prinzip geritten sind wie die Deutschen.

Die verblüffenden, ja bestürzenden Gesinnungsänderungen vieler Radikaler nach 1848 motivieren sich nicht schwer. Der radikale Demokrat Julius Fröbel ist dafür ein passendes Modell. 1848 wird er zusammen mit Robert Blum in Wien zum Tod verurteilt, Windischgrätz begnadigt ihn. Fröbel lebt dann acht Jahre als Emigrant in Amerika. 1859 bekennt er: »Das Nationalitätsprinzip, von einem oberflächlichen Liberalismus als Pfand der Hoffnung auf bessere Tage begrüßt, ist in Wahrheit ein Gift, von welchem das europäische Abendland mit der Auflösung bedroht ist.« In den sechziger Jahren tritt Fröbel in den österreichischen Staatsdienst, er wird bis 1866 einer der entschiedensten Verfechter der großdeutschen Bundesreformpolitik der Habsburger. 1867 hört er den Marschtritt der Geschichte in Richtung »Deutsches Reich«, er wird Propagandist des Bismarckschen Reichskonzepts. 1873 wechselt er in den Dienst des Deutschen Reiches, wird deutscher Konsul in der Türkei.

In solchen Wendungen und Wandlungen reflektiert sich die Pragmatisierung des Nationalitätsprinzips, zeigt sich in voller Schärfe, daß sich die folgenden Entwicklungen an den politischen Machtverhältnissen und -möglichkeiten orientiert haben und nicht an den Hoffnungen und Erwartungen der Revolutionäre von 1848.

Die 48er Revolution ist in der deutschen Geschichtsschreibung kein Thema gewesen, dessen sich die Historiker mit Genuß oder auch nur mit einem sachlich motivierten Vergnügen angenommen hätten. Es gab große, detailfreudige Schilderungen, die den Ablauf des Revolutionsgeschehens minuziös untersuchten, wie Veit Valentins zweibändiges Standardwerk »Geschichte der deutschen Revolution von 1848/49«; es gab eindringliche Analysen der Ansätze und Motive, der Unter- und Hintergründe dieses Schicksalsjahres der deutschen Geschichte, die nicht gerade arm an »Schicksalsjahren« ist, wie Wilhelm Mommsens Beitragssammlung »Größe und Versagen des deutschen Bürgertums« (1949). Demgegenüber bildet Stadelmanns Werk eine Kategorie für sich. Der Anlaß für das Buch war rein äußerlich, das Jubiläumsjahr 1948. Allerdings ist Stadelmann vom Thema der Revolution schlechthin von Anfang an bewegt worden.

Stadelmann gehörte zu den Frühreifen und Frühvollendeten. Geboren 1902 in Adelmannsfelden in Württemberg, ein »harter Schwabenschädel«, promovierte er mit 22 Jahren, habilitierte sich 1929 in Freiburg, kam als Professor 1938 nach Tübingen und blieb dort bis zu seinem plötzlichen Tod 1949. Über die Philosophie, Germanistik und Anglistik erreichte er die Geschichte. Ein Großer unter seinen Kollegen, zugleich einer seiner engsten Freunde, meinte dazu in einer Würdigung: »Gerade dies machte ihn zum bedeutenden Historiker, daß er nicht als Historiker anfing.«

Was von dem Menschen, Wissenschaftler und »großen Geschichtsdeuter« – so hat ihn Eduard Spranger tituliert – zu sagen ist, hat Stadelmann selbst in einer autobiographischen Skizze kurz vor seinem frühen Tod so formuliert: »Es charakterisiert vielleicht den Historiker Rudolf Stadelmann, daß man sich Ende der 20er Jahre, als er sich in Freiburg habilitierte, in der wissenschaftlichen Welt von dem ›Neuen‹ erzählte, er sei ein passionierter Faltbootfahrer und habe dabei ein feinfühliges Buch über die Dekadenz des 15. Jahrhunderts geschrieben. Diese Spannung zwischen einem bodenständigen, einfachen und der Wirklichkeit zugewandten Lebensgefühl und einem psychologisch sensiblen Verständnis für die Krisen- und Verfallszeiten der Geschichte, für die Problematik der Übergänge und des historischen Bewußtseins überhaupt macht das Eigentümliche seiner Geistesart aus. Er ist kein Philosoph, sondern als Historiker ganz der Vielgestalt des konkreten Daseins und besonders auch den soziologischen Gegebenheiten zugewandt. Aber er ist auch viel zu sehr Schüler von Hegel und Jacob Burckhardt, um sich mit den bloßen Tatsachen zu begnügen und diplomatische Geschichte im herkömmlichen Sinn zu schreiben.«

Stadelmann gehört zu den Ausnahme-Historikern, die es verstehen, geschichtliche Phänomene vorurteilslos zu interpretieren, ohne dem phantasielosen Positivismus Tribut zu zollen. Denn Geschichte war für ihn, wie er schon in seinem aufsehenerregenden Frühwerk »Vom Geist des ausgehenden Mittelalters« (1929) gesagt hatte, die »Interpretation der Erscheinungen«.

Zur Revolutionsthematik äußerte er sich erstmals 1934 in einer Kurzskizze über das geschichtliche Wesen der deutschen Revolutionen. In Vorlesungen, Seminaren und Publikationen hat er sich seitdem unentwegt mit diesem komplizierten Problem befaßt. Das Hauptwerk, in dem sich auch die Quintessenz seiner prinzipiellen Überlegungen und Erkenntnisse findet, ist dann seine Darstellung der 48er Revolution.

Von Anfang an insistiert Stadelmann darauf, auch aus dieser Revolution das Grundsätzliche herauszuheben und ins Blickfeld zu bringen. Im Vorwort betont er eigens dieses Ziel, »das Typische der Revolutionsabläufe hervortreten zu lassen und die soziologischen wie die psychologischen Triebfedern des Umsturzes zu untersuchen«. Daß der Historiker Stadelmann vor allem interpretiert, macht auch in diesem Buch das Hervorragende und Genußvolle aus – daß er dazu auf Typisches aus ist, bringt ihn – dessen Gedanken fast immer provozierend eigenwillig waren – außerdem zu einem methodisch originellen Verfahren; er versucht nämlich, auch in den Details immer das Antreibende und Auslösende sichtbar zu machen.

Starkes Gewicht wird von Stadelmann auf die sozialgeschichtlichen, soziologischen und sozialpsychologischen Elemente gelegt. Eindringlich nimmt er sich der Rolle des Handwerkerstandes und der Gewerbetreibenden an. Was bei Veit Valentin noch im Vordergrund steht, nämlich der Zweifel an der dominierenden Bürgerlichkeit der Revolution, das wird von Stadelmann überzeugend korrigiert und belegt durch eine gründliche Analyse des tatsächlichen, nämlich bescheidenen Umfangs der sozialrevolutionären Kräfte.

Einerseits liegt der Akzent auf der Darstellung des bürgerlichen Selbstbewußtseins, das sich 1848 durch seine Forderungen Ausdruck zu schaffen versucht, sich aber politisch noch nicht durchsetzen kann, andererseits liegt er auf dem entsprechenden Pendant: der unverkennbaren Aushöhlung der bestehenden und die Revolution noch überstehenden Regierungen. Beides sind letztlich Negativ-Positionen, aber gerade von dieser Tatsache hängt die innere Dramatik des Revolutionsgeschehens weitgehend ab – das wird in Stadelmanns Buch auf hoher Ebene deutlich.

Dabei muß man dem Verfasser nicht unbedingt in allem zustimmen. Man wird die Haltung Friedrich Wilhelms IV. durchaus nicht als private Eigenbrötelei einzuschätzen brauchen, es ist auch nicht nötig, Stadelmanns Beurteilung der österreichischen Situation zu teilen. Auch hier ist er erfrischend offen und erschöpft sich nicht in überschüssigen Sympathien für Habsburg, zumal hinsichtlich des Verhältnisses Wiens zur deutschen Frage. Charakteristisch dafür ist die höchst belanglose Kleinigkeit, daß der österreichische Staatsmann Alexander von Bach, dessen Name für das neoabsolutistische System Österreichs steht, bei Stadelmann als Finanzminister auftritt und nicht als zweifacher Justiz- und späterer Innenminister. Bei einem Frankfurter Abgeordneten oder einem Minister in Berlin wäre Stadelmann ein solches Versehen kaum passiert – darauf hat ein ausländischer Kritiker und Bewunderer des Buches mit Recht und mit Milde aufmerksam gemacht. Ähnliche Einschränkungen würden auch für die Charakterisierung der Wiener Oktoberrevolution gelten und allgemein auch bei den Fragen der internationalen Politik, etwa der überzeichneten Sympathie Englands für die deutschen Einheitswünsche.

Die wichtigste Erkenntnis dieses bis heute noch immer besten Buches über die Bewegungen und Ereignisse der Jahre 1848/49 besteht darin, daß Situationen oder Zustände allein noch kein ausreichendes Motiv für Revolutionen sind. Deshalb Stadelmanns markante Absetzung, »daß nur auf dem Umweg über die *Ideologie* die sozialen Ursachen der Revolution von Gewicht geworden sind. Nicht der gesellschaftliche Notstand an sich, wohl aber das Durchdrungensein von dem Bestehen eines Notstands hat revolutionierend gewirkt«.

Revolutionen nehmen ihren Weg nicht über »die stärksten Arme und die ärgsten Nöte«, sondern »über die spintisierenden Gedanken und die philosophischen Programme«. Stadelmann meint das freilich nicht in schroffer Trennung, sondern im Sinne eines »Sowohl – als auch«, denn keine Ideologie entsteht »ohne Not«. Zur Revolution weitet sich der »Zustand« also erst aus, wenn er auf den Begriff gebracht wird. Das hat für 1848 genauso gegolten wie für die russische Oktoberrevolution, das gilt aber auch heute noch, gerade bei uns, wo soviel in Begriffe verpackt und ideologisch vertrieben wird, ohne daß ihm in der gesellschaftlichen Wirklichkeit ein »Zustand« entspricht.

Hellmut Diwald

Vorwort

Einige Semester lang habe ich mich in meinem Vorlesungen um eine Typologie der europäischen Revolutionen bemüht. Eine Geschichte der englischen Revolution des 17. Jahrhunderts, der französischen Revolution des 18. Jahrhunderts und der deutschen Revolution des 19. Jahrhunderts sind auf diese Weise entstanden; die Behandlung der russischen Revolution des 20. Jahrhunderts ist bis jetzt an meinen mangelhaften Sprachkenntnissen gescheitert.

Da nun in diesem Jubiläumsjahr die Behandlung der Achtundvierziger Revolution im Unterricht viele Geschichtslehrer vor eine neue Aufgabe gestellt hat, bin ich von ehemaligen Schülern gebeten worden, die Vorlesung über 1848 für den Druck auszuarbeiten. Die vorliegende Darstellung will nicht mit dem umfassenden Werk von Veit Valentin in Wettbewerb treten oder stofflich Neuland erschließen. Sie will aber auch nicht die Produktion des Jubiläumsjahres um ein beliebiges Stück vermehren. Mein Ziel war, dem Zyklus der Vorlesungen entsprechend, das Typische der Revolutionsverläufe heraustreten zu lassen und die soziologischen wie die psychologischen Triebfedern des Umsturzes zu untersuchen. Was der amerikanische Historiker Crane Brinton für das ungleich größere Objekt der Französischen Revolution in Angriff genommen hat, das sollte mit den überlieferten Mitteln der deutschen Geschichtsschreibung und so anschaulich wie möglich für die politischen und sozialen Kräfte der gescheiterten deutschen Revolution versucht werden. Forschungen zur Geschichte des Handwerkerstandes, die ich während eines wissenschaftlichen Urlaubs im Sommer 1947 beginnen konnte, sind dieser Revolutionsgeschichte zugute gekommen. Eine lebhafte Seminarübung im Wintersemester 1947/48 über die Märzrevolution in Berlin hat die Fruchtbarkeit der soziologischen Fragestellung erprobt. Archivstudien auf dem Württembergischen Staatsarchiv in Ludwigsburg haben besonders in der Frage der deutschen Arbeiterbewegung zu klareren Anschauungen verholfen. Mancherlei lokale und persönliche Anregungen haben dazu beigetragen, das Bild mit eigenen Zügen auszustatten.

Allen denen, welche in der einen oder anderen Form bei der Niederschrift dieses Buches geholfen haben, sei aufrichtiger Dank gesagt. Im besonderen danke ich der Assistentin des Historischen Seminars, Frau Dr. Naujoks, welche in aufopfernder Weise das Diktat aufgenommen und bibliographische Nachprüfungen angestellt hat.

Die Geschichte zur Lehrmeisterin des Lebens zu machen ist den Historikern bisher nicht gelungen. Aber die Aufgabe wird nicht zu umgehen sein, gewisse Gesetzmäßigkeiten im politischen und gesellschaftlichen Verhalten des Menschen aufzudecken, ähnlich wie es die Psychologen und Staatswissenschaftler des 18. Jahrhunderts angestrebt haben. Man muß sich nur vor dem Irrtum hüten, als ob diese gesetzmäßigen Verhaltungsweisen an sich zeitlos seien. Sie sind vielmehr durch und durch historisch und bleiben an den Punkt der historischen Kurve geknüpft, dem sie zugeordnet sind. Darum kann zwischen Soziologie und Geschichte ein Widerspruch eigentlich nicht bestehen. Alles ist Historie. Aber die Historie tastet sich notwendig zu gesetzlichen Abläufen hin, wenn sie ihren überindividuellen Gegenstand richtig erfaßt.

Tübingen, im Mai 1948 *Rudolf Stadelmann*

I

Soziale Ursachen der Revolution

Es gibt drei Anschauungen, die das Entstehen von Revolutionen in der Geschichte erklären wollen. Die älteste, in den Handbüchern gebräuchlichste und von vielen Revolutionären selbst in ihren Kampfschriften genährte Anschauung geht von der schlichten Vorstellung einer Unterdrückung der Freiheit und des Wohlseins der Völker aus. Ein herrschendes Regime ist durch ungerechte Grundlagen oder despotische Handhabung so unerträglich geworden, daß sich die Unterworfenen mit Gewalt dagegen auflehnen und eine Änderung des sozialen und politischen Gefüges erzwingen. Der Schrei nach Freiheit ist nach dieser Ansicht der klare Beweis für die Verderbtheit der vorangehenden Regierungsform. Die Frage, ob das alte Regime zur Zeit seines Sturzes dasselbe war wie zur Zeit seiner unbestrittenen Gültigkeit, wird so gut wie nie gestellt in dieser naiven Revolutionstheorie, und doch würde erst diese Überlegung einen stichhaltigen Grund für das Entstehen einer Revolution ergeben. Das System der zu Ende gehenden Regierungs- und Gesellschaftsform kann in sich selber eigentlich die Schuld nicht tragen, sonst wäre nicht einzusehen, warum die Revolution nicht schon längst, vielleicht schon beim Entstehen jenes Systems, ausgebrochen ist. Das meiste von dem, was in den Cahiers von 1789 von der französischen Wählerschaft beanstandet worden ist, geht auf Zeiten zurück, die hundert und zweihundert Jahre verflossen sind, und hat also drei oder sechs, in manchen Dingen sogar zwölf und mehr Generationen lang keine Ursache zu einer großen Revolution gegeben. Und nun plötzlich wird das alles, was unter Ludwig XIV. der Stolz und die selbstverständliche Eigenart des nationalen Staates gewesen war, als lauter Unterdrückung, Unrecht, Plage und verabscheuungswürdige Gewalt empfunden. Man könnte diese erstaunliche Tatsache dadurch zu erklären versuchen, daß man genaue und begründete Untersuchungen darüber anstellt, durch welche allmählichen oder einschneidenden Veränderungen das Ancien Régime hindurchgegangen, wann es in Mißbrauch und Entartung verfallen ist. Damit würde sich aber die historische Fragestellung um neunzig Grad verschieben. Man würde strenggenommen nicht das Ancien Régime als Ursache für die Französische Revolution ansprechen, sondern das korrumpierte Ancien Régime als Ausgangspunkt der Ereignisse zu schildern haben und weniger nach den Wurzeln der Revolution als nach den Gründen der Verderbnis der alten Ordnung forschen müssen.

Gewöhnlich wird aber ein anderer Weg eingeschlagen. Man sucht die

Gründe für die Auflehnung des Volkes nicht in einer Strukturveränderung der alten Welt, sondern in dem Auftreten neuer geschichtlicher Maßstäbe und Faktoren. Damit verläßt man die einfache Theorie von der Unterdrückung als der wahren Ursache der Revolution und wendet sich einem neuen Erklärungsversuch zu. Diese zweite Ansicht über das Entstehen geschichtlicher Krisen erklärt die politische Umwälzung als Folge des Aufsteigens neuer Schichten, sei es, daß eine neue soziale Klasse zur Herrschaft kommt, sei es, daß ein bisher im Schatten stehendes rassisches Element nach oben drängt, sei es auch einfach, daß ein anderer Menschentyp sich zur Geltung bringt, Gleichartige anzieht, Fremdartige abstößt und auf diese Weise eine Art geschichtlicher Zuchtwahl hervorruft, welche den Wechsel der Sitten, Normen, Anschauungen und Einrichtungen erklärlich macht[1]. Nach dieser Methode hat man die Französische Revolution als einen Aufstand des mediterranen Menschen gegen die germanische Herrenkaste gedeutet oder die englische Revolution des 17. Jahrhunderts als die Heraufkunft der Mittelklasse bezeichnet. Bei der deutschen Revolution des Jahres 1848 liegt es nahe, die soziologische Ursache in dem Aufstieg des vierten Standes, in dem ungeordneten Einbruch des Proletariats in die halb feudale, halb bürgerliche Welt des Metternichschen Zeitalters zu suchen. Seit dem anregenden Werk des Wiener Nationalökonomen Ernst Viktor Zenker (1897) und der umfassenden Revolutionsdarstellung des Frankfurter Historikers Veit Valentin (1930) hat sich die Aufmerksamkeit der Forschung immer stärker auf die soziale Unterströmung der achtundvierziger Zeit gerichtet. Obwohl der Klassiker der soziologischen Geschichtsauffassung Karl Marx selber nie anders als von einer kleinbürgerlichen Bewegung gesprochen hat, ist die Neigung weit verbreitet, in der Märzrevolution einen ersten Ausdruck der sozialen Krise des Industriezeitalters zu erblicken. Angesichts der Schwierigkeiten, stichfeste Unterlagen für eine Geschichte des arbeitenden Volkes zu beschaffen und die Willkür und Zufälligkeit der statistischen Angaben zu durchdringen, ist es nicht unbedenklich, die Elendsschilderungen berühmter Vorkämpfer der sozialen Idee unbesehen in eine historische Darstellung zu übernehmen. Manche Zahlen, welche Dronke, Violand und Ketteler überliefern, halten einer archivalischen Nachprüfung nicht recht stand. Aber die Aufgabe bleibt bestehen, mit den Mitteln einer soziologisch ausgerichteten Ständegeschichte die Frage zu untersuchen, wie sich die Heraufkunft eines neuen Standes und sein aktiver Eintritt in das politische Leben vollzieht. Man muß das Geschehen nicht bloß in den Audienzsälen der Königsschlösser und in den Wandelgängen der Kammern aufsuchen, sondern dort, wo sich die weniger konventionelle Geschichte abspielt: in den Vereinen und Massendemonstrationen, in den Bittschriften und Straßenliedern, in den geheimen Tagebüchern und Lebensgewohnheiten der unberühmten Zeitgenossen. Jedes

Zeugnis aus den Tagen der Krise ist wertvoll, das uns einen Einblick gewährt in die Art, in welcher der Durchschnittsmensch den Umbruch erlebt hat und wie er dem Geschehen einen Sinn abgewonnen hat.

Wenn man die soziologische Erklärung der Revolution bis in die Quellenzeugnisse hinein verfolgt, dann verschiebt sich freilich die geschichtliche Fragestellung noch einmal. Es zeigt sich nämlich, daß weniger die objektiven Zustände als das subjektive Bewußtsein einem Wandel unterliegt und daß dieser psychologische Wandel offenbar stärkere Antriebe für ein geschichtliches Handeln enthält als die realen Verhältnisse. So geraten wir fast zwangsläufig in eine dritte Art, Revolutionsgeschichte zu schreiben. Man könnte sie die ideologische nennen. Sie geht von der Beobachtung aus, daß ein Druck nur dort Unzufriedenheit und Auflehnung erzeugt, wo er als Unrecht empfunden wird. Nur dort wird ein neues Bedürfnis angemeldet, wo ein solches geweckt ist. Und das Bewußtsein eines Druckes, das Gefühl eines Bedürfnisses entsteht im allgemeinen durch Belehrung, durch Ansteckung, durch Nachahmung, jedenfalls durch die Infiltration von Ideen, deren Herkunft man näher beschreiben kann. Die Bergleute im Erzgebirge, in Westfalen und im Rheinland haben Jahrhunderte hindurch unter der Härte ihrer Arbeit vor Ort, unter ungenügenden sanitären Bedingungen, unter der Ausnützung der menschlichen Arbeitskraft und unter Gefahren aller Art sicherlich mehr gelitten als die aufständischen Bauern des 16. Jahrhunderts oder die Industriearbeiter des 19. Jahrhunderts. Aber es sind keine Revolutionen von dort ausgegangen, weil der Bergmann in einer festen sozialen Ordnung gelebt hat, in der es für ihn zum Normalzustand gehörte, daß von Zeit zu Zeit einige seiner Kameraden durch schlagende Wetter getötet wurden, daß er auf dem Rücken liegend die niedrigen Flöze loshacken mußte, daß der Kohlenstaub seine Wohnungen und Gärten bedeckte, daß die Nutznießer des Bergwerks weitab in einem Stadtpalast wohnten und die Mühe und Qual der körperlichen Arbeit in keinem Fall mit ihm teilten. In jeder beliebigen Epoche seit dem ausgehenden Mittelalter würde der objektive Tatbestand auch der bestgeführten Erzgrube hingereicht haben, um eine Revolution zu erklären. Aber weder in der Fuggerzeit noch in der Ära des Hochkapitalismus ist in den Bergwerksbezirken eine Revolution ausgebrochen, weil in diese ständisch geformte Welt nie der Bazillus des Aufruhrs eingedrungen ist und den Menschen ihr Los unerträglich gemacht hat.

Eine Anfälligkeit für umstürzlerische Ideen ist vielmehr dort zu beobachten, wo sich eine sozial heimatlos gewordene Zwischenschicht herausgebildet hat, die keinem Stand innerlich zugehört und von der Idee her die herrschende Gesellschaftsordnung anficht. Die bürgerlich-adligen Literaten im Frankreich des 18. Jahrhunderts sind dafür ebenso deutliche Beispiele wie die proletarischen Intellektuellen des 19. Jahrhunderts. Wie diese Entwurzelten und Suchenden handeln werden, welche politischen und gesellschaftlichen Ziele sie verfolgen, hängt nicht so sehr von ihrer wirklichen ökonomischen Lage ab als von den Ideen, mit denen sie sich als Schriftsteller, als Agitatoren, als Wanderredner, als fanatische Propheten erfüllt haben und mit denen sie andere, die ruhende Masse der passiv Betroffenen, zu erwecken und zu organisieren trachten. Für diese Boten der Revolution ist die ideologische Botschaft der wesentliche Lebensinhalt. Durch ihre publizistische oder verschwörerische oder sonstwie werbende Tätigkeit wird in gewissen Ständen und Bevölkerungsgruppen ein Bedürfnis geweckt, das sich unter besonderen Umständen in revolutionäres Handeln umsetzen kann. Die lutherisch gesinnten Prediger der Reformationszeit, die den Wunsch hatten, den Gemeinden selber die Pfarrerwahl zuzuschieben, haben den Bauern von 1525 mit dieser theologisch-kirchenpolitischen Idee eine der Hauptforderungen des Bauernkrieges eingeblasen. Die Aufklärungsphilosophen des 18. Jahrhunderts haben dem französischen Bürgertum erst den Geschmack an den überkommenen Einrichtungen des absoluten Staates verdorben. In der Vorgeschichte von 1848 ist es nicht zufällig, daß die Doktrinäre des Mittelstandes, Professoren, Gelehrte und Journalisten, die politischen Parolen ausgeben, daß unter den Aktivsten des einfachen Volkes die Schneider und Schuhmacher, also Angehörige eines zum Nachdenken Zeit lassenden Berufes, eine beherrschende Rolle spielen. Der Weg der Revolution geht nicht über die stärksten Arme und die ärgsten Nöte, sondern über die spintisierenden Gedanken und die philosophischen Programme. Wenn man die Entstehungsgeschichte der großen Revolutionen überblickt, kann es geradezu den Anschein gewinnen, als würden die sozialen Körper auf den Befehl einer Idee zu einer bestimmten geschichtlichen Rolle kommandiert und als seien die zu allen Zeiten bereitliegenden wirtschaftlichen und sozialen Nöte nur der Humus, in dem sich diese Ideenkeime mit Aussicht auf einen Massenerfolg entfalten können. Die ökonomisch-gesellschaftliche Lage ist vergleichsweise die Konstante, die geistigen Strömungen, Ideale und Utopien sind die Variable in der Rechnung der Historie.

Die Ansicht ist längst aufgegeben, daß die deutsche Revolution von 1848 aus einer besonders drastischen Häufung von Mißständen und einer Zuspitzung der sozialen Ungerechtigkeiten entsprungen sei. Die Zustände, unter denen gerade der kleine Mann in Deutschland in den vierziger Jahren des 19. Jahrhunderts lebte, waren fast ausnahmslos um vieles besser, als sie in den letzten Jahrzehnten des 18. Jahrhunderts gewesen waren. Wenn es richtig wäre, daß die Gärung in einem Land aus den herrschenden Sozialzuständen oder den mehr oder minder skandalösen Herrschaftsgewohnheiten abzuleiten sei, so hätte um 1790 die Neigung der Deutschen, das Beispiel der Französischen Revolution nachzuahmen, unvergleichlich viel größer sein müssen als 1848. Aber nicht das Fanal von 1789, sondern erst das schwächere Vorbild der Pariser Februarrevolution hat in Deutschland gezündet und einen plötzlichen Zusammenbruch des politischen Regimes ausgelöst, während die viel umfassenderen Vorgänge sechzig Jahre zuvor auf einen bürgerlichen Geist stießen, der nach einigem Schwanken fast ausnahmslos am Gehorsam gegen die landesfürstliche Obrigkeit festhielt und das Staatsideal des aufgeklärten Absolutismus höher stellte als das jakobinische Vorbild[2]. Wie sollen wir diese Verschiedenheit der Wirkung des ausländischen Anstoßes anders erklären als aus einer Verschiedenheit der geistigen Erziehung dieses selben Bürgertums? Denn sozial gesehen ist es derselbe Mittelstand, der die öffentliche Meinung um 1800 bestimmt und den Vormärz durchlebt. Es geht ihm 1848 gewiß nicht schlechter als fünfzig Jahre zuvor. Der deutsche Territorialstaat ist in den zwei Menschenaltern nicht drückender, sondern im Gegenteil zivilisierter und gerechter geworden. Gerade auch das Leben des einfachen Mannes hat in dieser Zeit die entscheidenden Fortschritte in Sicherheit, Bequemlichkeit, Sauberkeit und Menschenwürdigkeit des Daseins gemacht. Der Lebensstandard hat eine Höhe und Konstanz gewonnen, wie sie wahrscheinlich in allen Jahrhunderten zuvor nicht bestanden hat und hundert Jahre später zum Teil schon wieder verlorengegangen ist. Nicht ohne Grund vermerkt die 1851 geschriebene Pfarrchronik von Saulgau zur Epoche des Vormärz: »Die Jahre von etwa 1830 bis 1845 gehören zu den glücklichsten der Weltgeschichte!«[3] Sie bestätigt nur für eine volkstümliche soziale Ebene, was Leopold von Ranke mit seinem berühmten Wort von den »halkyonischen Tagen« der Restauration für die kulturtragende Schicht zum Ausdruck gebracht hat. Wenn wir etwa die Lebenserinnerungen eines aus einfachsten Verhältnissen aufgestiegenen Mannes wie des Berliner Gewerbeschuldirektors Friedrich Klöden befragen, so sind wir überwältigt von der Verbesserung der äußeren Lebensweise in diesem Zeitraum. Was für eine Roheit, Beschwerlichkeit und grausame Härte im Berliner Kasernenviertel und den ostpreußischen Landstädten um 1790, welche Behaglichkeit und biedermeierliche Geborgenheit, welche Sekurität und »Poliziierung« um 1840! Es ist keine blendende Prosperität, aber ein unmerkliches Wohlbefinden eingezogen, in dem man sich die Schrecken der Zeit eines Schinderhannes und der preußischen Werbetrommel schon gar nicht mehr vorstellen konnte. Es gab keine Residenzen mehr, die auf Kosten der Untertanen zweitausend Personen am Hofe und tausend Pferde im Marstall unterhielten wie einst der Kurfürst Karl Theodor von der Pfalz. Es gab keine Hoffeste mehr, die wie das Ludwigsburger Prachtfeuerwerk Karl Eugens einen Aufwand von 300000 Gulden verursachten, und es gab keine obersten Beamten mehr, wie jenen sächsischen Erstminister Graf Brühl, der seinen Gästen 500 verschiedene Kleider, 100 seidene Schlafröcke, 843 Tabaksdosen und 1500 Perücken vorzeigen konnte, die er seinem armen Ländchen abgepreßt hatte[4]. Die persönliche Verschwendungssucht und der skruppellose Menschenhandel, die bösen Finanzpraktiken und die unsinnige Soldatenspielerei des 18. Jahrhunderts waren verschwunden, und wenn auch in einigen Bundesländern wie Bayern, Kurhessen und Braunschweig noch skandalöse Vorgänge im fürstlichen Haushalt zu bemängeln waren, so war doch in der Mehrzahl der Schlösser der Aufwand bei weitem nicht mehr so aufreizend und die Mittel der Geldbeschaffung längst nicht mehr so empörend wie im Zeitalter des ausgehenden Absolutismus[5].

Und wie an der Spitze so haben sich auch in der Tiefe des Volkes die Verhältnisse fühlbar gebessert. Es gibt viel weniger geprügelte Untertanen als im 18. Jahrhundert, es gibt auch viel weniger geprügelte Schulkinder als unter der Herrschaft der alten Dorfpädagogen, die sich in der Regel aus gescheiterten Handwerkern, entlassenen Soldaten und Dorfmusikanten rekrutiert hatten. Wenn im Jahre 1779 in einem schwäbischen Städtchen ein alter Schullehrer nach fünfzigjähriger Lehrtätigkeit zusammenstellte, daß er »bei mäßiger Berechnung« in seinem Leben 911527 Stockschläge, 1115800 Kopfnüsse, 136715 Handschmisse und 124010 Rutenhiebe ausgeteilt habe[6], so gehört diese barbarische Pädagogik zwar nicht ganz der Vergangenheit an, aber ist durch die neue Seminarbildung der Lehrer und die humanere Ausrichtung der Volksschule stark in den Hintergrund gedrängt. Das Bildungswesen des Vormärz hat nicht bloß die Gymnasien und Universitäten in Deutschland auf eine nie gekannte Höhe geführt, sondern auch für die gewerblichen Kreise eine Fülle von neuen Möglichkeiten geboten. Der pägagogische Eifer der Pestalozzizeit und der Wohlfahrtsdrang des aufgeklärten Staates hatten übergegriffen auf das Fachschulwesen und die berufliche Fortbildung. Für Lehrlinge, Handlungsgehilfen und Gesellen, für Kunsthandwerker, Schlosser und Spinner boten sich in den fortschrittlich gesinnten Territorien, in Hamburg, Berlin, Frankfurt, in Sachsen und Württemberg, eine ganze Reihe von vielversprechenden Ansätzen. Es wurde in Sonntagsschulen und Abendkursen, in Gewerbe- und Zeichenunterricht, in Hilfsvereinen und Fortbildungsanstalten, in Gesellen- und Handwerkervereinigungen vieles bereitgestellt, was dem Lerneifer, der Regsamkeit und dem Aufstiegswillen des Kleinbürgers zugute kam.

Auch materiell war das Los der arbeitenden Klasse, von schlimmen Übergangsnöten der Hausindustrie abgesehen, eher besser geworden als in den Zeiten der stockenden Wirtschaft des späten Merkantilismus und der Kontinentalsperre. Man kann den wachsenden Wohlstand an den Zahlen der Handwerksstatistik unschwer ablesen. Um 1800 hatte die weit überwiegende Mehrzahl der Meister einen so engen Nahrungsspielraum, daß sie keine Gesellen beschäftigen konnten. 1846 war das Verhältnis in Preußen bereits so gewandelt, daß auf 457000 Meister fast 385000 Gesellen kamen. Während noch 1819 nur 51 Prozent der selbständigen Werkstattinhaber einen Gehilfen halten konnten, waren es 1846 schon 84 Prozent, die ihr Geschäft so hatten ausdehnen können, daß es eine bezahlte Kraft trug[7]. An den Barverdiensten und Löhnen ist die Verbesserung der wirtschaftlichen Lage sehr viel schwerer abzulesen, da die Kaufkraft des Geldes in den einzelnen Jahren schwankte und der Brotpreis je nach der Konjunktur des Getreidemarktes wechselte. Es besagt darum nicht allzu viel, wenn ein Dachdecker nach der Darmstädter Bauordnung von 1777 einen Höchstlohn von wöchentlich 7,50 Mark verdienen konnte, während 1847 ein Spinnmeister in Breslau es auf 18 Mark brachte und die Maschinenbauer, Silberschmiede und Drucker noch auf wesentlich höhere Summen kamen[8]. Da die Jahre 1846 und 1847 ausgesprochene Teuerungsjahre waren und überdies von einer wachsenden Arbeitslosigkeit durch rasche Bevölkerungszunahme bedroht wurden, waren die Lohnbedingungen in Stadt und Land oftmals traurige, und aus dem Rheinland und Schlesien, aus den Heimarbeitergebieten in Sachsen und der Textilstadt Wien, ja selbst aus Bayern und Hessen werden in zeitgenössischen Schriften der vierziger Jahre Berechnungen mitgeteilt, nach denen der Jahresverdienst eines Taglöhners und eines ungesicherten Arbeiters unter dem Existenzminimum blieb[9]. Aber im Bereich der Fabrikarbeit ist der Lohn im allgemeinen rascher angestiegen und den Lebenshaltungskosten besser angepaßt gewesen als im Handwerk und bei den Gelegenheitsarbeitern[10]. Darum wäre man auf einer falschen Fährte, wenn man den Einbruch der Industrie für eine allgemeine Verschlechterung der Lebensbedingungen verantwortlich machen wollte. Im Großen ist der Volkswohlstand jedenfalls im Steigen, und die freien Industriearbeiter sind nicht diejenigen Bevölkerungsteile, die unter den wirtschaftlichen Veränderungen in erster Linie zu leiden haben. Wenn in den Schriften von Wichern und Hasemann, in den statistischen Aufstellungen von Reden und Reuter, in zahlreichen nationalökonomischen Abhandlungen und Reformtraktaten davon die Rede ist, daß seit dem Ausgang der dreißiger Jahre die Löhne hinter der Preisentwicklung zurückbleiben, daß das Überangebot von Arbeitskräften den Unternehmergewinn in die Höhe trieb und viele Proletarier brotlos werden ließ, daß große Fabrikbesitzer rücksichtslos von der Lage am Arbeitsmarkt profitierten, indem sie jüngere, billigere Kräfte einstellten und die besser bezahlten Familienväter entließen, so ist an der Zuverlässigkeit dieser Schilderungen nicht zu zweifeln, auch wenn sie zur Aufrüttelung der Gewissen ihre Beispiele einseitig wählen mögen. Aber man darf nicht vergessen, daß die industriellen

Produktionsstätten auch vielfach als eine Rettung für die übervölkerten kleinbäuerlichen Siedlungen der Umgebung empfunden worden sind und sich die vom Land kommenden Arbeiter mit ihrem Barlohn als reiche Leute im Vergleich mit ihren ländlichen Dorfgenossen vorkamen[11]. Die Verbindung von kleiner Landwirtschaft mit regelmäßiger Fabrikarbeit ist schon im Vormärz eine verbreitete und besonders wohltätige Form gewesen, um mit dem Problem der Bevölkerungsenge fertig zu werden. Der Industrialismus hat nicht nur verletzend, sondern auch heilend in den Prozeß der rapiden Vermehrung der Menschheit eingegriffen, der seit der Jahrhundertwende überall in Deutschland spürbar wurde, wenn er auch nirgends, außer in Schlesien, eine akute Krise hervorgerufen hat.

Der Siegeslauf des Maschinenzeitalters vollzieht sich bei uns überhaupt äußerst langsam und keinesfalls revolutionär. In Österreich-Ungarn gibt es 1841 erst 240 Dampfmaschinen, die vor allem im Bergbau, in der Spinnerei und Tuchfabrikation verwendet werden. In Preußen ist die Menge schon größer, sie mag am Vorabend der Revolution die Zahl von 1200 überschritten haben. Aber selbst dort arbeitet erst eine verschwindende Minderheit der Bevölkerung in Großbetrieben von mehr als 500 Mann Belegschaft. Eine mittlere Firma wie Krupp beschäftigt 1846 rund 140 Arbeiter, eine preußische oder sächsische Maschinenfabrik mag 250 Leute umfassen. Betriebe von Großformat gibt es nur in Böhmen, wo die Liebiegsche Wollfabrik in Reichenberg schon 8000 Menschen zusammengetrieben hat. Von einem Industrieproletariat im modernen Sinn kann eigentlich auf deutschem Boden in keinem Fall gesprochen werden. Wirkliche Arbeitermassen haben erst die großen Bahnbauten der sechziger Jahre erzeugt, und unter diesen Erdarbeitern begegnen wir auch erstmals spezifisch proletarisch empfindenden Menschen, wie die ergreifenden Memoiren des Mitteldeutschen Karl Fischer bezeugen.

Die Frage, wie groß der Bruchteil der in den Fabriksälen Arbeitenden im Verhältnis zur Gesamtheit der gewerblich Tätigen gewesen sei, ist schwierig zu beantworten. Die statistischen Unterlagen sind hier besonders schwankend, weil die Gesetzgebung es absichtlich unterlassen hat, zu bestimmen, wo die Grenze zwischen Werkstatt und Fabrik, zwischen Handwerk und Manufaktur zu ziehen sei, und es jeweils den lokalen Behörden überlassen blieb, hier die Gruppierung vorzunehmen. Für die Verhältnisse von 1846 wird gewöhnlich eine Aufstellung angenommen, die Hermann Schlüter unterbreitet hat[12]. Danach würden in Preußen auf 457000 Meister und 385000 Gesellen rund 550000 Fabrikarbeiter entfallen[13]. Selbst wenn die Angabe als richtig unterstellt wird – es scheint eine starke statistische Verschiebung der zweifelhaften Fälle und der Liliputbetriebe nach der Seite der Fabrikarbeit vorzuliegen –, so ergibt sich immer noch eine Relation von acht zu fünf zugunsten des Handwerks, während das Verhältnis im Jahre 1925 sich schon so radikal geändert hat, daß die Verhältniszahl von drei zu eins zugunsten der Fabrikarbeiter lautet. Soziologisch ist mit dieser groben statistischen Aufteilung noch nicht viel gewonnen. Selbst wenn eine halbe Million in Preußen und eine knappe viertel Million in Sachsen für die Fabrik in Anspruch genommen werden und wenn sich daraus für das Gebiet von ganz Deutschland die Zahl von einer Million freier Arbeiter errechnet, so ist damit noch nicht gesagt, daß alle diese Meister und Gesellen, die an die Fabrikbetriebe abgeflossen sind, nun schon Proletarier gewesen wären. Es sind darunter seßhafte Heimarbeiter, Häusler, Stückmeister, verheiratete Gesellen und brotlose Handwerker, die sich jederzeit bereithalten, einen eigenen Betrieb aufzumachen. Wenn man nach den Grundsätzen der modernen Betriebszählung vorgeht, kommen offenbar sehr verringerte Zahlen heraus. So hat eine neuere Arbeit über die Anfänge der Industrialisierung in Baden nachgewiesen, daß 1840 erst 10000 Menschen als Fabrikarbeiter angesprochen werden können. Selbst wenn man die 4000 Heimarbeiter hinzuzählt, ist die zehnfache Anzahl noch als Meister oder Geselle im Handwerk tätig[14], und in Württemberg weist die Statistik von 1836 ähnliche Prozentzahlen nach[15]. Selbst in den alten Industriegebieten der Wupper und der Ruhr, in den linksrheinischen Distrikten von Aachen, Gladbach und Krefeld hat man sich die Verhältnisse noch sehr patriarchalisch und ländlich aufgelockert vorzustellen, wie es auf Blechens schönem Bild dargestellt ist. Wohl rauchen die Schlote, aber hart daneben blüht die romantische Idylle, und großstädtische Massenquartiere fehlen noch ganz. Die eigentliche Entwicklung der Großindustrie setzt erst in den sechziger Jahren ein, und die Revolution von 1848 bedeutet wirtschaftsgeschichtlich kaum einen Einschnitt. Zu der Zeit, als Disraeli in England unter dem Beifall der Romanleser von den »zwei Nationen« sprechen konnte, die unversöhnlich gegeneinander emporwachsen und zwischen denen kein Verkehr und keine Sympathie, keine Vermittlung und kein gemeinsames Sittengesetz besteht, die in ihrem Denken und Fühlen so weit auseinanderklaffen »wie die Bewohner verschiedener Planeten«, gibt es in Deutschland diese Klassentrennung noch nicht. Kapitalist und Proletarier stehen sich noch nicht als Todfeinde gegenüber, sie gehören sozusagen alle noch einer gemeinsamen bürgerlichen Welt an, und es ist noch nicht lange her, daß der reiche Handelsherr, der den Spinnern und Webern ihre Fertigwaren abnimmt und ihnen dafür die Rohstoffe und die Werkzeuge liefert, auf derselben sozialen Ebene gestanden hat wie seine Stückmeister. Alphons Thun hat in seinem glänzenden Buch »Die Industrie am Niederrhein«[16] sehr anschaulich geschildert, wie sich etwa die Messerschmiede, Schwertschmiede, Schleifer und Scherenmacher in Solingen den eingesessenen Kaufleuten, an die sie ihre Artikel allwöchentlich abliefern mußten, beinahe gleichgeachtet haben an sozialer

Würde; wie ihre Bildung, ihre Geselligkeit, ihre Ehrbarkeit in Wettstreit trat mit der Bourgeoisie, obwohl diese Fachhandwerker einkommensmäßig weit zurückgeblieben waren hinter den Handelsherrn. Es waren alte Meisterfamilien, in denen sich das handwerkliche Können vom Vater auf den Sohn vererbt hatte. Viele pflegten Musik, bestellten Bücher der schönen Literatur und bekleideten Ämter im Rat[17]. In Remscheid drüben, im Bergischen Land, war die Lebensweise noch freier und wohlhäbiger, noch mehr auf das Zusammenleben von Meister und Gehilfe zugeschnitten und der handwerkliche Charakter der berühmten Exportindustrie noch reiner gewahrt[18].

Hart daneben gibt es dann freilich Textilgebiete, in denen Arbeitslosigkeit, Kinderelend und Frauenarbeit vorherrscht und die Löhne in Zeiten des schlechten Absatzes empörend gedrückt werden. Die Seidenweber von Krefeld haben im Jahre 1828 einmal einen Aufruhr inszeniert, weil alle vierzehn Firmen bis auf eine den Lohn um 15 Prozent senkten, nachdem die Züricher Konkurrenz auf der Leipziger Messe das rheinische Seidentuch ausgestochen hatte. Aber außer einem nächtlichen Umzug und ein paar eingeworfenen Scheiben ist nichts geschehen; in Jahrzehnten war es das einzige Mal, daß sich die Empörung Luft machte. Es war kein sozialer Aufruhr, sondern eine stürmische Lohndemonstration, wie sie auch unter den Handwerksgesellen des 16. bis 18. Jahrhunderts immer wieder verzeichnet wird.

Als 1848 die jahrhundertealte Decke der patriarchalischen Gewöhnung sich einen Augenblick hob, da war es äußerst bezeichnend, was sich diese gedrückten Seidenweber erkämpften und wünschten. Unter dem Vorsitz des Oberbürgermeisters haben sie sich mit ihren Lohnherrn zusammengesetzt und am 27. März 1848 eine Vereinbarung getroffen, wonach die Webstühle, an denen sie arbeiteten, von nun ab wieder in die Hand des einzelnen Webers übergehen und diese wieder zu selbständigen Handwerksmeistern erklärt werden sollten. Sie wünschten sich zu einer Innung zusammenzuschließen und verabredeten unter sich, daß kein Meister mehr als vier Webstühle in Betrieb haben sollte. Ihr Ideal war also die alte Handwerkerzunft, und selbst die hinterlassenen Töchter der Zunftmeister haben sie nicht vergessen: Nur sie sollte der Fabrikant einstellen dürfen, andere Mädchen dagegen nicht beschäftigen[19]. Der Vorgang in Krefeld ist ein ergreifendes sozialgeschichtliches Dokument. Rückkehr zum zunftmäßigen Betrieb und Kleingewerbe: Das ist der revolutionäre Kerngedanke der Seidenweber am Rhein. Von einem modernen proletarischen Klassenbewußtsein, von einer Sozialisierung des Arbeitsertrags, von einem Anteil an der Werkleitung, am Gewinn, an den gemeinschaftlichen Produktionsmitteln ist nicht die Rede. Man macht die Produktionsmittel nach Möglichkeit wieder zum Privateigentum der Meister und überläßt die Verkaufsorganisation dem Kapital. Man wehrt sich mit allen Fasern gegen den Großbetrieb und versucht das Kleingewerbe in hausindustrieller Form zu retten. Die Generation, die 1848 erlebt hat, ist in ihrem Denken und Streben durch und durch sozialkonservativ, wenn man so will kleinbürgerlich. Jede andre Behauptung ist nachträgliche Konstruktion oder Vorwegnahme einer Entwicklung, die damals höchstens in England, eindeutig nicht einmal in Frankreich und Belgien, zu studieren war. So wie die gewerbliche Struktur in Deutschland in dem Menschenalter zwischen den Wiener Beschlüssen und dem Sturz Metternichs in ihrem Wesen nicht verändert worden ist trotz der Zunahme der Fabriken, der Einführung der Dampfmaschine und dem lebhaften Verkehr auf den neugebauten Chausseen und Eisenbahnen, so ist auch die gesellschaftliche Struktur des Gewerbestandes im Grunde handwerklich geblieben.

Es hat natürlich schon seit Ende des 18. Jahrhunderts eine allmähliche Spaltung eingesetzt in die zünftigen Meister einerseits, die oft sehr eng auf ihre Privilegien und ihre Spezialisierung achtgaben, und die freien Fabrikanten und Kleinunternehmer andererseits, die oft sehr viel beweglicher, erfolgreicher und kapitalkräftiger waren, die aber sozial vielfach dem Kreis der nicht zum Ziele gelangten Gesellen entstammten. Der aufgeklärte Staat hatte schon lange die Bedeutung dieser freien Industrie erkannt und ihr seine Unterstützung zugewandt, vor allem auch unter dem Antrieb der volkswirtschaftlichen Lehren des Adam Smith und seiner deutschen Schüler. So hat sich die groteske Umkehrung herausgebildet, daß die Regierung in ihrer Wirtschaftspolitik zwischen 1815 und 1848 im Grunde meist fortschrittlicher, liberaler, emanzipierter gewesen ist als die Gewerbetreibenden selbst, die sich im wesentlichen aus Handwerkern und Gesellen zusammensetzten und instinktiv zur korporativen Einigung, zum Innungszwang und zur selbständigen Existenz des kleinen Meisters zurückstrebten. Die Gewerbefreiheit war bis in die Revolution hinein nicht die Parole des Handwerkers, sondern die Losung der Bürokratie, die seit dem preußischen Gesetz von 1810 in wachsendem Maße und schließlich in allen Bundesstaaten die Schranken des Zunftgeistes niederlegen, die Initiative beflügeln, die rückständige Technik beleben und den Wohlstand befördern wollte. Schon Werner Sombart hat darauf hingewiesen, daß dieser fortschrittlichen Bürokratie der Chor eines liberalen Unternehmertums gefehlt habe, daß es in Deutschland kein Großbürgertum gab. Die Regierungen sahen sich einer seltsamen Opposition der Gewerbetreibenden gegenüber, die zwar politisch durchaus auf seiten der Bewegungspartei stehen mochten, aber den Wirtschaftsliberalismus mit Krallen und Zähnen bekämpften. Der soziale Selbsterhaltungstrieb der Handwerker mußte sie auf die Gegenseite treiben, dorthin, wo die staatlich konzessionierte Korporation den selbständigen Meister gegen Konkurrenz und Pfuschertum, gegen Massenproduktion und Kapitalanhäufung, gegen Proletarisierung und Bourgeoisierung schützte und die soziale Einheit des kleinen Bürgertums garantierte. Die Gewerbefreiheit mußte den gewerblichen Mittelstand aufspalten. Einige wenige würden zu reichen Fabrikanten aufsteigen, die große Masse mußte unweigerlich zu abhängigen Lohnarbeitern werden. Daß viele einzelne, die im Handwerk brotlos waren oder als schlecht bezahlte Gesellen nicht heiraten konnten, aus der Enge der Zunft in die Freiheit des Fabrikarbeiters strebten, ist begreiflich. Daß die überwiegende Mehrheit mit einer erstaunlichen Instinktsicherheit sich gegen die neuen Regeln der Gewerbefreiheit sträubte, ist ein überraschendes Zeugnis für die Gesundheit des sozialen Körpers in der ersten Hälfte des 19. Jahrhunderts.

Jede Sache hat an sich selbst ihre gute und ihre schlimme Seite. Und immer gibt es eine Gruppe, die von einer solchen schlimm-guten Sache buchstäblich zerrieben wird. Die eigentlichen Leidtragenden der Entwicklung und diejenigen, die schließlich nicht mehr ein und aus wissen konnten in dem Dilemma, waren die Gesellen. Sie wollten ja eigentlich Meister werden, an der Zunftehre teilhaben, die Schmutzkonkurrenz ausschalten und die Qualität ihrer Handarbeit hochhalten. Aber gleichzeitig wollten sie auch alte Zöpfe loswerden und von den Inhabern der Zunftmonopole nicht schikaniert werden und mit dem Fortschritt gehen und ihren Meistern gegenüber auftrumpfen. So waren sie hin und her gerissen zwischen zwei Welten. In der alten Korporation ließ man sie nicht hochkommen, damit sie den Alten nicht das Brot wegnahmen, und die Zunftbestimmungen boten genug Handhaben, um einen begabten Gesellen niederzuhalten. In der neuartigen Fabrikwirtschaft des maschinellen Großbetriebs und der Herstellung von Massengütern mußten sie zu Fachkräften herabsinken, die nie mehr über den Stand des Lohnarbeiters hinausgelangen konnten. So wurden die Gesellen das unruhige Element der Gesellschaft. Sie waren sozusagen nirgends beheimatet. Als selbständige Meister konnten sie nicht mehr ihr Brot finden und doch sträubten sie sich dagegen, mit den Fabrikarbeitern zu verschmelzen. An vielen Orten war es noch Vorschrift und Privileg, daß der zünftige Geselle in einem anderen Raum arbeiten mußte als der unzünftige Handlanger, auch wenn sie in demselben Fabrikbetrieb angestellt waren. Manche dieser Gesellen taten nun ganz bewußt den Schritt in das Industriezeitalter und wurden die ersten Führer der Lohnarbeiterschaft. Sie nannten sich mit Stolz Arbeiter wie ihre französischen Kollegen und nahmen sich vor, den Staat in den Dienst der Arbeiterklasse zu stellen. Zahlenmäßig sind es nicht viele gewesen, die diesen Weg gegangen sind, und die Geschichte der Achtundvierziger Revolution zeigt, wie schwer es ihnen fiel, sich vom Zunftideal loszureißen. Selbst auf dem radikalen Frankfurter Gesellentag, der auch die Taglöhner und Fabrikarbeiter zuließ, ist die Mehrheit Gegner der Gewerbefreiheit und Anhänger des Innungsprinzips gewesen.

Immerhin, das zwiespältige Los der Gesellen, die zwischen Zunftzwang und Manufakturfreiheit, zwischen Handwerk und Fabrik hin und her gerissen wurden, hat einen soziologischen Nährboden geschaffen, auf dem sich politische Aufklärung mit sozialer Desperation verband. Diese intelligenten Entwurzelten, die ohne jedes Verschulden zwischen die Mühlräder der Entwicklung geraten waren, sind wohl die eigentlichen Träger der Revolution von der sozialen Komponente her geworden. Das Proletariat der großen Städte dagegen war geschichtlich stumm. So wenig die Insassen der Londoner Slums je zu einem Aufstand angetreten sind, so wenig darf man das von den Elendsquartieren der deutschen Großstädte erwarten, die in den Sozialgemälden der Zeit eine so große Rolle spielen. Aus den Arbeitervorstädten von Berlin und Wien ist gewiß Grausiges zu erzählen[20]: von den dumpfen Wohnungen, wo ein Strich durch das Zimmer die Grenzen der einen und der anderen Familie bezeichnet, von den zerlumpten Bettelkindern und Raubkolonnen, welche die Gegend an der Stadtmauer unsicher machten, von den Fabrikmädchen, die abends mit Bänken und Polstern als Straßendirnen in die innere Stadt ziehen, von den Höhlenmenschen, die monatelang in den Kanalisationsröhren der Großstadt leben. Man wird sich aber vor Übertreibungen hüten müssen. Im Berliner »Voigtland« sind, wenn man genau zusieht, nur zwei solcher berüchtigter »Familienhäuser« gestanden[21]! Die Hefe der Bevölkerung in allen europäischen Großstädten von Mailand bis London hat schon 1770 ähnlich gelebt; sie hat in Paris vier Revolutionen überdauert, ohne ihre Lebensweise wesentlich zu verbessern. Eine politisch-soziale Krise erwächst aus solchen Zuständen nicht, mögen sie noch so schrecklich und mitleiderregend sein.

Eine größere Belastung des gesellschaftlichen Gefüges sind die grausamen Begleiterscheinungen der industriellen Lohnarbeit gewesen: erpresserische Bezahlung, Kinderarbeit, übermäßige Arbeitszeit, mangelhafte hygienische Einrichtungen, fehlende Fabrikaufsicht, Seuchen, moralische Verwahrlosung. Was die amtlichen Berichte und zahlreiche sozialreformerische Broschüren hier im einzelnen zutage fördern, ist beschämend. Aber der Historiker der Revolution wird nicht in den Fehler verfallen dürfen, ohne genaue Nachprüfung der kausalen Zusammenhänge in diesen Beschwerdepunkten gleichsam deduktiv die Hauptursache der revolutionären Krise sehen zu wollen, ohne das Gewicht der empirischen Beobachtungen abzuwarten. Tatsächlich hat es Gebiete gegeben, etwa in der Solinger Kleinmetallindustrie, in Elberfeld, Krefeld und Aachen, wo auch in Deutschland das berüchtigte Truck-System üblich war, über das in England so bitter Klage geführt wird. Der Handelsherr, der in großem Stil Rohstoffe und Halbfabrikate durch Heimarbeiter in kleinen Werkstätten fertigmachen ließ, verband seine Lohnzahlung nicht selten mit einem Warengeschäft, indem er seine Arbeiter zwang, ihren Arbeitslohn zum

Teil oder auch insgesamt in überteuerten Waren entgegenzunehmen, von denen der Prinzipal dann noch einmal seine Prozente hatte. Der Lohnempfänger war gezwungen, entweder diese Gegenstände mit Verlust wieder abzustoßen oder an Stelle des täglichen Brots Luxusartikel entgegenzunehmen, wie Kleider, Kaffee, Reis, Blumen und besonders Branntwein, kurz Artikel, die in keinem Verhältnis zu seinen echten Bedürfnissen standen[22]. Aber bei genauerem Zusehen zeigt sich, daß dieses »Warenzahlen« nicht erst mit dem industriellen Hochkapitalismus des 19. Jahrhunderts aufgekommen ist, sondern Überrest eines Mißbrauchs war, der sich schon im 15. Jahrhundert herausgebildet hatte und seit dem 17. Jahrhundert in vielen dichtbesiedelten Gebieten der Hausindustrie bezeugt ist. Seine Träger waren vielfach kleine Winkelfabrikanten und jüdische Krämer, während die großen Firmen und die offiziellen Handelskammern den Übelstand auf das schärfste rügten und bekämpften. Die Ausartungen des Warenzahlens haben auch nur in seltenen Fällen im März 1848 einen Anstoß zu revolutionärer Selbsthilfe geboten. Wie überhaupt die Mißstände in den Arbeitsbedingungen und der Mangel einer sozialen Gesetzgebung in den Beschwerden des Jahres 1848 nicht entfernt die Rolle gespielt haben, die man nach den sozialreformerischen Notrufen der vierziger Jahre vermuten sollte. Man wird auch feststellen müssen, daß der Wohlfahrtsstaat der landesfürstlichen Bürokratie in vielen Territorien diese Probleme tatkräftiger in Angriff genommen hat, als es die Freihandelstheorie der westlichen Länder erlaubte. Niemand wird in der Frage der Arbeiterfürsorge und der Gewerbeaufsicht das Ancien Régime der Metternichzeit in hellen Farben malen. Aber man wird zugeben, daß sich der staatliche Apparat in diesen dreißig Jahren nicht weniger, sondern entschieden mehr um die wirtschaftlichen Verhältnisse der Untertanen gekümmert hat als in früheren Zeiten. Eine breite Wirkung ist der im ganzen einsichtigen und sogar hilfsbereiten Bürokratie freilich verwehrt geblieben, weil sie ja mit der staatlichen Einmischung und der Kontrolle der Unternehmer ihrer eigenen Lehre von der unbedingten Gewerbefreiheit und der Selbstregulierung der Wirtschaft widersprochen hätte. Darum hat sie nur zaghaft und innerlich zwiespältig die gesetzlichen Handhaben angewandt, mit denen sie in das freie Vertragsverhältnis zwischen Arbeitgeber und Arbeitnehmer eingreifen mußte. Bei dem Kampf gegen das Truck-System im Bergischen Land ist es bezeichnend, daß Bürgermeister und Landrat, Provinziallandtag und Handelskammer, übrigens auch ein angesehener Waffenfabrikant wie Peter Knecht, der mit dem preußischen Thronfolger freundschaftlich verkehrte, längst auf die skandalösen Zustände hingewiesen hatten und sich auf die Seite der Ausgebeuteten stellten. Aber der Regierungspräsident in Düsseldorf und die Minister in Berlin zögerten aus doktrinären Gründen die Sache hinaus, und erst in den Monaten vor dem Ausbruch der

Revolution war endlich ein Gesetz in Vorbereitung, das schließlich am 9. Februar 1849 das Warenzahlen für das preußische Gebiet verbot. In der Frage der Kinderarbeit hat der Beamtenstaat früher eingegriffen und 1839 durch ein Regulativ die Beschäftigung der Kinder vor dem neunten Lebensjahr abgestellt und für die Neun- bis Sechzehnjährigen die tägliche Arbeitszeit auf 10 Stunden beschränkt. Auch wenn sich vieles gar nicht, manches erst durch das Gewerbegesetz von 1849 gebessert hat, ist der beginnende Industrialismus und auch die notleidende Hausindustrie nur mit großer Vorsicht als Triebkraft der Revolution in Anspruch zu nehmen. Denn die Betroffenen sind so gut wie gar nicht aktiv geworden. Die Wuppertaler Bevölkerung etwa, die doch in gedrückten Verhältnissen lebte und der sich ein Jahr lang die kommunistische Werbearbeit eines Moses Heß und eines Friedrich Engels anbot, ist für die Botschaft des Klassenkampfes nicht empfänglich gewesen. Es ist ausdrücklich bezeugt, daß bei den kommunistischen Geheimversammlungen, die Engels und Heß in Elberfeld veranstalteten, die Arbeiterbevölkerung gänzlich gefehlt hat[23]. In den Märztagen von 1848 war sie nicht auf die Barrikaden zu bringen, ja kaum zu Kundgebungen zu bewegen, und aus eigenem Antrieb sind die Arbeiter nicht einmal in Wien und Berlin auf die Straße gegangen.

Das einzige, was aufmerksame Zeitgenossen in den Arbeiterkreisen wie in allen übrigen Schichten der Gesellschaft beobachten wollten, war »ein dunkler Drang nach veränderten Zuständen«. Aber ein solcher unbestimmter Drang nach Verbesserung berührt mit seinem unheimlichen Flügelschlag nicht bloß die, welchen es schlecht geht, sondern – mindestens in der Form der Angst – auch die, welchen es im Augenblick gut geht.

Es ist in der Tat erstaunlich, in welchem Maß die heimliche Furcht vor einem jähen Umsturz der Dinge seit der Mitte der vierziger Jahre die herrschenden Klassen durchrieselt hat. Sie hat jene Flut von Reformvorschlägen, Flugschriften, Wohltätigkeitsvereinen hervorgerufen, die sich um 1845 mit der sozialen Frage beschäftigen. Wahrscheinlich liegt hier in der seelischen Unsicherheit und Gewissensqual, in der Ahnung und dem Frösteln der lebenden Generation die eigentliche Wurzel der Märzereignisse. Eine Ordnung, die nicht mehr mit gutem Gewissen gelebt wird, ist keine Ordnung mehr. Eine Welt, hinter der der Riesenschatten eines Umsturzes auftaucht, ist keine normale Welt mehr. Daran ändert alle Wohltätigkeit, aller guter Wille, aller Reformeifer und auch alles Sündenbekenntnis nichts. Diese Ordnung ist zwar nicht notwendig dem Untergang geweiht: Das beweist der Ausgang der Achtundvierziger Revolution, der ja die alte Ordnung weithin wieder bestätigt hat. Wohl aber ist eine solche Zeit der Unsicherheit und des schlechten Gewissens dem Fieber ausgeliefert, das sie durchrasen und schütteln wird. Die Krise wird um so reinigender und gesünder sein, je weniger sie schon im Anfangsstadium durch medizinische Gegenmittel gebrochen wird. Aber am stärksten ist ihre Gewalt, solange sie erst bevorsteht. Sie lähmt jeden Widerstand, jedes Selbstvertrauen der alten Welt. In dem Augenblick, wo das Fieber durchgebrochen ist und zu triumphieren scheint, erwacht auch wieder die Tatkraft, der Trotz und die Ehre des Ancien Régime. Dann gibt es einen Kampf zwischen dem Alten und dem Neuen, der in der Geschichte eigentlich immer zugunsten einer diagonalen Linie entschieden worden ist. Aber das geschichtliche Wunder ist dann schon vorbei, die Magie der Revolution schon gebrochen. Sie dauert nur so lange, als alle von ihrem unwiderstehlichen Kommen gebannt sind.

Es hat viele Symptome gegeben, welche die Ahnung von der Unausweichlichkeit einer Katastrophe in den Geistern geweckt haben. Die Technik, die Eisenbahn, die Masse, der religiöse Unglaube, das Elend, die Anfechtung des Eigentums haben die Hüter der bürgerlich-feudalen Gesellschaftsordnung der deutschen Fürstenstaaten in Verwirrung gebracht. Als das eigentliche Signal der Krise, als die Posaunen von Jericho hat man offenbar den Vorgang empfunden, der fast außerhalb menschlicher Zuständigkeit und Verantwortung lag: die Hungerepidemie des Jahres 1847 in Oberschlesien. Dort, im polnischen Gebiet der preußischen Ostprovinz, sind damals 80000 an Hungertyphus erkrankt und fast 16000 ihm erlegen. Die akute Ursache war eine Kartoffelkrankheit, die seit 1845 (übrigens in ganz Deutschland) die Ernten ständig verschlechterte und im Herbst 1846 für die arme Landbevölkerung das Hauptnahrungsmittel gänzlich ausfallen ließ. Warum gerade diese Epidemie unter den Landarbeitern eine Vertrauenskrise für den Staat, die Beamten, die Gesellschaft schlechthin wurde, diese Frage führt tief hinein in den Aufbau der ländlichen Distrikte des Ostens und kann nur im Zusammenhang mit der Bauernfrage verstanden werden. Welchen Eindruck sie hinterlassen hat, beweist das Wort des Generals von Natzmer, eines Vertrauten König Friedrich Wilhelms IV. und eines typischen Vertreters des Ancien Régime in Deutschland. Bei der Vorbereitung einer Wohltätigkeitslotterie, wie sie zugunsten der Hungerdistrikte in Berlin veranstaltet wurde, bemerkte er erschüttert, daß »in den schlesischen Zuständen der Keim zu einer bevorstehenden Umwälzung der bestehenden Verhältnisse liege, denn es hänge zu viel daran«[24].

Schlesien war kurz vorher schon einmal der erregende Schauplatz eines sozialen Massenelends geworden, und auch damals führten die Wurzeln des Aufruhrs nicht in den Bereich der Fabrik, sondern zu den ländlichen Arbeitern. Es fällt auf, daß die klassische Darstellung des schlesischen Weberaufstands von 1844 aus der Feder von Wilhelm Wolff die agrarischen Zustände in den Vordergrund rückt. Die ländlichen Garnspinner, die Kattunweber und Leineweber der schlesischen Gebirgsgegenden rüttelten schon seit dem Ende des 18. Jahrhunderts an den Fesseln ihrer Abhängigkeit. Zwar wurde die Erbuntertänigkeit seit Martini 1810 abgeworfen durch die Steinschen Gesetze. Aber für die Mehrheit der Häusler waren der Grundzins und die Naturalabgaben, der Hundehafer, der Schutzzoll, das Jagdgeld und ähnliche Sporteln in Geltung geblieben. Die Herrschaft, die Dorfgemeinde, die Geldleiher und der Staat nahmen ihm in der einen oder anderen Form durch Steuern, Zinsen, Fronen und Abgaben ein ganzes Drittel seines kärglichen Barverdienstes wieder ab, und es blieben ihm höchstens 40 Taler im Jahr für Feuerung, Licht, Reparaturen, für Kleidung und Erziehung seiner Kinder. Was seinen Zustand aber vollends unerträglich machte, war nicht etwa das Vordringen der Maschine und die Industrialisierung des Landes, sondern im Gegenteil die mangelhafte Verwertung der Arbeitskraft. Der Bevölkerungszuwachs und das Überangebot billiger Hände, die Absatzschwierigkeiten, der veraltete Handbetrieb, die zuerst die Leinenproduktion und jetzt auch die Baumwollweberei fast zum Erliegen brachten, hatten die Löhne seit vielen Jahrzehnten gedrückt. Die Aufkäufer von Garn, Baumwollstoffen und Barchent boten in den Distrikten von Langenbielau und Peterswaldau am Fuß des Eulengebirges, wo die Unruhen ausbrachen, nur noch fünfzehn Silbergroschen für einen Ballen, an dem ein Weber mit seiner Familie neun lange Tage zu arbeiten hatte. Wo die Hausweber einigermaßen menschlich angefaßt wurden und den hergebrachten Lohn von zweiunddreißig Groschen weiterbezogen, genügte selbst in der Erregung des Aufruhrs die Verabreichung einer Vesper und eines kleinen Geldgeschenks an jeden Beteiligten, um die Menge zum Abzug, ja zu Vivatrufen auf den Fabrikherrn zu bewegen. Nur vor dem Wohnhaus der Familie Zwanziger, die in kurzen Jahren zu einem protzigen Reichtum gekommen war, gab es kein Halten mehr. Das Mobiliar, die Kleider und die »Staatskarossen«, die Vorräte und Geschäftspapiere wurden zerstört, zertrampelt, verteilt und in den Wind zerstreut. Ein Zug von dreitausend armen Webern zog wie ein Rachekorps in das Nachbardorf und demolierte dort noch ein zweites Anwesen. Aber kein Fabrikant wurde persönlich mißhandelt, kein Feuer angelegt, kein Bäckerladen gestürmt, obwohl die Stimmung gegen die Lebensmittelgeschäfte nicht weniger heiß war als gegen die Fabrikanten und vielfach wie in alten Zeiten über Untergewicht der Ware geklagt wurde. Durch einige Kompanien Militär wurde der Aufruhr rasch niedergeschlagen, aber der Eindruck auf die Zeitgenossen war tief und nachhaltig. Die Verzweiflung einer entkräfteten, ohne Schuld und ohne Schutz in die bitterste Armut geratenen Wirtschaftsschicht, die so offensichtlich in die Hand der reichen Kapitalisten gegeben war, illustrierte auf eigentümliche Weise das Problem des »Pauperismus«, das gerade damals anfing, schonungslos diskutiert zu werden. Wilhelm Wolff, der eigenwillige Kandidat der klassischen Philologie in Breslau, hat schon im Jahr zuvor auf das Wohnungselend der Provinzhauptstadt hingewiesen und den »Verein für Erziehung der Kinder hilfloser Proletarier« gegründet, dem auch Grafen, Kommerzienräte, Ärzte und Generale beitraten. Er hat 1845 das revolutionäre Wort ausgesprochen, das sich gegen die Überlieferung von zwei Jahrtausenden christlicher Gesittung wandte: daß nicht die mehr oder minder vollkommene Übung der Caritas, sondern nur die radikale Änderung der Sozialordnung Wandel schaffen dürfe. »Die Schuld liegt nicht an der Art und Weise der Armenpflege, sondern in unseren ganzen Zuständen. Die ganze Gesellschaft ist samt ihrer Grundlage verurteilt und gerichtet, solange überhaupt noch eine ›Armenpflege‹ existiert.«[25]

Diese Erkenntnis ist nicht aus den schlesischen Elendsgebieten allein erwachsen. Sie ist weit mehr das Resultat der Theorie und der europäischen Zeitströmung als der lokalen Erfahrung und Beobachtung gewesen. Saint-Simon, Blanqui, Fourier, vor allem aber ihr geistvoller deutscher Interpret Lorenz von Stein haben mit ihren Lehren und Büchern zur Erkenntnis der Heraufkunft des Proletariats mehr beigetragen als die realen Verhältnisse in Deutschland. Das System des dialektischen Materialismus, den Friedrich Engels an den Industriezuständen in England und Karl Marx an dem Ablauf der Revolution in Frankreich studierte, ist im Vormärz noch nicht über einen engen Kreis von Mitarbeitern der Rheinischen Zeitung hinausgedrungen. Aber der französische Sozialismus hat schon eine beträchtliche Tiefenwirkung im Umkreis des deutschen Mittelstandes geübt, und seit 1842 mehren sich die Stimmen, die von einer Reform des staatlichen Lebens vor allem gründliche, vorbeugende Maßnahmen gegen den »Pauperismus«, gegen die geistige und physische Verwahrlosung der Massen und die Gleichgültigkeit der Gesellschaft gegenüber der Not der Entrechteten verlangen. Friedrich Harkort, einer der tüchtigsten und aufgeschlossensten Unternehmer am Niederrhein, hat schon 1843 beschwörend dazu aufgefordert, durch eine Vertiefung der Volksbildung den sich öffnenden Abgrund zwischen den Besitzenden und Nichtbesitzenden zu schließen. »Betrachtet jene Millionen in England, Irland und Frankreich, in allen großen Städten, die bereit sind, die Welt in Brand zu stecken, da sie nichts zu verlieren haben, und unsere Warnung wird gerecht erscheinen.«[26] Für das soziologisch zurückgebliebene, handwerklich-biedermeierliche Deutschland sind diese »Millionen« im Augenblick freilich noch ferne Zukunftsperspektiven. Aber gerade deshalb scheint es für Männer wie Harkort noch an der Zeit, die Katastrophe abzuwenden, die über die ländlichen und industriellen Hungergebiete Westeuropas zum Teil schon hereingebrochen ist. Mit dem herrschenden politischen System freilich, mit dem Riesenaufwand für stehende Heere und Zuchthäuser, für Theaterpaläste und teure Hofhaltung, mit der Aussperrung der niederen Volksklassen von aller politischer Verantwortung und von allen Fortschritten des Geistes wird man der sozialen Frage nicht begegnen können. Diese Erkenntnis ist bis weit hinein in die Kreise des vormärzlichen Liberalismus verbreitet und ist schließlich auch eines der treibenden Motive bei der immer leidenschaftlicher werdenden Erörterung über die preußische und die deutsche Verfassungsfrage geworden[27].

Man wird aber zum Schluß noch einmal unterstreichen müssen, daß nur auf dem Umweg über die Ideologie die sozialen Ursachen der Revolution von Gewicht geworden sind. Nicht der gesellschaftliche Notstand an sich, wohl aber das Durchdrungensein von dem Bestehen eines Notstands hat revolutionierend gewirkt. Und dieses Aufmerksamwerden auf ein soziales Problem hat sich nicht zuerst bei den Betroffenen, sondern bei den Betrachtenden gerührt. Wo immer in Handwerker- und Gesellenvereinen, in Turngemeinden und Lesezirkeln während der vierziger Jahre ein politisch-radikaler Einschlag zu spüren ist, da sind es bürgerliche Intellektuelle, Journalisten und Advokaten, abgesprungene Theologen und Buchhändler, die das Feuer entzünden. Die Demokratie ist nicht eine Forderung des Arbeiterstandes gewesen, sondern die soziale Frage war ein Bestandteil der bürgerlichen Demokratie. Die Zahl der Gesellen und Handwerksmeister oder gar der Arbeiter in Fabrik und Landwirtschaft, welche ein aktive Kritik an den herrschenden Zuständen entwickelten, ist sehr beschränkt gewesen. Wir kennen sie beinahe alle mit Namen oder finden doch ihre Spur in den Listen der vormärzlichen Polizei, welche sich sogar die Bestellerlisten der anrüchigen Zeitungen von den kleinen Postämtern melden ließ und daraus über die verborgensten Zellen der Opposition Bescheid wußte. Wenn man im Zeitraum zwischen 1815 und 1848 nach anonymen Massen Ausschau hält, die das Geschehen unterirdisch bestimmt haben, so muß man sie weniger in gewerblichen Kreisen als vielmehr im Bauernstand suchen. Dort ist in der Tat ein sozialer Gärungsstoff angehäuft, der in spezifisch deutschen Verhältnissen seinen Ursprung hat und auf verjährte Mißstände zurückgeht, mit denen auch der aufgeklärte bürgerliche Obrigkeitsstaat josephinischen Gepräges nicht fertig geworden ist.

II

Die Bauernfrage

Die deutsche Bevölkerung fand bis zur Jahrhundertmitte noch zu vollen zwei Dritteln, in Preußen sogar bis zu vier Fünfteln, ihre Beschäftigung in der Landwirtschaft. Auf das übrige Drittel verteilen sich Handwerk, Fabrikgewerbe, Handel, freie Berufe, Beamte und Hausangestellte. Man hat also allen Grund, Deutschland als Agrarland zu bezeichnen und die sozialen Verhältnisse auf dem Lande als Grundlage des deutschen Lebens zu betrachten.

Nun ist die Zeit von der zweiten Hälfte des 18. Jahrhunderts bis zur Mitte des 19. Jahrhunderts in allen Ländern des zivilisierten Europa bis nach Rußland hinein ausgefüllt von dem großen Prozeß der Bauernbefreiung. Auch in den einzelnen deutschen Territorien ist dieser Abbau der grundherrschaftlichen Verfassung des Abendlandes längst im Gange und wird teils durch gesetzgeberische Akte, teils durch beispielhaftes Verhalten der Domänenverwaltung, teils durch freie Vereinbarungen zwischen Grundherr und Bauer in dieser oder jener Weise in die Wege geleitet. Man wird sagen müssen, daß diese allmähliche und in vielen Etappen sich vollziehende Bewegung in den gutsherrschaftlichen Gebieten des Ostens vor 1848 zielbewußter betrieben wird und mehr geschichtliche Bewegung erzeugt als in den grundherrschaftlichen Gebieten des Westens und Südens, wo die Verhältnisse zäher sind und die Gegensätze zwischen Gutsherrschaft und Hintersassen verborgen glimmen. Die Lasten, die auf dem bäuerlichen Stande ruhen, werden wohl diesseits der Elbe auch deshalb drückender empfunden, weil die Bauern geweckter sind und die Standes- und Grundherrschaften nicht mehr als Obrigkeit fungieren. Die von staatsbürgerlichem Denken schon leise berührte ländliche Bevölkerung konnte nicht einsehen, warum sie »Untertanen von Untertanen« bleiben sollten, nachdem die napoleonische Zeit die kleinen Zwingherren doch glücklicherweise mediatisiert hatte. Der Kampf um die Höhe und die rechtliche Begründung der mannigfachen Abgaben und geschichtlich bedingten Leistungen wurde darum im Süden erbitterter geführt als in den Gebieten der patrimonialen Gutsherrschaft, wo die Inhaber der 12000 Rittergüter als Gerichts- und Polizeibehörde, als Dorfherrn und Patronatsherrn noch überall ein ehrfürchtiges Ansehen genossen. Die ländliche Revolution ist 1848 nicht in den Gebieten des zurückgebliebenen Rechts ausgebrochen, sondern dort, wo Gemeindeverfassung und Staatsbürgerverband schon weitgehend modernisiert waren und daher der Zwiespalt zwischen politischen Rechten und wirtschaftlicher Abhängigkeit am breitesten klaffte.

Die Bauernbefreiung entspringt nicht bloß der neuen Forderung der Menschenrechte, welche die Aufklärung in die Welt gebracht hatte, indem sie für jeden einzelnen persönliche Freiheit, Sicherheit des Eigentums und Mitverantwortung für das Gemeinwesen verlangte, sondern sie entspricht auch der modernen Wirtschaftsauffassung und Agrarpolitik, wie sie von England her besonders in Gebieten der ostdeutschen Gutsherrschaft Eingang gefunden hat. Man entdeckt, daß man rentabler und wirksamer wirtschaftet, wenn man ein freies Lohn- und Arbeitsverhältnis anstrebt, als wenn man in althergebrachter Weise widerwillig geleistete und mit unvollkommenen Werkzeugen durchgeführte Spann- und Handdienste in Anspruch nimmt. So kommt die kapitalistische Tendenz der rechtlichen Entwicklung entgegen. Da die Ablösung der alten Fronverfassung mit vielen Vorteilen für eine intensivere Nutzung der Eigengüter des Adels verbunden ist, so sträuben sich die geschäftstüchtigen Landwirte des Ostens, welche selber ihre Ländereien umtreiben, weniger gegen die Neuerungen als die von Renten lebenden patriarchalischen Grundherrn des Südwestens, die viel stärker an zopfigen historischen Rechten festhalten. Auch auf seiten der Betroffenen kann man beobachten, daß sie mit einem seltsamen Eifer in ihre neue Knechtschaft als freie Lohnarbeiter stürzen, weil sie nur das sehen, was sie gewinnen, aber nicht das, was sie verlieren und gegen einen sehr zweifelhaften Fortschritt eintauschen; denn wirtschaftsgeschichtlich gesehen besteht dieser Fortschritt weithin in dem Eindringen kapitalistischer Betriebsformen in das ländliche Arbeitsverhältnis.

Der Vorgang der rechtlichen Befreiung des Bauernstandes vollzieht sich in drei Stufen und nach drei verschiedenen Richtungen: erstens als Abschaffung der Erbuntertänigkeit, das heißt als persönliche Freistellung der bisher schollengebundenen Hintersassen, zweitens als Verbesserung des Besitzrechts der Bauern, das heißt als Überantwortung des vollen Eigentumsrechts gegen eine entsprechende Ablösungssumme in Geld oder Land, drittens in der Beseitigung der Dienste (auch Scharwerk, Fron oder Robot genannt) und der Vereinfachung oder Abschaffung der Abgaben (Naturalgülten und Geldzinse). Für die spannfähigen, mit einem Pferdefuhrwerk ausgestatteten mittleren Bauernstellen (in Preußen etwa von fünfzig Morgen an) bedeutet diese Entwicklung ohne Zweifel eine durchgreifende Gesundung. Wenn diese selbständig gemachten Bauern, nachdem sie ihre Ablösung in Land oder Geld abbezahlt haben, die wirtschaftliche Kraft aufbringen, den freien Wettbewerb mit den landwirtschaftlichen Großbetrieben auszuhalten, sind sie aus dem Gröbsten heraus und gewinnen in vielen Gegenden ein wohlhabendes und befriedigendes Dasein. Das Ziel, welches weitschauenden konservativen Bauernpolitikern wie Stein, Vincke und Stüve vorgeschwebt hat, wird hier weitgehend erreicht und ein kräftiger, selbstbewußter, krisenfester und staatsbejahender ländlicher

Mittelstand geschaffen. Für die kleineren Wirtschaften dagegen ist der Verlust des alten patriarchalischen Zustandes sehr häufig eine verhängnisvolle Einbuße geworden. Die Fürsorge in Notzeiten, der vorgeschriebene Steuernachlaß in Mißjahren, die Verpflichtung des Grundherrn, seine Fronbauern mit Saatgut und Almosen zu versehen, die Sicherheit vor Pfändung und Auskauf, der staatliche Schutz vor der Einziehung des Bauernlandes zum Gutsbezirk: Das alles fällt künftighin weg. Wo die Befreiung durchgeführt wird, sinkt der kleine Fronbauer, der seinen verkleinerten Hof nicht halten kann, auf die Stufe des Taglöhners herab. Der Gutsherr wird zum Dienstherr, der Vertrag wird auf begrenzte Dauer für ein Jahr oder für eine Reihe von Jahren geschlossen. Der ländliche Arbeiter behält zwar nach wie vor ein Stück Land und eine zugewiesene Wohnung, vielleicht auch das Recht, ein Stück Vieh mit auf die Weide zu treiben, aber mehr als einen Morgen Acker- und einen Morgen Gemüseland soll er nicht haben, denn er soll ja nicht für seine eigene Landwirtschaft leben, sondern auf die bezahlte Lohnarbeit auf dem großen Gut angewiesen sein. Das ist nicht böse Herrschsucht, sondern eine wirtschaftliche Notwendigkeit, solange die Gutsverfassung besteht, und diese Lösung wird darum von einsichtsvollen Reformern wie Thaer und Sack schon vor den Hardenbergischen Dekreten empfohlen[28]. Denn woher soll der Betrieb sonst seine Arbeitskräfte nehmen, nachdem die Fuhr-, Wege-, Ernte- und Dreschleistungen der Fronpflichtigen abgeschafft sind? Die sicherste und gesündeste Art war wohl immer noch die Ansiedlung von Gutsarbeitern als »Dienstleute« oder »Insten«, die eine bescheidene Anbaufläche als Naturallohn erhielten und im übrigen mit der ganzen arbeitsfähigen Familie auf den Taglohn bei der Herrschaft verwiesen waren. Nicht selten hatte auch in umgekehrter Richtung der Gutsherr die Verbindlichkeit, diesen freigewordenen Landarbeitern Arbeit zu geben und sie vor Erwerbslosigkeit und Lohnausfall zu bewahren. Sozial gesehen ist diese neu entstehende Klasse von Instleuten schlechter daran als der ehemalige Hintersasse mit kleinem und gebundenem, doch immerhin eigenem Besitz, aber wirtschaftlich lebt sie in erträglicheren Verhältnissen als der über und über verschuldete Laßbauer, der Gespann und Knechte hat erhalten müssen, um seinen Frondiensten nachzukommen. Nach der Umfrage, die das preußische Landesökonomiekollegium im Jahre 1848 veranstaltet hat[29], sind diese abhängigen, aber angesiedelten und in festem Dienstverhältnis stehenden Gutstagelöhner fast überall besser gestellt als die »Häusler« oder »Kolonisten«, die zwar ein kleines Grundeigentum aus der Regulierungszeit gerettet haben, aber von dem Ertrag ihres Anwesens nicht leben können und von Fall zu Fall nach Verdienstmöglichkeiten Ausschau halten müssen. Vor allem sind die Instleute in günstigerer Lage als die dritte Kategorie von Landarbeitern, die »Einlieger« oder »Heuerlinge«, die weder in einem festen Dienstverhältnis stehen noch ein eigenes Grundstück besitzen. Diese »herrenlosen« Landarbeiter stehen meist an der untersten Grenze des Existenzminimums und sind einer Unsicherheit des Lebens ausgeliefert, die in Zeiten der Teuerung katastrophale Formen annimmt. Im Rheinland leiden sie vielfach unter Mangel an Arbeit, im Osten, wo auch im 19. Jahrhundert ein ständiger Mangel an Arbeitskräften herrscht, wechseln ihre Einkünfte sehr stark je nach den Jahreszeiten und Konjunkturen.

Es liegt in der Natur der Dinge, daß die gewaltige Bevölkerungsvermehrung, die wir seit 1780 überall in Europa bemerken und die bis zur Märzrevolution noch durchweg den ländlichen Distrikten verbleibt, ohne durch Auswanderung und Stadtwanderung aufgesogen zu werden, fast ausnahmslos in diese unterste Klasse der Einlieger einströmt. Wenn in sechzehn Dörfern des Kreises Wolmirstedt im Jahre 1785 rund 200 Bauern und 360 Kossäten wohnen und man im Jahre 1842 deren 203 beziehungsweise 320 zählt, so ergeben diese Zahlen sogar einen leichten Rückgang in den seßhaften grundbesitzenden Elementen. Dafür leben jetzt im Jahr 1842 in den sechzehn Dörfern 984 Einlieger, die es fünfzig Jahre zuvor als Kategorie überhaupt noch nicht gegeben hat[30]. Die bevölkerungsgeschichtliche Entwicklung drängt also auf Herausbildung eines ländlichen Proletariats. Mancherorts nennt man diese unglückliche Schicht die »Angstarbeiter«, weil sie von Monat zu Monat um den Arbeitsauftrag besorgt sein müssen und als vertragliche Gutstagelöhner ohne ein Stück Land weder die Vorteile der Gebundenheit noch die Vorteile der Freiheit genießen. Die rechtlichen und wirtschaftlichen Begleiterscheinungen der Bauernbefreiung haben diese unheimliche Tendenz der ländlichen Bevölkerungsvermehrung noch unterstützt. Nach der Mobilisierung des Grundbesitzes, welche die Steinschen Reformen für Preußen eingeleitet haben, war die Aufspaltung des ehemals abhängigen Bauerntums in einen selbständigen Mittelstand und ein heimatloses Proletariat wohl nicht aufzuhalten, und es bedeutet ein großes Maß von Naivität, dafür bloß die Fehler des Gesetzgebers, etwa Hardenbergs, verantwortlich zu machen. Gewisse Gruppen dieses Bauernstandes, die zwischen ländlichem Mittelstand und ländlicher Arbeiterschaft eingeklemmt waren und nicht mehr vor und zurück konnten, Schichten, die noch nicht ganz freie Bauern und noch nicht ganz freie Landarbeiter geworden waren, haben im agrarischen Sektor eine ähnliche Rolle gespielt, wie die zwischen Meister und Fabrikarbeiter stehenden Handwerksgesellen im gewerblichen Bereich. Sie vor allem sind die Träger einer sozialen Unruhe und Unzufriedenheit geworden, Spaltpilze einer Übergangszeit, welche die gesellschaftliche Ordnung zersetzten, indem sie Ansprüche anmeldeten, von denen man nicht definitiv sagen kann, ob sie mehr der Zukunft oder mehr der Vergangenheit verpflichtet waren.

Diejenigen dagegen, welche die unterste Stufe der sozialen Rangordnung auf dem platten Lande einnahmen, die Instleute, Tagelöhner und Gelegenheitsarbeiter, sind nirgends die Träger der Aktion von 1848 gewesen, sondern haben sich genau wie die ungelernten Arbeiter der Fabriken in der Revolutionszeit auffallend zurückgehalten. Schlesien bietet dafür ein bemerkenswertes Beispiel. Die oberschlesischen Taglöhner und polnischen Landarbeiter, welche kurz zuvor die Typhusepidemie erlebt und das Mitleid der Ärzte und Publizisten in der ganzen Welt erregt hatten, sind 1848 still geblieben. Die mittelschlesischen Spinner und Weber, welche vor vier Jahren mit ihrem Aufruhr die Aufmerksamkeit des gesamten Bürgertums auf sich gezogen hatten, beteiligten sich nicht an der Märzrevolution. Dafür haben die wohlhabenden Bauern Niederschlesiens, die reichen Müller, Gastwirte und »Rustikalbesitzer« der fruchtbaren Distrikte von Liegnitz und Glogau die Fahne des Aufstandes ergriffen. Die Erbzinser des Grafen Schaffgotsch, die Bauern des Hirschberger Tales, die Dreschgärtner der deutschen Gebiete in Oberschlesien haben sich der Revolution angeschlossen und für ein neues Jagdgesetz und ein neues Lastengesetz, für die Abschaffung der gutsherrlichen Gerichtsbarkeit und eine bäuerliche Gemeindeverfassung gestritten. Fast überall waren die Anhänger wohlhabende Bauern und Schulzen[31]. Die entscheidenden agrarpolitischen Forderungen der Achtundvierziger Revolution sind Anliegen des bäuerlichen Mittelstandes gewesen. Es sind Restforderungen der Bauernbefreiung, die auf halbem Wege steckengeblieben ist. Aber es sind kaum irgendwelche Forderungen darunter, die ein Bewußtsein von dem ungeheuren Gewicht der Landarbeiterfrage verraten.

In Schlesien war darum am meisten Zündstoff angehäuft, weil dort im Unterschied zu den altpreußischen Provinzen die Bauernbefreiung nicht durchgedrungen war und der Vorgang der Regulierung und Ablösung durch allerlei Kautelen gehemmt wurde. Nur ein Viertel der spannfähigen Bauern war bis 1848 in diesem Landesteil zu einer befriedigenden Regelung des Besitzrechts gekommen[32]. Andere fühlten sich übervorteilt bei der Ablösung der Dienste und Leistungen oder zu ihrem Nachteil ausgesperrt aus der Wald- und Weidenutzung. Grund zur Unzufriedenheit, zum Vergleich mit dem glücklicheren Nebenmann, zur Beschwerde über die Höhe der Abgaben, Steuern, Sporteln und Zehnten gab es genug, nicht bloß in Preußen, sondern auch in Österreich, in Mitteldeutschland und den südwestdeutschen Ländern[33]. Die schlechten Kreditmöglichkeiten, die Gemengelage, die Güterzersplitterung durch Erbteilung, die mangelnde Futter- und Streugrundlage für die Viehhaltung, die Mißjahre, die Botengänge und demütigenden Straßenarbeiten unter Aufsicht eines Jagdschulzen: All das im einzelnen und zusammen brachte den Bauern gerade auch in Mittel- und Süddeutschland in eine störrische, widersetzliche und aufsässige Verfassung. Schon in den Jahren vor 1848 ist deutlich erkennbar, daß den nicht-preußischen Gebieten vor allem ein klares Ablösungsgesetz für die verschiedenen Zinsen, Zehnten und Fronen fehlt und daß die Bauern innerlich nicht zur Ruhe kommen werden, ehe nicht die Jagdgerechtigkeit und die Steuerfreiheit der Adelsgüter beseitigt ist. Diese Befreiung der großen Grundbesitzer von der Grundsteuer, die in Preußen übrigens nur in den Provinzen Brandenburg und Pommern von alters her rechtens ist, bedeutet vielleicht das anstößigste Privileg, das eine neue Zeit umstoßen wird. Es wird angefochten nicht bloß aus Neid, sondern um der Gerechtigkeit willen, die dem Bauern seit Jahrhunderten ein tief im Blut stekkendes Anliegen ist.

Der soziale Gegensatz auf dem Lande ist sicher viel stärker zu fühlen gewesen als in den Städten. Die »dienende Klasse« und die Herrenklasse standen einander sehr kraß und sichtbar gegenüber. Wenn auch die überlieferten Schilderungen über die Gegensätze der Lebensführung in Hütten und Palästen manchmal übertrieben sein mögen und es Gegenden gibt, wo die adligen Herren sogar ihre Jagdpassion und ihr Jagdrecht mit den Handwerkern und Gastwirten ihrer Dörfer teilten[34], so ist doch durch viele Zeugnisse bestätigt, daß die kleinen Ortstyrannen noch immer gewohnheitsmäßig nach dem Stock griffen, wenn ihnen ihre »Leute« nicht parierten. Man begreift, welches Echo im Zeitalter der biedermeierlichen Humanität etwa eine Schilderung hervorrufen mußte, wie sie Wilhelm Wolff in seiner Flugschrift »Die schlesische Milliarde« entworfen hat. Der schlesische Häuslerssohn, der es durch große Opfer und Entbehrungen zum Studenten und Hauslehrer in Breslau gebracht hatte, erzählt mit großer Bitterkeit aus seinen eigenen Jugendtagen von dem Gebaren der adligen Junker und Standesherren, denen die Brutpflege ihrer Fasanen mehr am Herzen liegt als die Menschenwürde ihrer Bauern. »Aus den Gärten verbreiteten sich die Fasanen im Walde weithin und suchten ihren Brutplatz aus. Wehe der Frau oder der Magd, die unvorsichtig einem solchen Nest zu nahe kam und die Henne störte. Wurde dies der gnädige Herr oder sein Jäger gewahr, so verblieb ihr die Erinnerung an herrschaftliche Fasanen ihr Leben lang. Wir sind selbst in unserer Jugend Augenzeuge gewesen, wie eine Bauersfrau aus besagtem Grunde von einem jungen Raubritter, der als Wirtschaftseleve bei einem anderen Gnädigen die Ökonomie erlernte und die angeborene noble Passion ausbildete, aufs barbarischste, aufs viehischste mißhandelt und zum Krüppel geschlagen wurde, ohne daß ein Hahn danach gekräht. Es waren arme Leute, und zum Klagen, das heißt zum Prozessieren, gehört Geld und dann auch einiges Vertrauen zur Justiz . . .«[35]

Das Vertrauen in die Gerechtigkeit der herrschenden Regierungskreise und der herrschenden Regierungsweisen war nicht bloß bei den armen Leuten erschüttert, sondern noch viel lebhafter und hartnäckiger bei den politisch denkenden Köpfen des bürgerlichen Mittelstandes, und diese Vertrauenskrise ist die eigentliche Ursache der Revolution geworden. Sie ist eine verspätete Abrechnung des Bürgertums mit den Überlieferungen und Ausläufern des fürstlichen Absolutismus und darum im letzten keinesfalls eine soziale, sondern eine politische Bewegung.

III

Die bürgerliche Opposition

Als die Märzwinde von 1848 das Gestrüpp des alten Staates auseinanderfegten und den Boden für einen Neuanfang bloßlegten, trat eigentlich erst zutage, welchen Abscheu das alte Deutschland seit dreißig Jahren bei seinen Nachbarn erregt hatte. Während noch in den napoleonischen Kriegen das deutsche Volk Seite an Seite mit allen freiheitsliebenden Ländern Europas gestritten hatte und demgemäß geachtet wurde, hatte ein Menschenalter des politischen Stillstands seit den Karlsbader Beschlüssen genügt, um Deutschland aus der politischen Ideengemeinschaft Westeuropas auszuschließen. Vor allem in den schweizerischen Blättern kommt jetzt am Ende dieses Zeitraums bei Gelegenheit der Umwälzung in Deutschland ein Widerwille, eine Verachtung und ein moralisch-politisches Verwerfungsurteil an die Oberfläche, das ein erschreckendes Maß von Entfremdung zeigt. Die liberale Appenzeller Zeitung schreibt nach dem Sieg der Märzrevolution in Berlin halb ermunternd, halb absprechend: Bisher habe man geglaubt, dieses Volk bestehe nur aus »Lakaien, Staatsschmarotzern, Dichtern, Gelehrten, Philosophen und Biermicheln«, jetzt werde man zu seiner Freude eines andern belehrt[36]. Die Welt des Deutschen Bundes war für die politisch aufgeklärte und fortschrittlich gesinnte Bourgeoisie des Westens, die entweder schon republikanisch verfaßt oder doch konstitutionell regiert war, ein unbegreiflicher dunkler Fleck, ein Pfuhl der Reaktion, in dem zwar seltsamerweise die Wiege der systematischen und historischen Wissenschaften stand, im übrigen aber wortbrüchige Fürsten und lose Tänzerinnen, bornierte Bürokraten und verschwenderische Höflinge ihr frivoles Spiel trieben, in dem die auswärtige Politik nach russischen Weisungen geführt und das innere Leben von Metternichschen Spionen kontrolliert wurde, in dem die Justiz allezeit willfährig und die Polizei ohne Scham war, in dem die Presse geknebelt und die freie Meinungsäußerung verfolgt wurde, in dem riesige Abgaben für ein stehendes Heer erhoben wurden, keine Verfassung vor den Willkürlichkeiten der Gewalt Sicherheit bot und es nicht gelang, auch nur die Feudallasten abzuwerfen.

Dieses Bild vom Metternichschen Deutschland war, wie wir heute wissen, in vieler Hinsicht übertrieben und wurde weder den Intentionen des großen europäischen Staatsmannes noch den Zuständen in zahlreichen deutschen Einzelländern gerecht. Das Verfassungsleben war zwar in den beiden Großstaaten Preußen und Österreich ganz unterdrückt und lag auch dort, wo Konstitutionen erlassen worden waren, seit 1830 überall im argen. Die Bespitzelung und

Überwachung des Briefverkehrs war fast so niederträchtig und zynisch wie in Rußland, wo der Großfürst Konstantin eine ausgesuchte Sammlung von unterschlagenen Briefen besaß, die er in Leder binden und als pikante Lektüre in seiner Privatbibliothek aufstellen ließ. Aber die Rechtssicherheit und Wohlfahrt der nicht politisierenden Untertanen, die Unbestechlichkeit und Lauterkeit der durchschnittlichen Beamtenschaft, ihre fachliche Eignung und vorurteilslose Auswahl konnte niemand leugnen, der Einblick in die Verwaltung besaß. Männer wie den Schöpfer der preußischen Gewerbepolitik, Staatsrat Beuth, und Reformer wie den Finanzminister Motz oder den Oberpräsidenten von Schön hatten wenige europäische Verwaltungen aufzuweisen[37]. Und wenn in Württemberg der selbstherrliche Minister von Schleyer, ein Tübinger Kleinbürgerssohn, der sich zum leitenden Manne des Landes emporgearbeitet hatte, bei jeder Gelegenheit erklärte, daß das Land noch nie so gute Zeiten erlebt habe, so konnten ihm auch die Wortführer der Opposition nicht widersprechen[38]. Selbst Kurhessen durfte sich trotz aller Verfassungsstreitigkeiten und Hofskandale als einen Rechtsstaat bezeichnen, weil es einen gesicherten Staatsdienerstand besaß und Maßnahmen der Verwaltung in einem sorgfältig aufgebauten Rechtsverfahren prozessual angefochten werden konnten[39].

Das Bild der Metternichzeit, wie es die liberale öffentliche Meinung zu zeichnen liebte, war von außen gesehen und ohne Verständnis für die besondere geschichtliche Entwicklung, die Deutschland genommen hatte und durch welche dieses einsame Land gegen Ende des 18. Jahrhunderts von der gemeinschaftlichen Ebene des kontinentalen Absolutismus nicht in eine ständische oder egalitäre Revolution, sondern in die Sackgasse des aufgeklärten Absolutismus geführt worden war. Einst hatte dieses politische System des humanen Fürstendienstes die Bewunderung Europas erregt, jetzt fand in einer rasch sich ändernden Zeit niemand mehr Gefallen daran, und auch die Deutschen selbst litten darunter, daß sie keinen rechten Ausweg daraus fanden. Es blieb bei dem merkwürdigen Grundzug des deutschen Charakters, den schon Karl Friedrich Moser lange vor dem Ausbruch der Französischen Revolution gegeißelt hatte: »Jede Nation hat ihre große Triebfeder: in Deutschland ist's der Gehorsam, in England die Freiheit, in Holland der Handel, in Frankreich die Ehre des Königs.«[40] Der Trieb zum Gehorsam in dem niederen und dem hohen ethischen Sinne des Wortes, die Gewohnheit, alle Direktiven des Handelns von einem Übergeordneten zu erhalten, der mehr Einsicht, mehr Überblick und mehr Verantwortung besaß als man selbst, war durch Erfahrung und Schicksal, durch Lehre und Sitte tief eingewurzelt im deutschen Bewußtsein. Diese innere Abhängigkeit von einem starken Befehl hat nicht bloß lange Jahrzehnte die fällige Revolution verhindert, sondern auch im Jahre 1848 eine eigentliche Gegenrevolution nicht entstehen lassen. Die Offiziere und Beamten, die Junker und Adligen, die Bauern und Soldaten warteten vergeblich in den Frühjahrsmonaten 1848 auf das klare Wort eines geborenen Königs, um sich für die royalistische Sache zu opfern. Da es nicht erfolgte oder erst erfolgte, als der Elan der Revolution schon erschöpft war, ist es nicht zu einer reinigenden Krise im Epochenjahr der deutschen Nationalgeschichte gekommen. Die Gegensätze von Revolution und Gegenrevolution schwelten unter der Decke der rasch wiederhergestellten Ordnung schlimmer weiter als vorher.

In den dreißig Jahren von den Karlsbader Beschlüssen bis zum Sturze Metternichs ist auch in Deutschland eine Opposition der Regierten emporgewachsen, die sich die Überwindung des Absolutismus und der feudalen Gesellschaftsstruktur zum Ziel setzte. Wie stark diese Opposition in der Stille geworden war, hat sie eigentlich erst erfahren, als zum allgemeinen Erstaunen die Throne plötzlich zu wanken anfingen und die Oppositionellen selbst zu ihrer Wiederbefestigung beitragen mußten. In dieser Front der Regierten war bis 1848 noch ungeschieden vereinigt, was in anderen, politisch fortgeschritteneren Ländern sich schon parteimäßig und weltanschaulich differenziert hatte. Demokratische und liberale Tendenzen, republikanische und ständische Motive, romantische und aufklärerische Vorstellungen, freihändlerische und zünftlerische Argumente wogten durcheinander. Konservativ empfindende Männer mußten sich zu den Liberalen halten, um sich gegen die »Offizianten« der Regierungspartei vernehmlich zu machen, und die Schüler Rousseaus waren manchmal schwer zu unterscheiden von den liberalen Adepten Burkes, die sich um das Wesen eines historisch begründeten Parlamentarismus bemühten. Ohne die Fülle der ausländischen Vorbilder ist die Entfaltung des politischen Denkens in der deutschen Restaurationszeit nicht denkbar. Aber mit dieser Fülle hängt auch wieder die uneinheitliche Linie der Opposition in Deutschland zusammen. Man hat aus der unmittelbaren Demokratie der Eidgenossen und aus der konstitutionellen Doktrin Benjamin Constants gelernt, man hat sich Mirabeau, Sieyès und die Texte der großen Revolution vorgenommen, und vor allem haben die deutschen Theoretiker des Liberalismus aus der belgischen Verfassung von 1831 und aus der reichen Quelle der englischen Verfassungsgeschichte wesentliche Züge ihres politischen Leitbildes geschöpft. Nur weniges ist ganz originell, aber an vielen Stellen werden bodenständige Ansatzpunkte sichtbar, und im Querschnitt von Konstanz bis Königsberg breitet sich ein erstaunlicher politischer Ideenreichtum aus.

Am meisten der abstrakten Theorie verpflichtet sind die badischen und die ostpreußischen Liberalen. Hier ist die geistesgeschichtliche Verknüpfung mit der Aufklärung über Rotteck und Schlosser einerseits, über Kant andererseits das beherrschende Motiv. In der Pfalz und in Rheinhessen wirken die radikalen Strömungen der Gießener »Schwarzen«, eines Follen, Büchner und Weidig nach, und hier ist der Ort, wo in Deutschland auch jakobinische Töne, die Idee des omnipotenten Gemeinschaftsstaates und das Verlangen nach sozialer Gleichheit zum erstenmal aufklingen. In Nassau und Kurhessen wird mehr der Beamtenliberalismus gepflegt, der in erster Linie einen Kampf um den Rechtsstaat und das unabhängige Gericht führt; er glaubt das Widerstandsrecht des Volkes durch eine Honoratiorenkammer und ein Steuerbewilligungsrecht genügend geschützt. In Schwaben und Westfalen sind die Wurzeln des liberalen Baumes wohl am tiefsten in den heimatlichen Boden eingesenkt. Die Abwehr des Absolutismus geht in Altwürttemberg auf die bürgerlichen Landstände des 18. Jahrhunderts zurück, und der Dualismus zwischen Regierenden und Regierten steckt dem schwäbischen Bürger im Blut. Dabei hat der Kampf Uhlands und seiner Freunde um das gute alte Recht der Landesrepräsentation keinerlei besitzbürgerlichen Zug an sich. So wie der alte Jahn ist auch der Romantiker Uhland ein Anwalt der ärmeren Schichten, des gemeinen Mannes und schlichten Handwerkers, der noch den unverbildeten rechtschaffenen Sinn bewahrt hat und die Geradheit und Opferwilligkeit, die Vätersitte und bäuerliche Erfahrung besitzt, um in den Anliegen des Gemeinwesens das Rechte zu finden. Diese romantische Demokratie Uhlands[41], welche vom einfachen, aber ständisch geformten Volk in politischen Dingen dieselbe Schöpferkraft erwartet, die es nach romantischer Lehre in Sage und Volkslied bewiesen hat, mag freilich mit der modernen Massendemokratie nicht viel mehr als den Namen gemein haben, und ihre Frontwendung gegen Autokratie, Bürokratie und Aristokratie hat in der soziologischen Wirklichkeit des modernen Flächenstaates einen anderen Sinn erhalten. Schon in dem Geflecht des vormärzlichen Ideengutes hat diese altväterische Opposition gegen den Siegeslauf des durchorganisierten Beamtenstaats, gegen Zentralismus und Absolutismus, gegen Schreiber und Räte etwas Rückwärtsgewandtes und Romantisches (wie Hegel einst mit Recht getadelt hat). Aber sie verrät zugleich so viel untilgbares, gesundes Bürgerempfinden, so viel Männerstolz und freie Stammeswürde, daß man über den Mangel an Einsicht und taktischem Geschick in der politischen Tagesarbeit gerne hinwegsehen möchte. Uhlands schwäbische Kampfgenossen, Paul Pfizer und Friedrich Römer vor allem, die aus härterem Holz geschnitzt waren, sind von den bestehenden Verhältnissen bald in die andere Richtung gedrängt worden. Sie haben früh zum preußischen Intelligenzstaat und später nur allzu rasch zum liberalen Ministerabsolutismus hingefunden. Der Dichter selbst hat eigentlich keinen Trieb in sich gefühlt, in die Arena des parlamentarischen Kampfes hinabzusteigen und »ohne Verdrossenheit« sich an langwierigen Verhandlungen der Kammern (und sei es auch der Paulskirche) zu beteiligen, nachdem die schönen

Augenblicke des ersten Aufschwungs vorüber waren. Er bekennt selbst, daß er nicht die Anlage zum Berufspolitiker hatte, wie er sich doch als unvermeidlicher Typus im Vormärz herauszubilden begann – »nur als Freiwilliger, als Bürger, als Einer aus dem Volke trat ich mit an«[42]. So kamen mancherlei Gründe zusammen, daß diese konservative schwäbische Volksdemokratie sich nicht stärker durchzusetzen vermochte, obwohl sie vielleicht einen organischen Weg von den kleinsten zu größeren und größten Gemeinschaften hätte aufzeigen können.

Von besserem Erfolge begleitet war diese Erziehung zur Selbstverwaltung und Selbstregierung in Westfalen und auch in Niedersachsen. Hier waren es wohlhabende Grundbesitzer und Landräte, Fabrikdirektoren und Oberbürgermeister, Männer des Geschäftslebens und der Kommunen, nicht Literaten, Professoren und Dichter, welche den Angriff gegen den Obrigkeitsstaat vortrugen. Auch eine Gestalt wie der alte Friedrich Harkort in Wetter an der Ruhr, der tätige Industrielle und eigenwillige Sozialreformer, der schon 1825 für den Bau von Eisenbahnen geworben und 1837 das erste Kölner Rheindampfschiff nach London geleitet hatte, war ähnlich wie Uhland erfüllt von dem Glauben an den »gesunden Sinn« des Volkes. Aber er wollte ihn bilden und schulen und zu diesem Zwecke die Volksschulen reformieren und die Elementarlehrer besser stellen. Er wollte auf rationalem Weg politische Bildung verbreiten und dem humanitären Zeitgeist Bahn brechen. Ganz wie der Freiherr vom Stein war er davon überzeugt, daß »ein über die Verhältnisse und Bedürfnisse des Staates aufgeklärtes Volk größeren Gemeingeist entwikkelt, weniger Aufwieglern anheimfällt, freiwilliger dem Gesetz gehorcht als eine gärende, rohe Masse«[43]. Der Geist des Wettkampfs und der Geist der Assoziation, die liberalen und die sozialen Gedanken der Zeit waren bei diesem leidenschaftlichen Vorkämpfer einer Reform des Staates an Haupt und Gliedern etwas durchaus Vereinbares, nichts Gegensätzliches. Der Gedanke an eine Revolution war ihm verabscheuungswürdig, nie hat er auch für die preußische Monarchie an etwas anderes als eine tiefgreifende Reform gedacht. Er wollte die Verfassung nicht von oben herab, durch eine Einschränkung der Königsgewalt und eine Kontrolle der Bürokratie, sondern von unten her durch eine Gesundung der ländlichen und städtischen Arbeitsverhältnisse schaffen. »Mit der Arbeit muß die Ehre verbunden sein«, und durch Arbeit muß man zu Eigentum gelangen können. Der Boden muß so verteilt werden, daß jeder Bauernfamilie ein Los zufällt, welches sie mit eigenen Kräften zu bebauen vermag. Dem Industriearbeiter muß die freie Entwicklung seiner Anlagen gesichert werden, man muß seine Wohnungen aufs Land hinaus legen und bequeme Verkehrsverhältnisse für ihn schaffen. Man muß Vereine zur wechselseitigen Unterstützung bilden und die Werksangehörigen am Gewinn des Kapitals beteiligen. Man muß vor allem den Kindern der Armen die Rechte der Jugend zurückgeben: Spiel, Freude, Kameraden, Wissen und Freiheit. Dann wird aus dem Geist der Selbsthilfe und der Brüderlichkeit, aus der Ehre der Arbeit und dem Zusammenwirken aller Tätigen ein bürgerlicher Staat in Deutschland entstehen, der ein glückliches Volk zu erziehen vermag.

Solche tiefgreifenden Sozialprogramme sind im vormärzlichen Liberalismus nicht eben häufig. Man scheut die Nachbarschaft der sozialistischen Utopien, die von Frankreich und England herüberkommen, und man ist gerade in Nordwestdeutschland sehr empfindlich gegen alles Abstrakte und Lebensferne, alles Gedachte und Bodenlose. Bewährte liberale Kämpen wie der westfälische Freiherr Georg von Vincke oder der Osnabrücker Patrizier Karl Stüve, von denen sich der eine im Vereinigten Landtag von 1847, der andere im Hannoverschen Verfassungsstreit von 1837 unvergleichlich tapfer gehalten haben, bekennen sich offen zum Idealismus des historischen Rechts, zu ihrem Adel, zu ihrem Boden, zu allem, was besteht und geworden ist. Stüve ist sogar mißtrauisch gegen die Ungebundenheit der Pressefreiheit und möchte sie trotz seines erbitterten Ringens lieber nicht herbeirufen. Vincke ist in jeder Faser ein geborener Aristokrat, der es weit von sich weist, politisches Recht für alle zu erstreben. Aber er hält es für die Pflicht eines Ritters, jederzeit für die Armen und Schwachen einzutreten, so wie es im alten Sinne des Wortes »Vertretung« gelegen hat. Diese beiden bedeutendsten staatsmännischen Köpfe, die der nordwestdeutsche Liberalismus hervorgebracht hat, sind sich darüber klar, daß die Selbstregierung der Nation von den Dorfgemeinden und den Städten auszugehen hat, daß die Kommunen eigene Finanzen und eigene Polizei brauchen, wenn sie lebensfähig sein sollen, daß die Grundlasten abgelöst, die Steuern gleichmäßig verteilt und die Dorfschulzen frei gewählt werden müssen, ehe es einen Sinn hat, von Verfassung zu sprechen. Aber sie vergessen auch keinen Augenblick, daß man ein untertäniges Volk nicht dadurch politisch mündig machen kann, daß man seine Interessen auf städtische Abrechnungen, die Anschaffung von Feuerspritzen und Erstellung von Brunnen beschränkt[44]. Deutschland im ganzen und jeder Territorialstaat im einzelnen muß zum Verfassungsstaat werden. Diese Verfassung darf nicht bloß ständisch, d. h. auf alte Privilegien begründet sein, sondern sie muß repräsentativ werden, d. h. die Regierten müssen in freiem und geheimem Wahlgang beteiligt werden. Nur eine solche Teilnahme der bisherigen Untertanen an der Gesetzgebung des Staates kann die Bevormundung aufheben, die man in weiten Kreisen immer mehr als eine Schande empfindet.

Unter den norddeutschen Landschaften ist es das Rheinland, wo dieses Empfinden am wachsten ist und von der wirtschaftlichen Entwicklung am ungeduldigsten diktiert wird. Hier hat sich das bürgerliche Selbstbewußtsein der Industriellen, Bankherrn, Kaufleute und Schiffsbesitzer einem Standort genähert, der in den freien Hansestädten schon eine alte Überlieferung hat. Man fühlt sich als freier Bürger einer reichen Stadt den Dienern von Kaisern, Königen und Fürsten mehr als ebenbürtig und verlangt einen Anteil am Regiment, das dieser sozialen Selbsteinschätzung entspricht[45]. Freilich sind bis zur Einberufung des Vereinigten Landtags im Jahre 1847 die Formen der Kritik und des Kampfes in Rheinpreußen sehr viel mehr eingeschränkt als in Ländern, die bereits eine Konstitution und eine zentrale Abgeordnetenkammer besitzen. Männer wie Camphausen, Hansemann und vor allem der Industrielle Mevissen vermögen sich erst in den letzten Jahren vor Ausbruch der Revolution in der Öffentlichkeit stärker zur Geltung zu bringen. Aber schon Ende des Jahres 1830 konnte der Kaufmann Hansemann in Aachen dem König von Preußen eine Denkschrift überreichen, in welcher er mit großem Ernst darauf aufmerksam machte, daß man nicht durch Gesetze und Verordnungen eine Ständegliederung künstlich erhalten oder gar wieder hervorbringen dürfe, die durch die Ausbildung der bürgerlichen Gesellschaft und Wirtschaft bereits zerstört sei oder der Auflösung entgegengehe[46].

Aber nicht dieser Vorstoß von Industrie und Handel gegen den Staat der 12000 Rittergüter hat in Deutschland den Liberalismus zum Sieg geführt, sondern die Einheitsfront der Ideologen, der Theoretiker des konstitutionellen Rechtsstaats. Einen älteren und breiteren Widerhall als die rheinischen Kaufleute haben unstreitig die Stimmen der Universitäten, die Führer der Burschenschaft und besonders die zahlreichen Professoren gefunden, die trotz aller Zensurschwierigkeiten und Polizeischikanen als Wortführer des nationalen Bürgertums zugleich die Einheit Deutschlands und einen gebührenden Anteil des Mittelstandes an der Gestaltung des Staatslebens verlangten. In der Welt der Juristen und Nationalökonomen, der Historiker und Germanisten ist über ganz Deutschland hin der Gleichklang der politischen Zielsetzung und der publizistischen Methoden schon am weitesten fortgeschritten. Der Historiker der beiden westeuropäischen Revolutionen, Friedrich Christoph Dahlmann, hat ihrer Staatslehre den Grundriß geschrieben. Sein unvollendet gebliebenes Werk von 1835 »Die Politik auf den Grund und das Maß der gegebenen Zustände zurückgeführt« umreißt in unvergeßlichen, gedankenschweren Sätzen, die von Hegel und Burke inspiriert sind, die fundamentalen Gedanken: den Begriff der königlichen Souveränität, das Wesen von Reichsständen, das Recht des Widerstandes, die nur Gott verantwortliche Freiheit des Individuums, die geschichtliche Dynamik der Verfassungsidee. »Die Aufgabe ist, den Staat im Volksbewußtsein zu vollenden«: Das ist die hegelianisch ausgedrückte Parole des Vormärz, das Erbe der Reformzeit, welches vom Altliberalismus weitergetragen worden und in das allgemeine Bewußtsein als ein hoher, idealistischer Entwicklungsglaube eingegangen ist. Freilich ist die Lokalfarbe der führenden Stätten und Stämme noch überall zu spüren. Dahlmann und Sybel in Bonn, Haym und sein Kreis in Halle, Droysen und Beseler in Kiel, Häußer und Gervinus in Heidelberg, Fallati und Mohl in Tübingen haben jeweils ihr eigenes politisches Timbre behalten. Der Versuch einer Sammlung aller »guten Patrioten«, einer Zusammenfassung der Vorkämpfer der liberalen Idee von Aachen bis Königsberg und von Kiel bis Passau ist von dieser Seite her erfolgt. Das Organ des Professorenliberalismus, die »Deutsche Zeitung« von Gervinus und Mittermaier, hat dazu aufgefordert. Aber es ist nicht gelungen, alle Einzelgänger einem geordneten Zug einzupassen, und der Mehrzahl dieser gelehrten Politiker ist der Übergang von der Wissenschaft zur Publizistik, vom Schreibtisch zum Parlament zeitlebens ein Opfer geblieben, das sie nur ihrem vaterländischen Idealismus, aber nicht einem elementaren Machtwillen gebracht haben.

Das patriotische Streben der vormärzlichen Liberalen konnte die Frage der deutschen Einigung unmöglich trennen von der Frage der deutschen Verfassung, und die deutsche Verfassungsfrage hing wieder aufs engste mit dem inneren Verfassungsleben der einzelnen Territorien zusammen. Auch die Einheitsfrage war entschieden reif für eine Revolution. Das deutsche Nationalbewußtsein war durch die Ausdehnungspolitik des französischen Kaiserreiches und den Gegenschlag der Großen Koalition wenn nicht geweckt, so doch mächtig angespornt worden. Es hatte in der Mobilmachung aller Volkskräfte durch den jakobinischen Wohlfahrtsausschuß und der Führung des totalen Krieges eine Lehre erhalten, die mindestens von den Männern der preußischen Erhebung, von Scharnhorst, Gneisenau, Clausewitz, von Jahn, Arndt und Friesen, tief verstanden worden war. In mancherlei Formen und Brechungen setzte sich dieser wehrhafte Nationalismus der napoleonischen Zeit in den Friedensjahren nach 1815 fort. Männer wie Blücher, Clausewitz oder Stein sind von Anfang an mit den Ausstrahlungen dieser geistigen Bewegung in Turnerschaft und Burschenschaft nicht einverstanden gewesen und haben sich auf die Seite der Metternichschen Regierungsautorität gestellt. Es waren nicht die stehenden Heere und die reaktionären Kreise, welche die Empfindlichkeit des nationalen Ehrgefühls und die Leidenschaft der nationalen Grenze geschaffen haben, sondern es war der liberale Nachhall der Freiheitskriege und ihrer Landwehrinstitution, es war (ähnlich wie in Frankreich) eine vulgarisierte Romantik und ein populärer Spätidealismus, was die Mühlräder der Nationalstaatsidee auch in Deutschland betrieb. Erlebnisse wie die kriegerische Sprache Thiers' im Jahre 1840, gemeinsame Feierstunden wie das Reformationsfest, das Jubiläum der Buchdruckerkunst und das Kölner Dombaufest, die Zusammenkünfte der Turner, der Sänger und der Wissenschaftler, die Tagungen der süd- und mitteldeutschen oppositionellen Volksvertreter in Hattersheim (1839), Hallgarten, Leipzig und Heppenheim (1847) trugen dazu bei, die Sehnsucht nach dem Zusammenschluß aller Deutschen wach zu halten und zu steigern. Die Stagnation der Bundesverfassung und die Verhinderung jeder organischen Reform durch das habsburgische Staatsinteresse, die unklaren Grenzen der deutschen Hoheitsgebiete und die Überschneidung von staatlichen und nationalen Grenzen in Luxemburg und Holland, in Schlesien und Posen, in Böhmen und Kroatien, die mangelnde Wirtschaftseinheit, die inneren Zollschranken, die Maß- und Gewichtsanarchie, die uneinheitliche Rechtsprechung und die fehlende Freizügigkeit, die Abhängigkeit der deutschen Sicherheit von dem guten Willen der beiden Vormächte und die Vernachlässigung einer deutschen Heeresverfassung, das jetzt erst empfundene Fehlen einer Flotte, einer Kolonialpolitik, eines Schutzes der deutschen Kaufleute in Übersee, das Abströmen deutscher Auswanderer in die Vereinigten Staaten ohne Lenkung und Fürsprache, vor allem aber die Hörigkeit der Dynastien in Berlin und Wien gegenüber dem Machtwort des Zaren und das Fehlen Deutschlands in der Reihe der Großmächte: Das alles im einzelnen und im gesamten, im Verein mit einer mächtigen europäischen Zeitströmung, die man in Spanien und Italien, in Dänemark und Polen, in Ungarn und Griechenland mit größter Anteilnahme erlebte, mußte auch in den politisch wachgewordenen Deutschen das Bedürfnis nach einer staatlichen Festigung und einem nationalen Zusammenschlusse erzeugen. Es sind gerade die Liberalen, die Männer der politischen Opposition, welche diesen neudeutschen Nationalismus tragen, ähnlich wie die Liberalen in Polen und Italien als Märtyrer der nationalen Idee aufgetreten sind. Der Dichter des Deutschlandliedes, das 1841 entstanden ist, war ein freisinniger Germanist, der im Jahre darauf wegen fortschrittlicher politischer Anschauungen seine Breslauer Professur verlor.

Es ist nicht zu verkennen, daß in den vierziger Jahren die Nationalidee an manchen Stellen pangermanische Züge annimmt. Feurige Apostel des Zeitgeistes wie List und Harkort lenken den Blick auf die Donaumündungen und die Siedlungsgebiete der Walachei. Die großdeutsch eingestellte und mit einer deutlichen Spitze gegen Preußen redigierte »Augsburger Allgemeine Zeitung« veröfffentlicht Aufsätze, welche die lose Angliederung von Holland, Dänemark und der Schweiz, ja der »keltisch-germanischen Belgier« an den Deutschen Bund besprechen. Dem Gedanken des Zweifrontenkrieges gegen Frankreich und Rußland wird eine übertriebene, nervöse Bedeutung beigemessen. Und die weitgespannten mitteleuropäischen Föderationsgedanken Friedrich Wilhelms IV. und seines Beraters von Radowitz kommen solchen expansiven Regungen zu Hilfe, die in Österreich durch eine ziemlich breite publizistische Strömung getragen werden[47]. Je fester die gemäßigten Liberalen einen kleindeutsch-preußischen Kern für ihren künftigen Nationalstaat ins Auge faßten, desto eher waren sie im allgemeinen gegen solche Ausschweifungen der Phantasie gefeit. Nicht durch Dehnung, sondern durch Zusammenziehung auf eine dichtere staatliche Substanz konnten allein die deutschen Beschwerden abgestellt werden. Es gibt Männer, und sie sind nicht einmal bloß auf dem linken Flügel der Fortschrittspartei zu finden, welche sich klar darüber sind, daß das Prinzip der nationalen Autonomie auch seinerseits verpflichtet. Sie distanzieren sich von »dem Dünkel und der Eigensucht der Deutschtümler« (Varnhagen) und machen sich mit dem Gedanken vertraut, daß ein Sieg dieses Prinzips in Europa ebenso sehr Opfer wie Gewinn für das Volk der Mitte bedeuten muß. Die Polen, die Tschechen, die Italiener als unfreie Reichszugehörige behalten zu wollen in demselben Augenblick, wo man für die Deutschen in Schleswig, in Südtirol, in Deutschösterreich eine autonome Entscheidungsfreiheit verlangt, geht nicht an. »Europa rekonstruiert sich nach Nationalitäten, alles Fremde wird abfallen, mögten wir nur alles Deutsche wieder bekommen, so wären wir reichlich entschädigt«: So hat Helmuth von Moltke im Augenblick der Märzrevolution das liberale Glaubensbekenntnis zusammengefaßt[48]. Wir haben keinen Grund, die Ehrlichkeit dieses Bekenntnisses zu bezweifeln. Erst wie in Posen und Prag die konkreten nationalitätspolitischen Aufgaben sich dramatisch türmten, begannen die Geister sich zu scheiden, und bis weit in die Kreise der Linken hinein wurden Zweifel laut, ob der Gerechtigkeitsfanatismus zugunsten der eingestaateten Fremdvölker nicht eine Ungerechtigkeit gegen die Sicherheit des eigenen Volkes sei[49].

Man wird aus solchen geschichtlich vorgezeichneten Inkonsequenzen nicht von vornherein auf die Untauglichkeit der Idee des Nationalstaates überhaupt schließen dürfen. Was für andere Völker recht war, mußte auch für Deutschland billig erscheinen. Die öffentliche Meinung verlangte auch für die deutsche Nation einen geschlossenen, handlungsfähigen Staat, in dem das Wirtschaftsleben ungehemmt zirkulieren und die Souveränität des Volkes nach außen Achtung erwerben konnte. Man wollte endlich den Vorsprung einholen, den England, Frankreich und Spanien schon seit dreihundert Jahren gewonnen hatten. Das Ancien Régime, das die Liberalen mit ihren Reformen ausräumen und das die Demokraten im Notfall auch mit Feuer und Schwert bekämpfen wollten, begann nicht erst mit der Wiener Bundesakte und den Verträgen von 1815, sondern schon mit dem Jahre 1648 und dem Westfälischen Frieden. »Los von Metternich!«, das bedeutete zugleich: los von Münster und Osnabrück, los von dem ausgeklügelten und offenbar nur zum Nachteil der Deutschen ersonnenen System des Gleichgewichts zwischen Habsburg und Brandenburg, zwischen Kaiser und Reich, zwischen protestantischen und katholischen Territorien. Deutschland schickte sich an, die Folgen des Dreißigjährigen Krieges auf dem Feld der politischen Gestaltung zu überwinden, nachdem man hundert Jahre vorher begonnen hatte, die wirtschaftlichen und seelischen Folgen jener Katastrophe zu heilen. Wenn sich auswärtige Mächte mit dem politischen System der größten Niederlage der deutschen Geschichte identifizierten, so mußten sie mit dem nationalen Elan der Revolution unausweichlich zusammenstoßen. Das Alarmzeichen für die Politisierung des liberalen Bürgertums in Deutschland war nach dem Zeugnis des gänzlich unpolitischen Rudolf Haym erst die Brüskierung der nationalen Gefühle und Volkszusammenhänge durch ein dynastisches Erbgesetz der dänischen Krone in der schleswig-holsteinischen Angelegenheit[50].

Trotzdem wäre es falsch, den Ausbruch der Märzrevolution auf außenpolitische oder nationalpolitische Zielsetzungen der deutschen Intelligenz zurückzuführen, wie es neuerdings eine englische Darstellung versucht hat[51]. Was dieser Generation des Vormärz einen tiefen und, wie es schien, unversöhnlichen Ingrimm gegen den Polizei- und Militärstaat einflößte, waren die beständigen kleinen Plackereien, mit denen die Gendarmen und Grenzbeamten, die Schreiber und Bürokraten den einzelnen bedrängten und Handel und Wandel schikanierten. Weil die Willkür der niederen und höheren Polizeibehörden vor allem die Handwerksburschen und die Studenten traf, waren diese beiden Gruppen der Bevölkerung die eigentlichen Wegbereiter der Revolution. Was aber allen Bürgern ohne Unterschied auf den Nägeln brannte, das war die Schande der Unfreiheit. Sie wurde täglich neu empfunden bei den weißen Zensurlücken der Zeitung, bei den nicht abreißenden Maßregelungen aufrechter Beamter und Lehrer, bei den Kämpfen zwischen Landesverfassung und Bundesgesetzgebung um die Ausübung der Zensur. Die Meilensteine auf dem Wege zum Bürgerkrieg waren die großen Prozesse gegen Friedrich List in Württemberg, gegen Rektor Weidig in Darmstadt, gegen Sylvester Jordan in Kurhessen, gegen Eisenmann in Würzburg, gegen Jacoby in Preußen. Das schwerste Gravamen der Nation war und blieb die Unterdrückung der Meinungsfreiheit. Es waren zahlenmäßig wohl gar nicht so viele, ein paar hundert vielleicht, die in Gefängnissen saßen oder in entehrende Prozesse verwickelt waren. Aber man kannte sie alle und machte ihre Sache zu der eigenen. Wenn Österreich und Preußen, wenn der Deutsche Bund in seiner Gesamtheit der öffentlichen Meinung freie Bahn gelassen hätte, wäre nach allem, was wir wissen können, der Weg der Reform in Deutschland nicht verlassen worden[52]. Nun aber entstand durch die rücksichtslose Handhabung des Meinungszwanges ein Gärungsprozeß in den deutschen Ländern, der früher oder später zu einer gewaltsamen Lösung drängte. Merkwürdigerweise ist nach dem erregten Anfang des Jahres 1847, das durch die Berufung des Vereinigten Landtags in Preußen und seinen enttäuschenden Ausgang die schwerste innerpolitische Belastungsprobe seit dem Sandschen Attentat gebracht hatte, noch einmal eine Beruhigung eingetreten. Auch die Teuerung dieses Jahres, durch welche Scharen von Bettlern und Erwerbslosen auf die Straße getrieben wurden, hat nicht zu einer Explosion geführt[53]. Zwar war die Situation im Frühjahr 1847 eine Zeitlang beunruhigend. In Berlin, in Stuttgart, in Ulm, fast in jeder größeren Stadt gab es Hungerrevolten, eingeworfene Fensterscheiben, auffahrende Kanonen, Barrikaden, Bajonettangriffe, Verwundete und Tote unter der demonstrierenden Masse. Aber die Mehrheit der ortsansässigen Kleinbürger hat sich auf die Seite der Sicherungstruppen gestellt und trug ihnen die Bluttaten nicht nach. Staatliche und städtische Verwaltungen bemühten sich nach Kräften, die vorhandene Not zu lindern, und diese Anstrengungen wurden auch anerkannt. Schwieriger waren die Halbheiten der Regierungen zu verwinden, vor allem die Halbheiten des romantischen Königs, auf den man in Deutschland seit Jahren hoffnungsvoll blickte. Sich jagende Ministerwechsel, mißverständliche oder absichtlich irreführende Zugeständnisse des Herrschers, großzügig gespendete und selbstherrlich zurückgenommene Rechte schufen in der Periode des Vereinigten Landtags eine Atmosphäre der Unzufriedenheit und des Mißtrauens, die das Schlimmste befürchten ließ. Aber der Sturm verebbte nahezu völlig; man kehrte zu der gewohnten erbaulichen oder romantischen Lektüre zurück und genoß im darauffolgenden Winter selbst an den fürstlichen Höfen die zahmen politischen Witze der Fliegenden Blätter in München. Am Ende des Jahres 1847 war fast ein toter Punkt in der öffentlichen Agitation erreicht. Die sozialen Anliegen wurden weit weniger brennend empfunden als 1844 und 1845. Die bäuerlichen Forderungen waren seit Jahrzehnten gleich geblieben, und die liberalen Programmpunkte wurden nicht verschärft.

Der Funke der Revolution ist schließlich unvermutet und plötzlich in eine bürgerliche Welt gefallen, welche zwar seit langem eine Art stillschweigender Übereinkunft über die wünschenswerten Forderungen getroffen, aber radikale Außenseiter seit Jahren immer wieder abgeschüttelt hatte und jede Zuspitzung vermied. Im Norden und im Süden war man sich einig über ein Programm, das seinem Wesen nach wohl eine ausgiebige Reform, aber keine eigentliche Revolution bedeutete. Man sah die Schäden des bürokratischen Obrigkeitsstaates mit scharfen Augen: das Strebertum und den Starrsinn, den Kastengeist und die hohle Selbstzufriedenheit der Beamten, die Geistlosigkeit und Rechenhaftigkeit der Staatsmaschine, die Überwachung und Gesinnungsschnüffelei im kulturellen Leben. Alle Gutgesinnten stimmten darin überein, was man brauche: die Pressefreiheit und ein volkstümliches Wahlgesetz, die Beseitigung der Vielschreiberei und eine reinliche Trennung der Justiz von der Verwaltung, die Befreiung des Bodens von seinen grundherrschaftlichen

Fesseln und eine Einordnung des Adels in die bürgerliche Gemeindeverfassung, Umgestaltung des Strafrechts und Einsparungen im Militär- und Gesandtenwesen, Kürzung der Zivilliste und Abschaffung der Pensionen. Noch war es erst eine Minderheit, die das hintergründige Ziel des vormärzlichen Liberalismus erfaßte: die Aktivierung der Bürger, die tätige und verantwortliche Mitwirkung breiter Wählerschichten an den Aufgaben des Staates und der Selbstverwaltung in Kreis und Gemeinde. Aber selbst bei diesen Entschiedenen sollte es nur eine Mitwirkung sein, eine Teilung der Gewalten zwischen Volk und Regierung, zwischen Gesetzgebung und Verwaltung, zwischen Kammer und König. Das Streben, über den liberalen Dualismus hinaus eine Gesamtverantwortung der Regierten, eine wirkliche Volkssouveränität herzustellen, war nur in einem ganz kleinen Kreise von Radikalen vorgezeichnet, und auch sie machten sich keine deutliche Vorstellung davon, welche Organe erst wachsen mußten, um eine echte Selbstregierung zu tragen, geschweige denn, daß sie sich – wie etwa Tocqueville drüben in Frankreich – Gedanken gemacht hätten über die notwendigen Gebrechen und Fehlerquellen auch demokratischer Institutionen. Gemeinsam war der erwachenden bürgerlichen Opposition von der äußersten Linken bis zu den gemäßigten Konstitutionellen nur der Wille und die Entschlossenheit, jede Bevormundung durch die alten staatlichen Mächte endlich abzuschütteln. Eine Gelegenheit dazu sollte sich überraschend und wider Erwarten bieten.

IV

Die Märzereignisse in Deutschland

Es hängt mit dem Zensurwesen und seiner Handhabung zusammen, daß in Deutschland und Österreich in dem Menschenalter vor dem Ausbruch der Revolution europäische Ereignisse rascher bekannt und leidenschaftlicher umstritten wurden als innerdeutsche Vorgänge. Diese Empfänglichkeit für den auswärtigen Barometerstand hängt nicht so sehr mit einer kosmopolitischen Einstellung des deutschen Liberalismus als mit der polizeilich vorgeschriebenen Ablenkung der öffentlichen Meinung auf kärgliche Hof- und Kulturnachrichten zusammen. Aber auch das erzwungene Hinhören auf auswärtige Vorgänge war für die Regierenden nicht ungefährlich, weil in einer Epoche, wo das Prinzip des Fortschritts und das Prinzip der Erhaltung sich überall in der großen Politik widerspiegelten, jeder Triumph der Freiheitstendenz in Europa bei dem hochgespannten Zustand der Dinge auch in Deutschland seine Rückwirkungen haben mußte.

Die erste Herausforderung des Zeitgeistes geschah 1846 in Krakau. Diese alte Hauptstadt des polnischen Nationalismus und Bergerin der polnischen Königsgräber war 1815 als unabhängiger Freistaat unter den Schutz der Teilungsmächte gestellt worden. Als jetzt die revolutionäre Propaganda der Polen sich dort einen Stützpunkt zu verschaffen suchte, rückten russische, österreichische und preußische Truppen in Krakau ein, und die freie Republik wurde der österreichischen Monarchie einverleibt. Die alten Mächte der Restauration schienen im Vormarsch, die Idee der nationalen Selbstbestimmung und Freiheit war an einem Brennpunkt des europäischen Mitgefühles beleidigt. Im selben Jahr 1846 wurde das nationale Empfinden der Deutschen selbst an einem schmerzlichen Punkte geweckt. Christian VIII. von Dänemark verkündete in einem offenen Brief vom 8. Juli 1846, daß nach dem Königsgesetz von 1665 die weibliche Erbfolge auch für Schleswig gelte. Die Stände der beiden Elbherzogtümer beharrten demgegenüber auf ihrem andersgearteten dynastischen Erbrecht und forderten Selbständigkeit unter einem Herzog von Augustenburg. Die deutsche öffentliche Meinung, an ihrer Spitze die Universität Kiel, warf sich in den nationalen Grenzkampf mit all der Leidenschaftlichkeit, welche vor wenigen Jahren die Diskussion um die Rheingrenze erregt hatte. Man sah in der rücksichtslosen Anwendung der dynastischen Staatsräson von seiten des dänischen Herrscherhauses einen Übergriff der alten Gewalten. Die Tatsache, daß sich Metternich hinter die legitime Fürstenmacht, also hinter Dänemark stellte, hat eine tiefe Entfremdung zwischen dem Kaiserhof und den deutschen Vaterlandsfreunden hervorgerufen. Selbst der Deutsche Bundestag sprach sich für das Recht der holsteinischen Stände aus.

Aber erst das dritte europäische Versuchsfeld hat die Gegensätze sich voll und eindeutig entwickeln lassen: der Sonderbundskrieg in der Schweiz. Nicht ohne daß die Großmächte Österreich und England ihre Hand im Spiel gehabt hätten, kam es auf Schweizer Boden zu einem bewaffneten Kampf zwischen den beiden Lagern. Der Sieg der radikalen Tagsatzung über die katholischen Kantone nahm sich im europäischen Echo aus wie der Triumph Palmerstons über Metternich, wie ein Duell zwischen Lord Feuerbrand und Fürst Mitternacht. Es ging nicht um konfessionellen Streit, auch nicht um die Auseinandersetzung von Föderalismus und Unitarismus, sondern um die großen innerpolitischen Anliegen der Zeit: Freiheit oder Autorität, Fortschritt oder Rückständigkeit, Republikanertugend oder Heilige Allianz. Seit der Julirevolution war kein solches Exempel statuiert worden. Der Eindruck war stark sowohl in Deutschland wie erst recht in Italien, wo sich nun die Empörungen in Sizilien und Kalabrien entzündeten, die das Signal für die Februarrevolution in Paris geworden sind.

Auch in Deutschland lag Zündstoff genug bereit. In den großen Städten sammelte sich das hungernde Proletariat während des Teuerungsjahres zu Aufmärschen und Krawallen. Die Führer der politischen Opposition des Westens und Südens fanden sich zu Tagungen zusammen. Der bayerische Klerikalismus trat wider alle Berechnung in das Lager der Königsgegner über, um dem Skandal um die spanische Tänzerin ein Ende zu machen. In Preußen war die Spannung und Enttäuschung am größten. Friedrich Wilhelm IV. hatte den Vereinigten Landtag wieder auseinandergehen heißen, ohne ihm auch nur das Recht des periodischen Zusammentritts zu gewähren. Die Gesamtheit der acht preußischen Provinzialstände mochte eine altertümliche Zierde der Krone sein, aber durfte kein selbständiger politischer Faktor werden. Als der König unter dem Druck der schwülen Stimmung draußen und im Innern des Staates wenigstens die eingesetzten Ausschüsse nach Berlin berief (Januar 1848), da war es für diese Methode des sparsamen Entgegenkommens schon zu spät. Nach dem 24. Februar, dem Tag, an dem in Paris der Thron Louis Philippes auf dem Bastilleplatz öffentlich verbrannt wurde, ging es wie eine unaufhaltsame Welle über die deutschen Regierungen hinweg. Überall gab es Sturmpetitionen, Versammlungen, Aufzüge, glühende Begeisterung aller Volksschichten, Verbrüderungsfeste, Triumphpforten, Vereine. Das Merkwürdigste war, daß die Regierungen wie in stillschweigender Übereinkunft jeden Widerstand aufgaben und die Rechte der Revolution anerkannten, ohne daß es eigentlich zu Gewalttaten kam.

Die Frage, ob die Märzrevolution als eine selbständige Errungenschaft des deutschen Volkes zu gelten habe oder eine Morgengabe der Pariser Arbeiter sei, welche damit das spröde Deutschland eines Tages überrascht haben, ist fast so alt wie die Revolution selbst. Man wird, um gerecht zu sein, Anlaß und Zielsetzung, Erlebnis und Tendenz der Revolution unterscheiden müssen. Ohne das dramatische Geschehen in Paris und ohne die Flucht des französischen Königs hätte es sicher in diesem Zeitpunkt keine revolutionäre Psychose, keine Märzministerien und keine Nationalversammlung in Deutschland gegeben. Nach der Beilegung der Hungerrevolten des Jahre 1847, die unter dem Beifall des Bürgertums erfolgt war, schienen die Zustände in den deutschen Einzelstaaten konsolidierter als je, und die Liberalen selbst wurden durch den Siegeszug der Revolution völlig überrascht. Aber auch das andere ist richtig: Sämtliche Programmpunkte, welche die Märzmänner in Deutschland aufgestellt haben, waren an Ort und Stelle vorbereitet, entwickelt, formuliert und in weitem Umfang der öffentlichen Meinung einverleibt. Das Ziel, das man anstrebte, kannte in Deutschland jeder geweckte Staatsbürger, der sich nicht ganz die Ohren vor der politischen Diskussion verschlossen hatte. Darum liefen auch die Ereignisse in sämtlichen Residenzstädten Deutschlands so erstaunlich parallel ab und führten auf den verschiedensten geschichtlichen Böden zu fast den gleichen Resultaten. Was die neue Zeit in Deutschland erreichen sollte, das hatten die Minoritäten der Kammern, die unterdrückten Schriftsteller, die liberalen Abgeordneten in ihren Wählerversammlungen seit Jahren deutlich genug gesagt.

Damit beantwortet sich eigentlich auch schon eine zweite vielerörterte Frage der Zeitgenossen: ob die Revolution auf eine Gruppe von Verschwörern oder auf einen unmerklichen »Konsensus der Geistzr«, auf Machenschaften von Agenten und Emissären oder auf den »Geist der Zeit« und seine rätselhafte Wirkung in den gleichzeitig lebenden Menschen zurückzuführen sei[54]. Es ist darüber schon während des Sonderbundskrieges und dann noch einmal im Mai 1848 ein interessanter Briefwechsel zwischen Friedrich Wilhelm IV. und seinem klugen Londoner Gesandten Freiherr von Bunsen geführt worden. Bunsen sagt mit Recht, daß »der Glaube an Verschwörungen«, an überlegte, planmäßig vorbereitete revolutionäre Handlungen bestimmter Aktivistengruppen, mögen sie nun als Jesuiten, Freimaurer, Juden, Anarchisten oder Demokraten bezeichnet sein, durch die Schweizer Vorgänge widerlegt sei. Der König kommt auf Grund seiner eigenen Berliner Erfahrungen auf diese These zurück und behauptet starrsinnig, in Berlin sei vierzehn Tage lang vom nicht-preußischen Ausland her »alles systematisch zur infamsten Revolte, die jemals eine Stadt entehrt hat, vorbereitet« worden[55]. Die Belege, die er anführt, sind alles andere als überzeugend. Er behauptet, man habe Steine und Rasenstücke in die Stadt fahren sehen für den Barrikadenkampf und zuströmendes

»Gesindel«, französische Galeerensträflinge, Polen, unruhige Süddeutsche, Milaneser Grafen und reiche Mannheimer Kaufleute, insgesamt 10000 bis 20000 unzuverlässige Elemente, seien planmäßig nach Berlin gezogen und dort für den großen Putsch vor der Polizei verborgen worden. Diese naive These von dem Verschwörungscharakter der Revolution hat sich bei konservativen Beurteilern merkwürdig zähe gehalten. Sie ist nichts anderes als ein schlecht erfundenes Mittel, sich um die Ernsthaftigkeit des revolutionären Erlebnisses zu betrügen. Gerade die Berliner Ereignisse zwischen dem 13. und dem 19. März sind ein eindringliches Beispiel für den unwillkürlichen, fast zwangsläufigen Ablauf solcher krisenhaften Ereignisse, bei denen einzelne, namhaft zu machende Akteure nur eine beiläufige Rolle spielen, die Hauptsache von einer stillschweigenden Übereinstimmung anonymer Gruppen und Haufen getätigt wird. Die deutsche Revolution ist nur ein Teilvorgang einer großen europäischen Wellenbewegung, die sich erst an den Grenzen Rußlands gebrochen hat. Die Revolution ist wahrscheinlich einige Jahre oder Jahrzehnte zu früh hereingebrochen, und die Länder, die sich damals gegen die Ansteckkung gewehrt haben, wie Belgien, Holland und die skandinavischen Staaten, haben sich glücklicher und organischer entwickelt. Aber die Richtung, die der Strom zu nehmen hatte, wenn er einmal entfesselt wurde, war bereits festgelegt.

Am 12. Februar 1848, also fast zwei Wochen, ehe in Paris die Dinge überraschend ins Rollen gekommen sind, hat der badische Abgeordnete Bassermann in der Karlsruher Kammer den Antrag gestellt, aus allen Landesvertretungen eine Abordnung zu einem deutschen Parlament zu vereinigen, um die Bundesreform auf parlamentarischem Wege in Angriff zu nehmen. Unter dem Eindruck des Tuileriensturmes hat am 27. Februar in Offenburg eine große Volksversammlung getagt, auf der die badischen Abgeordneten Mathy und Hecker die Grundforderungen des deutschen Liberalismus angemeldet haben: Pressefreiheit, Schwurgerichte, konstitutionelle Verfassung in allen Einzelstaaten und Zusammentritt eines gemeinsamen Parlaments im Bereiche des Bundes. Eine Woche später haben die Gefahren der internationalen Lage die leitenden Männder der süddeutschen Opposition zu einer Besprechung nach Heidelberg geführt, auf der zwei Punkte zum Beschluß erhoben wurden: daß Deutschland die neue Regierung in Frankreich anerkennen solle, um einen Krieg mit dem Nachbarstaat zu vermeiden, und daß eine Kommission von sieben Männern die Wahl einer Nationalvertretung vorbereiten müßte. Schon acht Tage vor dieser Heidelberger Tagung hatte Heinrich von Gagern in Darmstadt die Frage des Bundesoberhauptes angeschnitten und damit die Kardinalfrage einer deutschen Revolution berührt. Ein fürstliches Haupt, ein zentrales Reichsministerium und eine Nationalrepräsentation sollten an die Spitze

Abb. 1 Barrikadenkampf vor dem Köllnischen Rathaus zu Berlin in der Nacht vom 18. auf den 19. März 1848

Abb. 2 Einzug des Reichsverwesers Erzherzog Johann von Österreich am 11. Juli 1848 in Frankfurt am Main

von Deutschland treten und beim Bundestag in geeigneter Weise auf solche Institutionen hingearbeitet werden. Mit Recht hat ein zeitgenössischer Beobachter betont[56], daß in dieser Reihenfolge der aufgesteckten Ziele die Unabhängigkeit des deutschen Liberalismus von dem französischen Vorbild sich dokumentiere. Während in Frankreich eine republikanisch-sozialistische Bewegung den Sieg gewinnt und ihn alsbald zu innerpolitischen Neuerungen benutzt, kommt in der Märzrevolution der liberalen Opposition in Deutschland zum Ausdruck, daß die Nation eine monarchisch-konstitutionelle Führung braucht und das Problem der Staatsbildung im Vordergrund steht. Die monarchistische Linie behält auch auf dem Heidelberger Tag die Oberhand, obwohl dort Hecker und Struve mit Nachdruck für die Idee einer deutschen Republik werben. Heinrich von Gagern ist es, der die Frage der deutschen Staatsbildung auf das diplomatische Geleise hinüberschiebt, indem er eine Rundreise seines Bruders Max an die deutschen Höfe begünstigt und die Regierungen für seine konstitutionell-unitarische Lösung mit preußischer Spitze zu gewinnen sucht.

Der entscheidende erste Sieg der Revolution wird am 13. März in Wien erfochten. Auch dort ist es das liberale Bürgertum, der Gewerbeverein, der juridisch-politische Leseverein, die Studenten der Universität und die akademische Intelligenz, welche die Ziele vorzeichnen und das Maß bestimmen. Vielleicht ist in Wien noch mehr soziales Ressentiment in diesem Bürgertum lebendig als im übrigen Deutschland. Vielleicht dominiert hier die Haltung des aufstrebenden Sohnes armer Eltern, der gegen die Protektion und die Vorurteile der herrschenden Kaste nicht emporkommen kann, kein »nützliches Glied der menschlichen Gesellschaft« werden darf und sich nun innerlich über alle historischen Vorrechte und angeborenen Herrscherrechte hinwegsetzt, indem er radikaler Demokrat wird[57]. Die Forderungen lauten aber auch im Kaiserstaat in erster Linie auf Pressefreiheit, Geschworenengerichte, Kontrolle des Staatshaushaltes und eine Verfassung. Metternich fühlt sich seiner Sache so sicher, daß er keine Vorsichtsmaßregeln trifft. Als aus der Volksmenge, welche den Sitzungssaal der niederösterreichischen Stände bestürmte, der Ruf erscholl: »Metternich muß fort!« und als eine Bürgerdeputation vor der Geheimen Konferenz diese Forderungen wiederholte, ging er still beiseite, um den Thron und die Monarchie nicht zu gefährden. Der Monarch, die Erzherzöge, der Hof, die Beamtenschaft und selbst die Grafenbank der Stände waren froh, ein Opfer zu finden, mit dem sie vielleicht ihr Weiterleben bezahlen konnten. Notdürftig wurde die Ordnung aufrechterhalten und ein neues Ministerium gebildet unter einem adligen Aufklärer, Franz von Pillersdorf, der sich bald als ziemlich unfähig erwies. Eine akademische Legion, eine bürgerliche Nationalgarde und die Berufung eines Reichstages wurden zugestanden. Die transleithanische Reichshälfte erhielt weitgehende Selbständigkeit, ein eigenes Ministerium, Verwaltungstrennung, volle Pressefreiheit und ein demokratisches Parlament. Die Magyaren verlangten darüber hinaus eigene Steuerverfassung und eigenes Heer. Die Tschechen drängten auf einen Böhmischen Landtag, die Kroaten ersehnten ein südslawisches Königreich, die italienischen Provinzen erhoben sich, Galizien wurde zum Unruheherd, der König von Sardinien rückte in die Lombardei ein. Es schien nur noch eine Frage von Wochen oder Tagen, bis die Donaumonarchie in ihre historischen und nationalen Bestandteile auseinanderbrechen würde. Die innere Brüchigkeit des überlebten Regimes und seine ideologische Haltlosigkeit wird durch die Vorgänge beim Rücktritt Metternichs mehr als deutlich gemacht. Der Mann, der noch gestern durch sein unermeßliches Prestige ein ganzes Reich zusammengehalten hatte, mußte durch Böhmen und Sachsen nach Holland flüchten und fand nur zwei von den vielen hundert Schmeichlern und Karrieremachern der Hofgesellschaft wirklich treu. Der Erzbischof von Olmütz, der seine ganze Existenz dem Fürsten Metternich verdankte, verbot ihm den Aufenthalt in seiner Stadt, und in den Postwirtshäusern konnte er nur mit Mühe vor Ausschreitungen der Bevölkerung bewahrt werden. Der kranke Staatskanzler glaubte selbst nicht mehr an die Möglichkeit eines Widerstandes und lehnte darum jeden Versuch einer Gegenwehr ab: »Es handelt sich nicht mehr um die Politik, sondern um die soziale Frage.« Er hatte stets den Wildstrom der sozialen Umwälzung auf sich zukommen sehen und Dämme dagegen errichtet. Nun er durchgebrochen war, gab er den Rat zu kapitulieren und wünschte sich keine amtliche Stellung zurück. Die gesellschaftlichen Kräfte waren stärker gewesen, nun mußten die Monarchien »ehrlich in die Neuordnung der Dinge eintreten, frei von jedem Hintergedanken«. Die alten Staatsmänner und auch die alten Prinzipien konnten nichts mehr nutz sein nach seiner Meinung, sie waren abgenutzt. Von der Kraft der Wiedererstarkung der absolutistischen Gewalten hatte der Staatskanzler im Frühjahr 1848 nicht entfernt eine angemessene Vorstellung. Darum ist es nicht unrichtig, wenn die Legende festhält, daß er seine Sache vorschnell aufgegeben habe[58].

Unter dem Eindruck der Flucht des Fürsten Metternich und der Ratlosigkeit des preußischen Königtums nahmen die republikanischen Strömungen, besonders in Baden, sichtlich zu. Die Volksversammlungen in Offenburg, Freiburg und Heidelberg vom 19., 26. und 27. März standen unter dem wachsenden Einfluß des radikalen Abgeordneten Struve, und auch in den Frankfurter Gasthöfen, in denen sich die Männer des vorbereitenden Ausschusses für ein Nationalparlament zusammenfanden, trat die republikanische Idee hervor, welche alle, die aus dem Norden kamen, tief überraschte. Struve sprach auch dort im Kreis der künftigen Parlamentarier von der Notwendigkeit, dem deutschen Volk die Form der Republik zu geben, weil diese Staatsform das einzige Gegenmittel gegen die Reaktion sei. Die Diktatur der radikalen Minderheit als der einzig wirksame Weg zur Sicherung von revolutionären Errungenschaften taucht in den Gesprächen deutlich auf. Aber die Stimmen, welche unter allen Umständen den Willen des gesamten Volkes sprechen lassen wollten, überwogen, und sie hatten allen Grund zu bezweifeln, ob dieser Gesamtwille einer Republik günstig gesinnt sei. Die Freiheit der Meinungsbildung sollte errungen und gewahrt werden, das war das wichtigste Anliegen der Liberalen seit langem gewesen. Nun konnten sie den Sieg nicht damit beginnen, daß sie dieser freien Meinung Gewalt antaten, sei es durch einen republikanischen Staatsstreich, sei es auch nur durch bewaffneten Zuzug aus dem Lande. Jede direkte Aktion wurde als illiberal standhaft abgelehnt, obwohl mit der Vorbereitung eines Nationalparlaments die Grenze des Legitimen eigentlich schon überschritten war.

Es war eine sehr zufällige und bunt zusammengewürfelte Gesellschaft, welche im Frankfurter Vorparlament zusammenkam. Aus Österreich waren nur zwei Vertreter erschienen, und niemand wußte, wer sie delegiert hatte. Aus Preußen waren 141 Männer anwesend, welche zumeist die Stadtverordneten der verschiedenen Städte aus ihrer Mitte gewählt hatten. Von anderen Ländern waren »alle früheren und gegenwärtigen Ständemitglieder und Teilnehmer an gesetzgebenden Versammlungen« eingeladen; aber die norddeutschen Mittelstaaten hatten nur wenige Vertreter entsandt. Unter einem matten Präsidenten und bei einer ungeklärten Geschäftsordnung gab es viele beschämende Szenen der Unordnung, der Ratlosigkeit, des Dilettantismus. Die mehr als 500 Teilnehmer tagten stehend in der Paulskirche, eine klare Abstimmung durch Links- oder Rechtstreten war nicht durchzuführen. Gerüchte von der Straße, vom Aufmarsch bewaffneter Darmstädter, von anrückenden deutschen Arbeitern aus Paris beunruhigten die Versammlung. Ein festes Programm hatte nur die demokratische Linke unter Führung Struves, die jedoch nicht mehr als 18 Mitglieder umfaßte. Diese kleine, zielbewußte Minderheit stellte den Antrag auf frei gewählte Präsidenten in den Einzelländern und föderative Bundesverfassung für Gesamtdeutschland nach dem Vorbild der nordamerikanischen Freistaaten; für den Augenblick forderte sie vor allem die Bildung eines Exekutivausschusses und die Übernahme der Vollzugsgewalt durch die Versammlung. Die weit überwiegende Mehrheit der Abgeordneten wollte zwar ein Reichsparlament, aber keine Republik. Als ihr Führer setzte sich mehr und mehr der darmstädtische Minister Heinrich von Gagern durch. Er verschob durch seine Zielsetzung unmerklich den Charakter der Revolution. Sein Streben war, die absolute Nichtigkeit der deutschen Nation in der auswärtigen Politik aufzuheben; sein Mittel bestand in der »Vereinbarung« einer souveränen Nationalversammlung mit den 38 souveränen Regierungen des Deutschen Bundes. Die Sofortmaßnahmen beschränkten sich nach Ansicht dieser Majorität auf eine Kontrolle des gereinigten Bundestags durch einen Ausschuß des Vorparlaments, den sogenannten Fünfzigerausschuß. Als sich herausstellte, daß die Mehrheit der Versammelten die künftige Reichsverfassung mit den Fürsten vereinbaren wollte, hat die radikale Minderheit das Vorparlament unter Vorantritt Heckers verlassen. Die vierzig Unbedingten, die ihm folgten, bestanden auf der Errichtung eines Wohlfahrtsausschusses und verlangten, daß das Vorparlament als revolutionäres Volkskomitee sich in Permanenz erkläre. Aber diese radikale Gruppe wurde mit so leichter Mühe in der Paulskirche überspielt, daß Hecker nur als Einundfünfzigster in den Fünfzigerausschuß gewählt wurde und Struve noch weiter unten rangierte. Auch mit den sozialen Forderungen der Linken und ihrem Programm der sozialen Grundrechte sprang die nationalliberale Mehrheit höchst despektierlich um. Anträge zugunsten der armen Leute, wie sie Venedey und andere vorbrachten, quittierte der liberale Römer mit einer billigen Geste, indem er sich an das volle Haus wandte: »Sie alle teilen gewiß die Sympathie für diese Leute, und ich bitte durch Aufstehen den Beweis zu geben.« Einige Mindestforderungen der Radikalen sind dann doch zum Beschluß erhoben worden. Erwerbslosenfürsorge, Reform der Fabrikgesetze, staatlicher Schulunterricht für alle Bevölkerungsklassen und Schutz der Auswanderer vor Ausbeutung sollten in die Grundrechte der deutschen Volksfreiheit aufgenommen werden.

Nach vier stürmischen Sitzungen löste sich das Vorparlament am 3. April auf und machte dem Fünfzigerausschuß Platz, in den sechs Österreicher gewählt wurden, um die gesamtdeutsche Bedeutung des Gremiums zu betonen. Eine Vollmacht hatte der Ausschuß so wenig wie die vorangehende Versammlung, und er hatte auch keine reale Verfügungsgewalt. Seine politische Rolle resultiert nur aus der Hypnotisierung der Regierungen und der Willenlosigkeit des alten Bundestags, aus Zuschriften und Vertrauensadressen von Bürgervereinigungen und Einzelpersonen, allenfalls aus der Theorie von der Volkssouveränität, die ja irgendeinen Sprecher, irgendein Organ brauchte, um sich zu dokumentieren. Im Grunde waren die Beschlüsse dieses Ausschusses nur »Ansichten«, wie eines ihrer Mitglieder mit Recht bemerkt hat[59]. Aber sowohl die preußische Regierung wie der Bundestag fügten sich widerstandslos den Wahlrechtsvorschlägen, den Terminen, der feurigen Schleswig-Holstein-Politik dieser irregulären Volksvertretung. Nur gegen den Aufstand Heckers in Baden, gegen die antideutschen Unruhen der Tschechen in Prag, gegen den Partikularismus der neuen Wiener Regierung und die Machenschaften der Polen im Großherzogtum Posen erwies sich die Frankfurter Revolutionszentrale als völlig ohnmächtig. Und doch stieß die Volkssouveränität erst hier auf die realen Schwierigkeiten ihrer revolutionären Aktion. Sollte man den bewaffneten Aufstand entfesseln oder alle 34 Throne unberührt lassen, sollte man die Nationalisierung der Slawen unterstützen oder die historischen Staatsgebilde Preußen und Böhmen erhalten, sollte man die österreich-ungarische Monarchie zertrümmern oder auf die Deutschen Österreichs Verzicht leisten? Das waren die eigentlichen Entscheidungsfragen der historischen Stunde und wahrlich größere Gegenstände, als darüber zu beschließen, ob man Wahlkreise von 50000 oder 70000 Seelen schaffen solle und ob die Nationalversammlung am 1. oder am 18. Mai zusammentreten könne. Nicht einmal die Beziehungen zwischen dem Frankfurter Ausschuß und einer improvisierten Bundesgewalt wurden in Ordnung gebracht. Der Plan Welckers, des neuen badischen Bevollmächtigten beim Bundestag, ein Dreimännerkolleg des Bundestags mit der militärisch-diplomatischen Leitung der Nationalangelegenheiten zu betrauen, scheiterte an dem unüberwindlichen Mißtrauen der meisten Ausschußmitglieder gegen das Organ des alten Regimes. Und doch wäre diese Lösung nur folgerichtig gewesen. Wenn man die Regierungen der deutschen Einzelstaaten nicht beseitigen und die Dynastien nicht antasten wollte, so konnte man nur gemeinsam mit ihnen eine neue Zentralgewalt aufbauen und einstweilen nur aus dem Bundestag eine Zentralinstanz schaffen.

Als der Ausschuß sich am 18. Mai auflöste, war in Frankfurt zwar vielleicht noch nichts verbaut, aber auch nichts entschieden. Die Verfassungsfragen blieben alle aufgespart für die Nationalversammlung, die sich an diesem Tag in der Paulskirche konstituierte. Der Fünfzigerausschuß hatte sich nicht an die Spitze der Revolution zu setzen vermocht, Frankfurt war nicht die Hauptstadt der deutschen Bewegung geworden. Diese idyllische Kaufmannsstadt von knapp 40000 Einwohnern blieb, was sie schon immer gewesen war, ein festlich bewegter Kongreßort mit Girlanden, Fahnen und Wimpeln. Der Schwerpunkt der deutschen Geschicke lag schon in diesen ersten Wochen unverkennbar in den beiden Hauptstädten Wien und Berlin. Aber da es *zwei* Hauptstädte waren, konnte auch dort nichts Maßgebliches für die Gesamtheit, für den künftigen Nationalstaat der Deutschen geschehen.

Die Regierung in Berlin hatte wohl schon in den ersten Märztagen mit einem größeren Zusammenstoß in der Residenz gerechnet und traf gewisse militärische Vorbereitungen, die erst recht aufreizend wirkten. Aber es fand sich kein Träger des revolutionären Handelns. Der Berliner Magistrat und die Stadtverordnetenversammlung waren mehr als ängstlich. Der seit Mitte Januar zur Beratung des Strafgesetzentwurfs versammelte Ausschuß des Vereinigten Landtags ließ sich ohne Widerstand verabschieden und mit dem Versprechen trösten, daß der König alle vier Jahre die Ständeversammlung berufen werde. Der Berliner Handwerkerverein, gegen den bereits Denunziationen einliefen und der auch vor einigen Jahren sehr radikale Intellektuelle als Mitglieder enthalten hatte, war seit 1846 wieder mehr auf die geistige Ausbildung seiner Mitglieder als auf politischen Kampf eingestellt. Die Studenten der Universität hielten wohl unter sich stürmische Versammlungen ab, aber wagten nicht als erste zu handeln. Der einzige Ort, wo man kräftige Worte hörte, waren die Kaffeehallen »In den Zelten« am Rande des Tiergartens, wo das Berliner Kleinbürgertum die Sonntagnachmittage zu verbringen pflegte und jetzt die Musiktribüne als Rednerpodium für größere Volksversammlungen dienen konnte. In den Kaffee- und Bierstuben dieses Volksparks traten Studenten, Literaten, Handlungsgehilfen, auch junge Handwerker und Arbeiter, daneben »wohlgenährte Privatdozenten« und Zeitungsleute vor ihre Mitbürger und begannen ihre politischen Reden mit sehr allgemein gehaltenen Klagen über das vergangene System, über die »33 Jahre schmählicher Knechtung« und den Anbruch einer neuen Zeit[60]. Die konkreten politischen Forderungen waren zunächst recht bescheiden und beschränkten sich auf sofortige Einberufung des Vereinigten Landtags und Durchführung der Pressefreiheit. Die politische Unbildung der Berliner war gelegentlich noch erstaunlich. Pressefreiheit verstand man zum Teil als die Freiheit, nicht mehr »gepreßt« zu werden, das heißt keine Steuern mehr bezahlen zu müssen, oder als die Chance, von jetzt ab Anzeigen drucken lassen zu dürfen ohne Insertionsgebühren! Die Leitung der revolutionären Meinungsbildung lag am ehesten bei dem Mitarbeiterstab der »Zeitungshalle«, bei der auch eine Anzahl intelligenter Juden schriftstellerisch tätig war und die Frage der Emanzipation, der Gleichstellung aller religiösen Bekenntnisse eine bedeutende Rolle spielte. In manchen Kreisen wurde offenbar schon an einen Bürgerkrieg gedacht, denn es fanden sich Maueranschläge, welche die Soldaten beschworen, im Konfliktsfall nicht auf ihre wehrlosen Mitbürger zu schießen. Im Ganzen war Berlin erstaunlich ruhig und loyal.

Est am 13. März abends geriet die Menge in stärkere Erregung. Man sah Kavallerie sich um das Brandenburger Tor konzentrieren, Schloß und Zeughaus wurden militärisch gesichert, und man raunte sich zu, die Regierung wolle von dem alten Versammlungsverbot Gebrauch machen und die Zusammenkünfte in den »Zelten« sprengen. An diesem Abend kam es zu ersten Zwischenfällen, und das scharfe Einhauen mit der blanken Waffe bereitete jenen Konflikt zwischen Militär und Zivil vor, den die meisten Augenzeugen als »den eigentlichen Angelpunkt der Berliner Revolution« bezeichnet haben[61]. In der Grünstraße wurde schon der erste Versuch eines Barrikadenbaus gemacht. Noch war es von beiden Seiten mehr Antreiberei, Spott und loses Spiel als bürgerkriegsmäßiger Ernst, wenn auch im Bürgerstand die Brutalität des anreitenden Militärs begreifliche Empörung auslöste und die Verhöhnung der Uniform bei dem empfindlichen Ehrenstandpunkt der Linientruppen bedenkliche Folgen nach sich ziehen mußte. Am Abend des 14. März gab es die ersten Toten, und die rohe Soldatenwut, die man besonders bei den Potsdamer Gardekürassieren beobachten konnte, steigerte wiederum die Erbitterung des Volkes, das sich mit Steinwürfen und Schmähungen zu rächen suchte. Am 15. März wurde von den Truppen, welche den Schloßplatz von den Demonstranten zu räumen hatten, offenbar ohne höheren Befehl, zum erstenmal scharf geschossen, und am 16. gab es Unter den Linden die erste Salve, die bei den Berlinern eine fürchterliche Empörung entfesselte. Aber die günstige Aufnahme, die zwei Abordnungen des Kölner und des Berliner Gemeinderats beim König fanden, verbesserte die Stimmung der Hauptstadt zusehends, und es waren eigentlich nur Dankgefühle, welche die Massen gutgekleideter Bürger um die Nachmittagszeit des 18. März auf den Schloßplatz führten, um dem König Ovationen darzubieten[62]. Es war bekannt geworden, daß ein Gesetz über die Befreiung der Presse von der Zensur und ein Patent über Einberufung des Landtags vom König genehmigt seien und vor dem Schlosse veröffentlicht werden sollten. Damit waren die wichtigsten Forderungen erfüllt. Die Zusage für eine konstitutionelle Verfassung in Preußen war gemacht und das Versprechen einer Umgestaltung des Deutschen Bundes gegeben. Es war zwar nicht alles, was man wünschte, aber es war ein grundsätzlicher Schritt vorwärts, über den sich die genügsamen und dankbaren Berliner ehrlich freuten. Plötzlich pflanzte sich unter der jubelnden Menge, der sich der König zweimal vom Balkon gezeigt hatte, ohne sich verständlich machen zu können, der drohende Ruf fort: »Das Militär zurück! Fort mit dem Militär!« Nach Gutzkows Aussage[63] waren es nicht mehr als etwa zwanzig bürgerlich gekleidete Männer, die im Sprechchor den Ruf inszenierten. Nicht eigentlich um aufzuwiegeln, aber um ein Unterpfand für die Zugeständnisse des Königs zu erlangen. Es irritierte die Bürger, daß ein verstärkter Posten des Ersten Garderegiments den üblichen Durchgang durch das Schloßportal sperrte. Der Anblick von uniformierten Soldaten rief vielleicht auch das Gedächtnis an die Opfer der letzten Tage wach. Es paßte nicht in die historische Versöhnungsstunde, von blitzenden Bajonetten in Schach gehalten zu werden. So blieb ein Rest von Groll und Erbitterung auf dem Grunde des Jubels, man wußte sich kaum selber von diesem tiefen Mißtrauen Rechenschaft zu geben.

Ein Flügeladjutant des Königs erzählt in seinen Erinnerungen sehr anschaulich von seiner Begegnung mit den Wortführern der gegen den Schloßhof heranwogenden Volksmassen. »Ich drängte mich zwischen den Soldaten durch vor und versuchte mit dem vordersten der andrängenden Zivilisten zu sprechen, um zu erfahren, was die Leute denn so recht eigentlich wollten. Einen einzelnen derselben, den mir persönlich bekannten Buchhändler Schneider (wie ich später erfuhr ein Demokrat von reinstem Wasser), nahm ich durch die Soldaten hindurch in den Schloßhof hinein, um in Ruhe mich mit ihm verständigen zu können, was draußen bei dem Gedränge und Geheul der Massen nicht möglich war. Ich erhielt aber auch von diesem nur ausweichende Antworten, aus denen indes der allgemeine Wunsch hervorging, das Militär möge abziehen und eine Bürgerwehr an dessen Stelle treten, dann werde sofort jeder Grund zur Unruhe wegfallen und das Volk auseinandergehen.«[64] Die Auskunft war höchst bezeichnend und in Wahrheit erschöpfend. Der König sollte sich seinen Bürgern anvertrauen, ein Zivilkönig werden und dem Militärstaat abschwören. Zu Anfang war es wohl nur eine kleine Gruppe von ehrsamen Bürgern und politisierenden Hausvätern, welche diesen Wunsch nach altem revolutionärem Vorbild in die Forderung nach Errichtung einer Nationalgarde kleideten. Als aber auf einen Befehl vom Schloß wider Erwarten der Platz durch Dragoner und Grenadiere geräumt wurde, wußte plötzlich die ganze Menge, die da zu Tausenden in strahlender Frühlingssonne auf dem Schloßplatz stand und vor den Bajonetten davonstob, was ihr eigentliches Ziel war. Ohne sich über die verfassungsrechtlichen Zusammenhänge irgendwie klar zu sein, wollte diese revolutionär erregte Volksmasse, zwischen Jubel und Erbitterung hin und her gerissen, mit ihrem Drohruf »Militär zurück!« die absolutistischen Wurzeln des preußischen Königtums durchschneiden. Der König von Preußen war ja in der Tat vor allem oberster Kriegsherr und unumschränkter Gebieter über eine schlagfertige, glänzend disziplinierte und glühend royalistische Armee. Ehe man über Wahlrecht und Budgetrecht, über Verfassung und Kammern reden konnte, mußte man den König als Partner auf die bürgerliche Ebene zwingen. Das Heer war in Preußen nicht bloß die Waffe der Reaktion wie im Habsburgerreich oder im Zarenreich, sondern die Substanz des Staates schlechthin, die Seele des Königtums, der Urgrund seiner Legitimität wie seiner Volkstümlichkeit, das, was das preußische Gemeinwesen von allen übrigen Staaten unterschied. Ein Hohenzoller ohne Heer war nicht bloß ein Bürgerkönig, sondern schon ein Schattenkönig, und die Frage, welche Potenz dann im Staate regierte, mußte erst noch entschieden werden. Die Forderung nach Zurückziehung des Militärs von den Nervenpunkten des Staates (Schloß, Zeughaus und Staatsbank) war inhaltsreicher und bedeutete mehr als die Forderung nach dem Rücktritt Metternichs oder nach der Abdankung Ludwigs I. von Bayern. Sie griff tiefer als die politischen Wünsche der Opposition in den Mittelstaaten, die bloß neue Ministerien und neue Kammern verlangten. Der Ruf nach Abzug des Heeres bedeutete eine wirkliche Revolution, das heißt eine Änderung der Grundlagen des Staates und der Autoritätsbildung. Darum waren die Entschlüsse Friedrich Wilhelms

IV. und seiner Umgebung in den nächsten zwölf Stunden so schicksalsvoll und später, als sich die Monarchie auf ihre militärischen Fundamente besann, für alle Beteiligten so beschämend und ein blinder Fleck im Bewußtsein. Erst der drohende Anruf der bürgerlichen Revolution hat im preußischen Königtum und seinen Dienern das Gefühl für die militärische Wurzel der Herrscherwürde wieder geweckt und dieses Bewußtsein nach oben getragen. Der Beamtenstaat Friedrich Wilhelms III. hatte bereits andere, modernere Bahnen eingeschlagen, und es ist fraglich, ob er je Anlaß zu einer Revolution gegeben hätte[65].

Die königliche Seite schien zunächst ganz zu unterliegen durch schwankende Entschlüsse und schwärmerische Traumbrücken, durch sentimentale Anwandlungen und kopflose Bestürzung. Eine zentrale Befehlsgebung hat überhaupt gefehlt. Der König stand unter wechselnden Eindrücken und konnte keine Linie des Handelns finden. Die Militärpartei und die Kamarilla hatten einen günstigen Augenblick benutzt, um den Kommandeur des Gardekorps General von Prittwitz zum Befehlshaber aller in Berlin anwesenden Truppen zu machen. Unter seinem Befehl ritten die Dragoner von der Stechbahn her auf den Schloßplatz ein, und ein Bataillon des Kaiser-Franz-Regiments rückte bald darauf aus dem Mittelportal vor, um ihn zu entlasten. Als bei dieser Bewegung durch einen aufgeregten Handgriff sich zwei scharfe Schüsse entluden, stob die Volksmenge nach allen Seiten auseinander und rief: »Zu den Waffen! Verrat! Auf dem Schloßpalatz ermordet man das friedliche wehrlose Volk!« Alles stürzte in die Wohnquartiere der inneren Stadt, um Barrikaden zu bauen, Kugeln zu gießen, Pflastersteine zu sammeln und den Straßenkampf zu eröffnen. Auch hundert Studenten der Berliner Universität – von insgesamt 1500 – warfen sich ins Gewühl und holten sich Waffen auf dem Fechtboden der Universität. Man glaubte nicht anders, als daß der König einen Gewaltstreich versucht habe, um alles rückgängig zu machen, gerade in dem Augenblick, wo er die entscheidenden Zugeständnisse versprochen hatte. Keine Vorstellung kam mehr gegen diese Massenpsychose auf, und bald nach drei Uhr nachmittags begann an mehreren Stellen, besonders zwischen Alexanderplatz und dem Schloß, der richtige Bürgerkrieg. Daß die ersten gezielten Schüsse an diesem Tage von der Seite des Volkes abgegeben wurden, hat auch die revolutionäre Geschichtschreibung und Memoirenliteratur nie geleugnet. Schuldgefangene, Sträflinge, Arbeitshausinsassen wurden befreit, Polen reihten sich in die Revolutionshaufen ein, bewaffnete Handwerker stiegen auf die Kirchtürme und läuteten in allen Stadtteilen Sturm. Der Student Arnold von Salis, aus einem Graubündner Adelsgeschlecht, begab sich mit ein paar Freunden in die Borsigsche Lokomotivenfabrik, um die muskulösen Maschinenbauer mit ihren schweren Eisenstangen und Hämmern zum

Sukkurs heranzuholen. Erst nachdem sie sich ihren Wochenlohn hatten auszahlen lassen, keineswegs in blindem Revolutionstaumel, sondern selbstbewußt und nüchtern, sagten sie ihre Hilfe zu, wo angeblich Verrat geschehen und Volksgenossen niedergeschlagen worden waren. Fast die ganze Nacht hindurch wurde gekämpft. Unter den oft recht schwachen Verteidigungstruppen der verriegelten Straßen und Häuserblocks tat sich der Drechslergeselle Gustav Hesse als Richtkanonier einer kleinen Kanone und der Maschinenschlosser Sigrist als Verteidiger der Barrikaden am Köllnischen Rathaus hervor. Aber es sind nicht bloß Männer im Arbeitskittel und Handwerksleute, sondern auch gutgekleidete Studenten, Journalisten, achtbare Ladeninhaber, der Tierarzt Urban, die wohlhabenden Mitglieder der Schützengilde, Beamte, Gelehrte, Hausbesitzer, kurz »Bürger aller Stände«, welche bei diesem Kampf Hand anlegten, ihre Häuser verrammelten, als Scharfschützen sich einen bestimmten Uniformknopf zum Ziel wählten und in entfernten Stadtteilen die Militärposten aushoben. Etwa 1000 Gefangene wurden von den siegreich vorrückenden Truppen ins Schloß und dann unter wüsten Mißhandlungen noch in der Nacht nach Spandau gebracht; viele Straßenkämpfer sind erst in den Winkeln und Bodenkammern der durchsuchten Häuser niedergemacht worden. Es war nicht so sehr ein Kampf zwischen Königtum und Volk als eine Abrechnung zwischen Militär und Zivil. Verbrüderungen mit der kämpfenden Truppe kamen so gut wie nicht vor, die preußische Disziplin und der feste militärische Verband hielten allen Belastungen stand. Und doch scheint es die Furcht des Generals von Prittwitz vor einer Zermürbung der Mannszucht gewesen zu sein, was ihn zu einem pessimistischen Bericht über die militärische Lage und den König zum Abbruch des Kampfes bewogen hat. Rein taktisch waren gegen Morgen die Hauptstraßen fast alle wieder im Besitz des Militärs, und die 15000 Mann starke Garnison war durchaus Herr der Lage. Aber auch in Paris hatte Louis Philippe am Abend des 23. Februar über 37000 Mann geübter Truppen verfügt, und doch war am anderen Morgen Thron und Verfassung verlorengegangen. Wenn man an die Erfahrung des Pariser Straßenkampfs dachte, war es vielleicht nicht so erstaunlich, daß in Berlin am 19. früh gegen sieben Uhr eine Proklamation des Königs »An meine lieben Berliner« verteilt und der Befehl an die Truppe erlassen wurde, in die Kasernen abzurücken. Die sensible Persönlichkeit Friedrich Wilhelms IV. war von Anfang an zurückgeschaudert vor dem Gedanken an blutige Opfer. Albrecht von Roon berichtet, daß der König sich den Befehl zum Straßenkampf Stück für Stück entreißen ließ und jedesmal jammernd gerufen habe: »Nun ja! Nur nicht schießen!« In seiner Proklamation versprach er mit rührseligen Worten, alle Truppen von den Straßen und Plätzen zurückzuziehen, wenn »meine treuen und lieben Berliner« die noch verteidigten Barrikaden räumen und

Männer des Vertrauens zu ihm entsenden wollten. »Hört die Stimme Eures Königs, Bewohner meines treuen und schönen Berlin, und vergesset das Geschehene, wie ich es vergessen will und werde in meinem Herzen um der großen Zukunft willen, die unter dem Friedenssegen Gottes für Preußen und durch Preußen für Teutschland anbrechen wird. Eure liebreiche Königin und wahrhaft treue Mutter und Freundin, die sehr leidend darniederliegt, vereint ihre innigen und tränenreichen Bitten mit den Meinigen. Geschrieben in der Nacht vom 18. auf 19. März 1848. Friedrich Wilhelm.«

Während der König in Wahrheit ohne Not vor einer nicht einmal siegreichen Revolution kapitulierte, erweckte er vor sich und seiner Hauptstadt den Anschein, als sei es ausschließlich seine väterliche Güte und Wohlmeinung, welche am Morgen nach der Schreckensnacht die verlorenen Söhne wieder zu Gnaden annehme. Friedrich Wilhelm war durch die blutigen Ereignisse seit dem 13. März zermürbt und wohl schon vor dem militärischen Lagebericht in der Nacht dazu entschlossen, einen neuen Friedensversuch zu machen. Dazu kam die Situation in der Provinz, die sogar General Wrangel in Stettin gezwungen hatte, eine Bürgerwehr zu bewilligen und ihr scharfe Munition auszuteilen. In den Abendstunden des 18. März hatte Friedrich Wilhelm überdies den verstörten Bericht des Landrats von Vincke empfangen und eine Denkschrift von Radowitz gelesen, welche aus den Pariser Straßenkämpfen die Lehre zog, daß man Berlin räumen solle, ehe die Truppen durch längere Straßengefechte ihren Halt verlören. Dieses Motiv hat wohl beim König wie bei Prittwitz den Ausschlag gegeben. Man fürchtete für die Moral der Soldaten, wenn sie, in der Innenstadt zusammengedrängt, den Versuchungen der Revolution länger ausgesetzt wurden. Gewisse Mißverständnisse bei der Befehlsübermittlung, Ärger und Trotz der führenden Militärs, die lieber ganz aus dem unklaren Spiel ausscheiden als eine unhaltbare Stellung beziehen wollten, haben wohl ebenfalls mitgewirkt bei dem überraschenden Rückzug der Truppen von den Barrikaden, vom Schloßplatz und schließlich aus Berlin selbst. Etwas Unwahrhaftiges kommt von diesem Augenblick an in das gesamte Verhalten des Königs. Daß er in Wahrheit vor der Revolution die Waffen gestreckt und sich ausgeliefert hatte, zeigte sich im Verlaufe des Sonntags, als von allen Seiten die Leichen der gefallenen, ermordeten und standrechtlich erschossenen Barrikadenkämpfer in den Schloßhof getragen wurden und auf den Zuruf der Menge der König und seine Gemahlin auf die Galerie treten mußten, um die Opfer der Militärtyrannei zu beklagen und zu ehren. Während die Regimenter unter klingendem Spiel die Hauptstadt verließen, wurde in aller Eile eine Bürgergarde bewaffnet, welche schon in der Nacht vom 19. auf 20. März die Wache im Königsschloß übernahm. Es ist möglich, daß das ganze Manöver vom Abzug der Truppen anders gemeint war oder wenigstens von

Männern, die bei der Ausführung beteiligt waren, anders verstanden wurde. Wenn der König seine bewaffnete Macht außerhalb der Hauptstadt zusammenzog und selber aus dem Ring der Aufständischen flüchten konnte, war er mit einem Schlag wieder Herr seiner Entschlüsse und konnte Berlin seine Bedingungen vorschreiben. Nun erzählt in der Tat General von Tümpling in seinen Aufzeichnungen, daß gleich nach dem Abzug der Truppen ein sechsspänniger Wagen vor dem Hauptportal vorgefahren sei und das Königspaar, zur Abreise fertig, schon auf der Treppe gestanden habe. In diesem Augenblick wurden die ersten Gefallenen in den Schloßhof getragen, und das Volk, als ob es die Absicht spüre, legte einige der toten Körper vor die Vorderpferde, um die Abfahrt zu hindern. Tümpling gelang es, den König auf der Treppe zur Umkehr zu bewegen, ehe es zu einer neuen Kraftprobe kam. Wenn die Nachricht zuverlässig ist, wäre sie ein neuer Beleg für die Niederlage der Krone am Morgen des 19. März. Der zweite Reiseplan, für den die Vorbereitungen an einem Nebenportal des Schlosses, gegenüber der Hofapotheke, getroffen wurden, wäre schon einer heimlichen Flucht des Monarchen gleichgekommen; er wurde, wie es scheint, durch die Ängstlichkeit der Königin im letzten Augenblick vereitelt[66].

Noch an einer andern Stelle kapitulierte der preußische Militärstaat vor der Revolution. Als am Nachmittag dieses Sonntags der General von Wussow einen Erkundungsgang durch die Hauptstadt unternahm, hörte er überall, daß sich die Verwünschungen der Bevölkerung gegen die Person des Prinzen Wilhelm von Preußen richteten, dem man die Hauptschuld an den Gewalttaten der Soldateska aufbürdete. Man verlangte seine Thronentsagung, und der überängstliche Polizeipräsident wußte zu melden, daß sein Leben bedroht sei. Da dem Bruder des Königs ein selbständiges politisches Handeln nicht zustand, blieb dem Thronfolgerpaar nichts übrig, als am Abend des 19. März in aller Heimlichkeit und verkleidet das Schloß aus einer Nebenpforte zu verlassen, um bei der Schloßapotheke einen bereitgehaltenen Wagen zu besteigen, der schon seit Stunden dort gewartet hatte, um im Notfall den König selbst ins Exil zu fahren[67].

Ein anscheinend führerloser, anonymer Aufruhr der Straße hatte im stärksten Militärstaat Europas die Autorität in wenigen Stunden niedergezwungen. Die Frage ist begreiflich: Wer waren die Träger des Handelns? Waren es ausländische Agenten, Franzosen, Polen, Süddeutsche, fremde Studenten und »Emissäre«, die mit Bestechungsgeldern um sich warfen und sich damit bei dem Auswurf der Straße einen Anhang schufen? Waren es Arbeiter und Studenten, welche wie in Paris und Wien ein revolutionäres Bündnis schlossen und den zögernden Mittelstand hinter sich her rissen? Waren es verborgene Zirkel einer Bewegungspartei, die in Kaffees und Weinstuben, in Kellern und

Kneipen organisiert worden waren? Waren es Handwerker oder Intellektuelle, Berufsrevolutionäre oder ehrsame Bürger? Aus welchen Elementen setzte sich die Menge zusammen, die nicht bloß am Schloß, sondern an zahllosen anderen Brennpunkten des Barrikadenkampfs sich zu einem erbitterten Massenhandeln zusammenfand? Wenn man die Berichte der beteiligten Augenzeugen durchmustert[68], wird es überwältigend deutlich, daß es das Berliner Volk in seiner Gesamtheit war, welches gehandelt hat. Der russische Gesandte Baron Meyendorff, ein gewiß unverdächtiger Zeuge, hat in seinem brieflichen Bericht an den Staatskanzler Nesselrode vom 20. März wohl die treffendste Charakteristik der Straßenhaufen gegeben, und der russische Militärattaché Graf Benkkendorff hat sie als Augenzeuge bestätigt: »Man kann sich nicht verbergen, daß der allergrößte Teil der Bürger an dem Aufstand teilgenommen hat; sogar die Hausbesitzer begünstigten, bevor die Truppen vordrangen, den Barrikadenbau und das Aufreißen des Straßenpflasters; die Pflastersteine wurden von Frauen und kleinen Kindern auf das Dach der Häuser getragen . . . Alle Bürger glaubten an den Verrat und verwünschten den König.«[69] Es war offenkundig eine Panik, die am Nachmittag des verhängnisvollen Tages gerade auch den ruhigen Bürger ergriffen hatte. Daß polnische Regisseure, erkennbar durch verwegene Tschakos und andere Uniformstücke, als Fachleute für Straßenaufstände mitgewirkt haben, ist kaum zu leugnen. Daß einzelne Intellektuelle und Redakteure die Abneigung gegen den Militärstaat geschürt haben, ist unverkennbar. Die Namen von schweizerischen und russischen Studenten können wir den Polizeiakten entnehmen. Aber schon die Statistik der Gefallenen beweist, daß die Teilnehmer aus allen Kreisen gekommen sind und jeder Stand etwa nach seiner Verhältniszahl beteiligt war. Wenn man eine Gruppe herausheben müßte, so wären es die jungen Handwerker, die in vorderster Front gestanden haben. Unter den Gesellen, die beim Barrikadenkampf ihr Leben gelassen haben, stellen den größten Prozentsatz die Tischler, dann die Schneider und in weiterem Abstand davon die Schlosser. Das sind offensichtlich gerade jene Berufe, die an der Grenze vom selbständigen Handwerker zur abhängigen Lohnarbeit stehen. Der Möbelhandel hat die Tischlerwerkstätten zum fabrikmäßigen Betrieb gezwungen, nur die Herstellung von Konfektionsware vermag noch den Schneider zu beschäftigen, und die Schlossergesellen sind in die fünfunddreißig Maschinenfabriken abgewandert, die es in Berlin bereits gibt. Es sind keine Proletarier, welche hier zur Revolution stoßen, aber es sind in ihrem Stande Bedrohte. Es ist noch nicht lange her, daß sie gegen Kleider- und Möbelmagazine demonstriert haben, weil sie den selbständigen Handwerkern das Brot wegnehmen[70]. Diese deutschen Handwerksgesellen, die zum Teil ihre Wanderzeit in der Schweiz oder in Paris verbracht haben mochten, haben die Masse der Soldaten für die Revolution gestellt. Aber sie sind weder die Anführer noch die Mißbrauchten der Aufruhrbewegung gewesen. Sie sind nirgends aus dem Kreis der gesamten Bürgerschaft herausgetreten, die hier in Berlin wie draußen in den Provinzstädten, in der Mark Brandenburg wie im Rheinland, in Preußen wie überall in Deutschland nach einem erstaunlich einheitlichen Rhythmus die Stufen der Revolution gemeinsam durchlebt hat. Berlin, das während der ganzen Krise im Herzen monarchistisch blieb und keinerlei Ausschreitungen, Eigentumsvergehen oder private Racheakte erlebte, ist erst spät in den Wirbel hineingerissen worden. Aber es ist selbstverständlich, daß eine Großstadt von 400000 Menschen, in der eine Menge von Intelligenz, Fortschrittswillen, Ungeduld, Hunger und Sensationslust zusammengeballt war, sich nicht freihalten konnte von dem politischen Fieber, das die ganze Nation erfaßt hatte.

Seit dem 20. März war die Stadt in Aufruhr. Man zertrümmerte die Ladenschilder der Hoflieferanten, die den Namen des Prinzen Wilhelm enthielten. Sein Palais Unter den Linden, das schon gestürmt werden sollte, wurde nur dadurch gerettet, daß ein junger Mann mit Kreide auf die Mauer schrieb: »Eigentum der Nation!« Der Adel der Hauptstadt flüchtete mit allem, was er tragen und fahren konnte, nach Potsdam. Der König zog, umgeben von Prinzen und Generalen, hinter der schwarz-rot-goldenen Fahne her und bekannte sich zu den volkstümlichen Idealen von Deutschlands Freiheit und Einheit. Wenn er sich auch den Zuruf: »Es lebe der Kaiser von Deutschland!« verbat, so konnte er doch nicht hindern, daß einer der Königsmacher dieses Tages, der Tierarzt Urban, der barhäuptig mit langen Locken und wallendem Bart neben der königlichen Gruppe herschritt, eine gemalte Kaiserkrone in seinen Händen trug. Friedrich Wilhelm IV. hat sich in diesem Augenblick in die Rolle eines »Führers des gesamten deutschen Volkes« ganz hineingefühlt und war ehrlich entschlossen, Preußen mit Deutschland zu vereinen. Er glaubte an die »Wiedergeburt« der Nation, wie es sein Manifest am Morgen des Umrittages verkündete. Mit großem moralischem Mut trat er am 25. März in Potsdam unter das Offizierkorps der Garderegimenter und bekannte sich zu dem neuen bürgerlichen Staat der Revolution. »In Berlin herrscht ein so ausgezeichneter Geist in der Bürgerschaft, wie er in der Geschichte ohne Beispiel ist. Ich wünsche daher, daß auch das Offizierkorps den Geist der Zeit ebenso erfassen möge, wie ich ihn erfaßt habe, und daß Sie alle von nun an ebenso als treue Staatsbürger sich bewähren mögen, wie Sie sich als treue Soldaten bewährt haben.« Bismarck hat geschildert, wie der brandenburgisch-pommersche Adel durch Aufstoßen mit der Degenscheide und mit kaum unterdrücktem Murren diesen Verrat seines obersten Lehensherrn an der preußischen Königstradition mißbilligt hat. Friedrich Wilhelm hatte demnach nicht gezwungen, sondern mit Willen den Schritt zum konstitutionellen Zivilstaat getan. Es ist begreiflich, daß in Männern altpreußischer Denkungsart der Gedanke aufkam, sich an ein anderes Mitglied des Königshauses zu halten, um den erlösenden Befehl zur Gegenrevolution zu erwirken.

Die Garden blieben in Potsdam, und drei andere Regimenter wurden in die Hauptstadt verlegt, wo volkstümliche Redner für eine Versöhnung von Bürgergarde und Militär warben. Es gab denn auch am 30. März ein Freudenfest, als die neue Garnison einzog, Arm in Arm mit ihren Waffenbrüdern von der Revolution und von den jubelnden Berlinern mit grünen Zweigen geschmückt. Aber wenn auch einzelne Soldaten der pommerschen Regimenter in den neu aufschießenden demokratischen Klubs verkehrten und die Linke weniger militärfeindlich wurde – der Riß, der sich aufgetan hatte im preußischen Staatswesen, konnte doch von beiden Seiten her nur durch Illusionen verklebt werden. In Wahrheit ist nicht einmal im Herzen der Regierung der Kampf zwischen bürgerlicher und militärischer Verfassung des Königreiches wirklich ausgetragen worden. Friedrich Wilhelm IV. ist nicht imstande gewesen, den Charakter eines verantwortlichen Ministeriums zu erfassen und ihm die Leitung der Landesangelegenheiten zu übertragen. Immer wieder kam es vor, daß er durch unmittelbare Anweisungen an untergeordnete Organe in den Regierungsapparat absolutistisch eingriff. In die Beziehungen zu den militärischen Befehlshabern seiner Armee ließ er sich schon gar nicht hineinreden, obwohl es dem Wesen des Märzregimes entsprochen hätte, sich künftig des verantwortlichen Kriegsministers als verfassungsmäßigen Organs zu bedienen. Es gab darüber schon Mitte Mai eine sehr ernste Auseinandersetzung zwischen dem Minister Camphausen und dem König. Das gesamte Staatsministerium stellte dem Monarchen die Grundsätze der konstitutionellen Monarchie vor Augen und verlangte Enthaltung des Königs von allen eigenmächtigen, nicht durch einen Minister vollzogenen Regierungsakten. Aber Friedrich Wilhelm schrieb am Tage darauf einen schwülstigen Brief an den Erstminister, in dem er seinen royalistischen Standpunkt entwickelte[71] – und dabei blieb es. Schon im Mai war niemand mehr da, der den bizarren Eigenwillen des romantischen Dilettanten auf dem Thron brechen konnte. Auch die Demonstrationen der Straße, die am 12. Mai noch einmal gewaltig aufflammten, als die Rückberufung des Prinzen Wilhelm, des »Kartätschenprinzen«, aus England bekannt wurde, vermochten den Entschluß der Krone nicht zu beugen. Das Staatsministerium, dem bei der herausfordernden Geste nicht wohl war, fürchtete schon sehr viel mehr die Ungnade des Königs als die Deputationen vom »Politischen Klub«.

Die Unsicherheit in der Auffassung des staatlichen Zustandes übertrug sich auf die neue, aus Urwahlen im indirekten Verfahren hervorgegangene Volksvertretung, die am 22. Mai in Berlin zusammentrat. Sie wußte selbst nicht recht, ob sie nun bloß eine Vereinbarungsversammlung – so nannte sie der König – oder eine konstituierende Versammlung sei. Schließlich nannte man sich etwas unbestimmt eine Nationalversammlung und vermied eine grundsätzliche Auseinandersetzung über die Verteilung der Rollen von Regierung und Volksvertretung bei dem Zustandekommen der Verfassung. Das Ministerium Camphausen suchte die Kammer durch eine Fülle von untergeordneten Gesetzesentwürfen zu ersticken, um sie nicht zu ihrer eigentlichen Aufgabe kommen zu lassen. Die Revolution geriet so in Preußen früh auf ein totes Geleise. Ein energisch konstitutionelles Ministerium trat nicht in Erscheinung, die Kammer vermochte die politische Leitung nicht an sich zu reißen, und die öffentliche Meinung war gespalten. Bürger und Arbeiter zerfielen untereinander, und im Juni gab es sogar einen Straßenkampf zwischen der Bürgergarde und einem Arbeitertrupp. Der Sturm auf das Zeughaus brachte noch einmal eine stürmische Nacht für die preußische Hauptstadt und zeigte, wie leicht noch immer die Organe der Autorität durch einen Aufruhr zu hypnotisieren waren. Die Behörden, ob Zivil oder Militär, waren in gänzlicher Untätigkeit erstarrt. Aber das Volk selber wußte mit seiner seltsamen Macht nichts anzufangen, wußte den Schrecken, den diese verbreitete, nicht zu verwenden. Wohl wurden in der Nacht wieder Barrikaden errichtet und die Waffen des Arsenals geplündert, aber viele der zum Teil kostbaren historischen Waffen wurden am Morgen für wenige Silbergroschen feilgeboten und von wohlmeinenden Bürgern dem Museum wieder abgeliefert. Man ließ es ohne Widerstand geschehen, daß die Führer des Zeughaussturmes, einige Studenten, Literaten und Maschinenarbeiter, verhaftet und öffentlich abgeurteilt wurden. Nach den Junischlachten in Paris, in denen die Bourgeoisie sich siegreich behauptete, war in Deutschland schon gar keine Chance mehr für einen proletarischen Vorstoß. Aber es war auch niemand da, der ihn hätte vortragen können. Die kleinen Putsche und Straßenaufläufe, das Heulen und Pfeifen der Volksmenge vor einem verhaßten Palais oder einem mißliebigen Abgeordneten steigerten nur den allgemeinen Wunsch nach Wiederherstellung einer straffen Ordnung und bereiteten der Reaktion den Boden. Berlin wurde rasch wieder »gemütlich« und nahm seinen alten Charakter an: gehorsam, anspruchslos, nüchtern, witzig und leicht hinzureißen durch Militärmusik und Paraden. Im Grunde hatte wohl schon die überraschende Nachgiebigkeit des Königs in den Märztagen den Elan der Berliner Revolution erstickt[72].

V

Psychologie der Revolution

Die entscheidenden Szenen des März 1848 haben sich in dem Dreieck Nordbaden, Wien und Berlin abgespielt. Frankfurt war nur ein Schnittpunkt der Kraftlinien, aber kein Stützpunkt der Revolution. In den übrigen Residenzstädten, in Köln und Leipzig, in Bremen und Königsberg, haben sich die Vorgänge gleichartig, aber durchaus nach eigenen Bedingungen und spontan abgespielt. Der Blick war dabei immer auf die drei Zentren gerichtet, in denen sich Sieg oder Niederlage, Reform oder Umsturz entscheiden mußte. Am 1. März war es Karlsruhe, am 13. März Wien, am 18. März die ungekrönte Hauptstadt Deutschlands, Berlin, wo das Schicksal der Revolution ausgewogen wurde. Das schließt nicht aus, daß der Historiker das Typische der deutschen Revolution vielleicht besser in einer Provinzstadt als in den großen Brennpunkten studieren kann. Wir wissen, daß die führenden Großstädte sich nur erst wenig von dem sozialen Durchschnitt der kleineren Bürgerstädte entfernt haben. Aber da die Träger des revolutionären Geschehens nicht proletarische Massen, sondern die bürgerliche Ehrbarkeit war, wird man die besten Aufschlüsse dort erhalten, wo das Gesetz der großen Zahl von vornherein nicht zur Auswirkung kam.

Man hat geistreich bemerkt, daß der Funke der Französischen Revolution in Deutschland wohl gar nicht gezündet hätte, wenn nicht in den entscheidenden Tagen des März eine strahlende Frühlingssonne die Menge auf die Straße und vor die Schlösser geführt hätte. Die eigentümlichen massenpsychologischen Vorgänge, wie sie besonders in Berlin zu beobachten waren, die Verbrüderung, die Solidarität, die Steigerung der moralischen und physischen Kraft des einzelnen, sobald er in dem großen Verband handelt, die rasche Anpassung und Nacheiferung, die lawinenartige Fortpflanzung einer Panik, der jähe Umschlag der Stimmung, die Verflechtung von Jubel und Mißtrauen, von Huldigung und Haß, von Angst und Drohung, das alles wäre am Ende gar nicht zur Entfaltung gekommen, wenn die Bürger durch strömenden Regen in ihre vier Wände verscheucht worden wären[73]. Aber man wird stets in die Irre gehen, wenn man geschichtliche Vorgänge nur durch elementare massenpsychologische Reaktionen erklären möchte, so wichtig es ist, auf sozialpathologische Züge überhaupt einmal aufmerksam zu werden[74]. Es sind oft sehr zufällige Anlässe, durch welche der Zeitgeist in Bewegung gerät, und es sind oft recht beschämende Äußerungsformen, unter denen er sich verhüllt. Aber die Ansteckung selbst setzt eine geschichtliche Bereitschaft voraus, die in ganz anderen Schichten beheimatet ist, als die Gesetze der Nachahmung, des Herdeninstinktes, der Massenfurcht und der Demagogie vermuten lassen.

Daß das Jahr 1848 für die Deutschen eine echte Revolution gewesen ist, ein Erdbeben, bei dem das gesamte äußere und innere Inventar eines Volkes anfängt zu klirren, das kann man vielleicht aus keinem Dokument der achtundvierziger Zeit so plastisch erkennen wie aus den Briefen Wilhelm von Kügelgens, die mit außerordentlicher Treue und Anschaulichkeit die Ereignisse und Empfindungen dieser Jahre in einer kleinen mitteldeutschen Residenzstadt begleiten[75].

Kügelgen ist wahrhaftig kein revolutionärer Typ. Der baltische Edelmann, der in Dresden eine reiche und glückliche Jugend verbracht hatte, war ein Mann des Biedermeier, der bürgerlichen Bildungsfreude und Humanität, dessen Alltag und Sonntag aufs engste verknüpft war mit dem idyllisch beschränkten Leben eines kleinen deutschen Fürstenhofes. Er war Hofmaler und Vorleser der Herzogin von Anhalt-Bernburg und wurde später zum regulären Kammerherrn des geistesgestörten Landesfürsten in dem Harzstädtchen Ballenstedt ernannt. Gewohnt, sich mehrmals am Tag umzukleiden, um für die verschiedenen Mahlzeiten, Empfänge, Lese- und Teestunden am Hof adrett zu erscheinen, hatte er kaum einen Blick für die verfassungsmäßigen Zustände des Ländchens, das, durch Zensur und Steuerlast beschwert, von Bodenrechten und Beamtenwillkür gedrückt, zu den rückständigsten in Deutschland gehörte[76]. Er besaß einen unerschöpflichen Vorrat an feinen Zigarren und wurde bei jedem festlichen Anlaß mit einem neuen Kistchen bedacht. Er fuhr des Nachmittags im fürstlichen Wagen vierspännig auf irgendeinen Aussichtspunkt und ließ sich im Angesicht der Brockenlandschaft einen Imbiß servieren. Er war frei von Nahrungssorgen, außer etwa, wenn sich die jährlichen Ausgaben für unumgängliche Weihnachtsgeschenke allzu sehr häuften. Selbst den kleinen Freuden der Ordensverleihung vermochte seine liebenswürdige Ironie eine leuchtende Seite abzugewinnen, und von den schreienden finanziellen Nöten des Landes ließ er sich nicht drücken[77]. Kügelgen, der den Herrnhutischen Kreisen nahestand und die eigentümliche Wehmut der Rankezeit tief empfand, befand sich also mit seiner Umgebung in schönstem Einklang. Er kaufte sich ein stattliches Wohnhaus mit Garten und Nebengebäuden und ließ sich von seinem verrückten Souverän den Professortitel verleihen. Als im Jahre 1847 die ersten Sturmzeichen der Revolution über dem friedlichen Horizont des deutschen Biedermeier emporstiegen, kamen seine Kinder eben in hoffähiges Alter. Vom persönlichen und sozialegoistischen Standpunkt aus konnte sich ein Mensch wie Kügelgen nichts Besseres wünschen als die Fortdauer des bestehenden Zustandes. Nicht einmal der tägliche Umgang mit einem geistesgestörten regierenden Fürsten konnte in ihm Zweifel an der Weisheit der konstitutionellen Monarchie erregen. Sein Staatsideal war ein Ministerstaat mit zwei Kammern und jener ungeschriebenen Ministerverantwortlichkeit, die den Monarchen zwingt, immer nur »gute«, das heißt fähige, unbestechliche und zuverlässige höchste Beamte im Amt zu halten.

Und doch war dieser bürgerlich-adlige Höfling, der »nach Ballenstedt zu gehören scheint wie die Posaune in die Kirche«, einer der feinsten Seismographen der revolutionären Spannung, welche seit dem Februar 1847 durch Preußen und die angrenzenden Territorien ging. »Mir ist's manchmal, als stünde die ganze Nation an einem schaudervollen Abgrund«, schreibt er an dem Tage, da er die Berufung des Vereinigten Landtags durch Friedrich Wilhelm IV. erfährt[78]. Von Anfang an sind es zwei Tatsachenkomplexe, vor denen er zittert: 1. das Vorhandensein eines extremen »Proletarierstandes«, der von unruhigen Elementen leicht zum Äußersten fortgerissen werden kann, und 2. die Blindheit der herrschenden Gesellschaftsschicht, die mit gänzlich unbefriedigenden Linderungsmitteln die Unruhe und Gärung nur gefährlich steigert. Daß ein König nur absolutistisch regieren kann, wenn er von seinen Untertanen abgöttisch geliebt wird, und daß Friedrich Wilhelm IV., der Vorkämpfer dieses Königtums, seine Beliebtheit bereits verscherzt hat, ist Kügelgen schon am Beginn des Jahres 1847 klar. Er weiß, daß die Schonfrist der Monarchie seit der Julirevolution nicht ausgenützt worden ist, und als nun der König von Preußen sein vermessenes Wort von dem »Blatt Papier« spricht, das sich nicht zwischen den Himmel und das Land schieben dürfe, da ist Kügelgen überzeugt, daß auch Deutschland vor einer gewaltsamen Umgestaltung seiner Staatsform steht und denselben Leidensweg durchmachen muß, den England und Frankreich schon im 17. und 18. Jahrhundert überstanden haben. Die Schleusentore der Zukunft öffneten sich. Kügelgen sah die Wasserfluten auf sich zukommen. Noch glaubte er, sein Platz sei in dem winzigen Boot, in dem er an der Seite seines »kleinen Herzogs« sich von der ungestümen Zeit verschlingen lassen werde. Noch wußte er nicht, daß er selber in seinem leichten Nachen auf den Kamm der Woge gehoben werden würde. Und doch ist gerade er zu einem echten Zeugen der Revolution geworden, der nur aussprechen konnte, was er an sich selbst erlitt.

Es gab am Vorabend der Revolution eine große Anzahl von Geistern in Deutschland, die von schweren Ahnungen und pessimistischen Prophetien, von Fortschrittsüberdruß und Europamüdigkeit befallen wurden. Der Gedanke einer Auswanderung nach Australien oder Nordamerika hatte nicht bloß für die nachgeborenen Bauernsöhne, sondern auch für die adligen Gutsbesitzer, Offiziere, Beamten und Schriftsteller etwas Verführerisches. Jacob

Burckhardt brach damals in die ungeschichtliche, rein ästhetische Welt Italiens und des klassischen Rom aus. Ernst von Lasaulx entdeckte die fatale Parallele der Gegenwart mit den spätantiken Verfallszeiten. August Vilmar durchschaute nicht ohne Scharfblick das Ende des deutschen Idealismus. Kierkegaard und Grillparzer formulierten jeder in seiner Weise den Zusammenbruch der Humanität. Die Künstler und Poeten empfanden gerade um die Jahrhundertmitte fast ohne Ausnahme eine Dürre und Stagnation ihrer Schaffenskraft, die nicht bloß aus dem Bewußtsein des Epigonentums, sondern auch aus einer Lähmung durch die fahle Zukunft des gesellschaftlichen und politischen Lebens herrühren mochte. Wilhelm von Kügelgen hat dieses eigentümliche Zeitgefühl im Januar 1848 ohne sichtbaren Anlaß in Worte gefaßt. Das zwiespältige Gefühl eines bürgerlich gepflegten, saturierten Daseins und eines nahen Endes dieser schon nicht mehr ganz erfüllten Idylle machte ihn schwermütig. »Ich sehe ein, daß es die humanste Zeit ist, welche Deutschland geschichtlich gehabt hat, und bin auch geneigt, sie für die bei weitem sittlichste zu halten. Dennoch glaube ich, daß wir an dem Vorabend irgendeines großen Endes stehen, weil alle früheren Zustände und alle früheren leitenden Ideen entweder schon aufgelöst sind oder doch sich in der Auflösung befinden. Was danach kommen wird, weiß ich nicht und habe nicht einmal eine Ahnung davon, glaube aber, daß die Katastrophe eine sehr üble sein wird.«[79] Das Bewußtsein einer innerlich erschütterten Ordnung ging um, obwohl im Äußeren noch keine Mauer gestürzt und erst ein paar wenige Tore erbrochen waren. Die bürgerlich-höfische Kultur der Goethezeit, war sie reif zum Untergang oder wurde sie nur bedroht durch einen ideologischen Angriff von außen her, durch den Vormarsch westeuropäischer Ideen, durch den Unglauben, den Atheismus, die Utopie, durch den Fortschrittswahn und den Erwerbstrieb einer emanzipierten Gesellschaft, durch das »Besser-leben-wollen der Massen« (Jacob Burckhardt)?

In dieser zwiespältigen Zeit, in der sich die Romantiker nach der glaubensvollen Epoche der Kreuzzüge, die Idealisten nach der Einmütigkeit der Befreiungskriege und die Staatsmänner nach der kühlen Verständigkeit des 18. Jahrhunderts zurücksehnten, in diesen kritischen vierziger Jahren, in denen die ersten Eisenbahnen gebaut und die bürgerliche Sicherheit mit Gaslaternen und festen Trottoirs auf einen nie gekannten Stand gehoben wurde, in denen die Verbrecherstatistiken sichtbar zurückgingen und die reichgewordenen Fabrikanten anfingen, in der eigenen Equipage zu fahren, in dieser halcyonischen Epoche, in der Zufriedenheit und Überdruß, Resignation und Fortschrittsstolz so nahe beieinander wohnten, lag etwas in der Luft, und kein Zeitgenosse konnte sich diesem atmosphärischen Druck entziehen, ob er nun im Herzen Royalist oder Konstitutionalist oder Sozialist war. Ein Blitz konnte jeden Augenblick niederfahren, und jedermann war bereit, ihn als gerechten Akt der Geschichte zu empfinden.

Damit waren von vornherein Abwehrkräfte gelähmt, die im Lauf der Aktion als gegenrevolutionäre Gewalten wieder erwachten. Im Moment der Entstehung von Revolutionen gibt es keine weißen Armeen. Selbst die Soldaten des Königs, die Beamten, die Hofdamen, die Lakaien werden von dem Erlebnis der Revolution erfaßt und überlassen sich dem Zauber des Neuen, das sie überkommt, mit einer Mischung von Trunkenheit und Ratlosigkeit. Wilhelm von Kügelgen, der Hofmaler und Kammerherr von Ballenstedt, der sich noch im April 1847 an der Seite seines absoluten Fürsten von der Flut verschlingen lassen wollte, hat sich dem Riesenrad der Geschichte so gutgläubig anvertraut, wie Lafayette in Paris und das deutsche Bürgertum im Jahre 1918. Man hatte eigentlich gar keine Wahl, wenn man die Ereignisse mit wachen Sinnen erlebte. Man stand unter dem Eindruck höherer Gewalten, und selbst die feineren Geister in Deutschland gerieten in die Freiheitsbegeisterung und den geschichtlichen Erlebnistaumel, wie ihn einst Schiller und Hutten gekannt haben. Das schönste Dokument dieses Enthusiasmus hat ein freier Schriftsteller in Heilbronn niedergelegt, der kurz zuvor das Leben Ulrich von Huttens in einer unvergeßlichen Biographie geschildert hatte. David Friedrich Strauß, der ketzerische Theologe, der den mythischen Charakter der Evangelien nachgewiesen hatte und das Wesen der Unsterblichkeit leugnete, schrieb am 29. Februar 1848 an einen Freund: »Welche Zeiten beginnen, liebster Rapp! Und ich glaube, wir können im Grund nur gewinnen. Ich wenigstens wüßte nicht, was ich zu verlieren hätte, das der Rede wert wäre. In der Nacht, nachdem die Kunde von der proklamierten Republik eingetroffen, war sie bei mehrmaligem Erwachen jedesmal mein erster Gedanke; mit Schrecken befiel mich im ersten Augenblick die Vermutung, es möchte ein Traum sein, und hastig suchte ich mich der Wirklichkeit und meines völligen Wachseins zu versichern. Es sind ja doch unsere innersten Gedanken, welche damit in Erfüllung gehen!«[80]

Die gemäßigteren Deutschen, denen mit der Staatsform der Republik nicht gerade ein innerster Wunsch in Erfüllung ging, glaubten anfangs noch, außerhalb der Welle stehen zu können. Aber auch sie waren gewärtig, vielleicht durch einen Nationalkrieg gegen Frankreich von dem stürmischen Weltgeschehen in Mitleidenschaft gezogen zu werden. Man freute sich fast auf diesen befreienden Krieg, denn er würde die Einheit fördern und die Verfassung bringen, so wie sie 1813 verheißen worden waren. Die Nation müßte durch ein gemeinsames Erlebnis, vielleicht durch den Ausdehnungsdrang der neuen französischen Revolution, zusammengeschmolzen werden, während sie zugleich freiheitliche Einrichtungen von den erschreckten Fürsten ertrotzte. »Wenn wir nur jetzt ruhig bleiben, werden wir friedlich und gesetzlich alles erringen, was wir vernünftigerweise wünschen können«, schrieb Kügelgen am 4. März[81]. Aber schon unmittelbar darauf, nachdem die Kölner sozialistische Demonstration vom 3. März die Unwiderstehlichkeit der revolutionären Flutwelle verraten hatte, wurde diese Hoffnung auf eine friedliche nationale Reform vernichtet.

Es ist kein Zufall, daß gerade dieser Kölner Aufmarsch, der als reale Tatsache und Machtdemonstration durch Militär mit leichter Mühe wieder zerstreut wurde, so tiefen Eindruck auf die öffentliche Meinung in Deutschland gemacht hat. Anders als in Baden und Hessen kam hier bei der Versammlung der Massen vor dem Kölner Rathaus die demokratische Unterströmung und das verborgene sozialistische Programm der Revolution zum Vorschein. Was Gottschalk, Willich und Hock – ein Arzt, ein Premierleutnant und ein Schriftsteller – in ihrer Petition vor dem Kölner Gemeinderat forderten, war nicht bloß die Volksbewaffnung und das allgemeine Wahlrecht, die Pressefreiheit und das Vereinsrecht, sondern das waren Prinzipien, welche Konstitutionelle und Liberale noch im Innersten verabscheuten: sofortige Übernahme von Gesetzgebung und Verwaltung durch revolutionäre Ausschüsse, »Schutz der Arbeit und Sicherstellung der menschlichen Bedürfnisse für alle«, Staatserziehung der Kinder und volle Befreiung von Unterrichtsgeldern, kurz sozialistische Garantien und sofortige Durchführung einer radikalen Volksherrschaft[82]. Hier schien sich bereits der Gegensatz abzuzeichnen, der bald darauf die Revolution unerbittlich gespalten hat: der Gegensatz zwischen Liberalismus und Demokratie, zwischen Bürgertum und Proletariat. Das unerwartete und frühe Hervortreten des Extremismus brachte die gemäßigte bürgerliche Mitte, die so bereit war, sich von der Revolutionswelle hochtragen und erheben zu lassen, in einen tiefen Zwiespalt. Es schien nur die Wahl zu bleiben, entweder für »Pöbelherrschaft und Barbarei« oder für »Autorität und Regierung« zu optieren. Jeder »gute und brave Mensch«, d. h. der vir bonus eines biedermeierlichen Gemeinwesens, konnte nicht zweifeln, wo er seinen Platz zu wählen hatte. In dem Augenblick der größten Aufgeschlossenheit für eine politische Neugestaltung und Wiedergeburt zeigte sich wie durch einen Riß in den Wolken für einen Augenblick die wahrscheinliche Endphase dieser Revolution. Was mußte geschehen, wenn man einem Volk, das noch eben von der Idee einer unblutigen und gesetzlichen Reform, von dem Gedanken der idealistischen Versöhnung mit einer gereinigten Monarchie erfüllt war, auf dem Gipfel seiner politischen Reformbegeisterung das Schreckbild des gesellschaftlichen Umsturzes zeigte? Wäre es nicht ein Zeichen von erbärmlicher Instinktlosigkeit gewesen, wenn sich das Bürgertum nicht gegen solche tiefgehenden Eingriffe und Überraschungen, wie sie in Köln einen Augenblick lang erkennbar wurden, innerlich zur Wehr gesetzt hätte?

Das momentane Erschrecken über die roten Flammenzeichen von Köln hinderte nicht, daß in den Märzwochen 1848 die Deutschen bis in die entferntesten Winkel ihres Reiches hinein wie in einem Fieberzustand lebten und in jeder Stunde das große Ereignis erwarteten. Ob dieses große Ereignis eine feuernde Barrikade oder ein brennendes Schloß, eine Mobilmachung gegen Frankreich oder ein Schwur deutscher Vertrauensmänner sein würde, wußte keiner. Aber man war bereit, zu glühen, zu opfern, zu jubeln oder zu marschieren. »Es ist, als ob jeder Zündkraut auf dem Kopf hätte und nur die Lunte erwarte«, schreibt Kügelgen am 5. März an seinen Bruder[83]. Der Sturm der Ereignisse kam rascher, als die Propheten vorausgesagt hatten. Die Zugeständnisse der Regierungen waren bald keine Geschenke mehr, sondern bestenfalls Abschlagszahlungen, die man einer Volksbewegung zuwerfen mußte, welche man noch am 1. März leicht hätte für sich begeistern können. Die Reue auf seiten der Regierenden war wohl allgemein, aber sie kam zu spät. Die Zugeständnisse hatten in sich etwas Entwürdigendes, weil sie nicht aufrichtig waren, und Freund und Feind hatten das Gefühl, daß sie nicht gehalten werden würden. Kügelgen hat tief recht, wenn er sagt: Ein Versprechen zu geben, das ich nicht halten *kann*, macht mich verächtlich[84].

Das beste Zeichen für eine gewisse Reife des deutschen Volkes als politischer Nation war die spontane Gleichläufigkeit der Ereignisse und Empfindungen in allen Teilen des Landes. Es war wie in Paris zur Zeit der Verbrüderungsfeste. In den kleinsten Provinzstädtchen gab es Illuminationen, festliche Aufzüge der Schützengilden, Honoratiorenbankette und Umarmungen auf offener Straße. Überall herrschte ein Jubel, eine Genugtuung, eine Einmütigkeit zwischen Hoch und Nieder, die das Größte erwarten ließ und von der Ahnung einer bedeutungsvollen Zeitenwende erfüllt war. Ein gemeinsames Vaterland, eine allgemeine Verfassung, eine Reichsfahne, ein gesamtdeutsches Heer, vielleicht sogar ein Herrscher »so mächtig wie die Hohenstaufen« schien in greifbare Nähe gerückt, und Friedrich Wilhelm IV. entsprach in jedem Zug seiner hochherzig-sentimentalen Ergüsse dem Gefühl des begeisterungsfähigen Bürgers. »Oh, was könnte dies für ein Frühling werden, wenn der König den neuen Weg mit voller Überzeugung und recht getrosten Herzens ginge!«[85] Daß in einer monarchischen Spitze das ganze Werk der Neuordnung gipfeln müsse, das stand der weitaus überwiegenden Mehrheit der idealistischen Liebhaber der Revolution durchaus fest. »Die Verfassung kann nur Einer geben, und zwar nur Einer, in welchem psychologische und moralische Gewalt sich einen. Wenn aber neunhundert sie machen wollen (wie im Frankfurter Parlament), so wird ohne Gottes Wunder nichts Besonderes herauskommen.«[86] Das Wunder aber sollte von einem neugeborenen König von Preußen vollzogen werden, und der Enthusiasmus der Zeitgenossen sah sowohl über seine autokratische Natur wie über die Erschütterung seiner Autorität in den Märztagen schwärmerisch hinweg. Es war die große Chance der preußischen Monarchie, die sich damals im Zeichen der Einheit und Freiheit mit dem Volkswillen vermählen konnte. Die ältere Generation blieb freilich bestürzt und bedenklich. Der ehrwürdige Bürgermeister Smidt von Bremen schrieb besorgt an seinen Sohn: »Nationalitätsschwindel und Einheitsgedanken sind in allen Köpfen. Sonst gemäßigte Leute sagen, die Einheit Deutschlands sei mit fünf Jahren Anarchie und fünf Jahren Despotismus nicht zu teuer erkauft.«[87] Aber niemand hörte mehr auf den betagten Skeptiker des vergangenen Partikularismus.

Alle Jungen wollten Soldaten werden. Auch gesetzte Bürger und Hofbeamte wurden von einer Unrast ergriffen und hatten das Gefühl, daß sie mit anfassen müßten und die Flinte ergreifen und in irgendeinen Kampf ziehen. Nicht als ob man genaue Vorstellungen gehabt hätte, gegen wen Krieg zu führen sei. Die Nachrichten über eine französische Invasion waren äußerst ungewiß und, wie wir heute nachweisen können, panisch übertrieben. Die Einberufung der russischen Urlauber war vielleicht bedrohlicher, die Nachricht wirkte jedoch auf die Mitte und den Westen Deutschlands nicht allzu stark. Aber auf den Gegner kam es nicht so sehr an, er mußte nur angreifen und Gelegenheit zu Taten bieten. Man würde die kriegerische Begeisterung eines Mannes wie Kügelgen mißverstehen, wenn man sie auf nationalistische Eroberungspläne oder Irredentawünsche beziehen wollte. Sie war nichts anderes als die besondere Form der Massenerregung, wie sie einem Volk zu Gebote stand, das bisher nur durch Fremdherrschaft und kriegerische Selbsthilfe in Aktion gekommen war und außer dem Sturm von 1813 noch kein gemeinsames Erlebnis gehabt hatte. Was Kügelgen von sich bekennt, gilt von Hunderttausenden deutscher Bürger. »Im Grund habe ich zu nichts anderem Lust, als meine Flinte auf den Rücken zu nehmen und einen Feldzug zu machen. Nicht mir allein, es geht vielen so, und es gießt sich so nach und nach in wachsenden Strömen ein kriegerischer Geist über die ganze Bevölkerung aus.«[88] Man wollte um jeden Preis handeln und an der Verantwortung teilnehmen; man wollte die Nation darstellen, indem man alles dahinten ließ; man wollte etwas Gemeinsames tun und wußte keinen anderen Weg als den, Soldat zu sein.

So zogen vierzigjährige Männer ins Manöver, verschossen übermütig ihr halbes Pfund Pulver, stellten sich zur Offizierswahl in den Bürgerkompanien und nahmen an Wehrversammlungen teil. Auf den Wachstuben und in den Versammlungslokalen der überall gebildeten Bürgerwehr waren Edelleute und Kaufleute, Kammerherrn, Advokaten und Schuster in neuer Eintracht beisammen. Man begegnete sich mit einem ungewohnten staatsbürgerlichen Respekt, mit rücksichtsvoller Artigkeit und einer tastenden Abschätzung sowohl des persönlichen Wertes wie der politischen Geltung und Popularität des einzelnen. Solange der geheimnisvolle Wind der revolutionären Psychose wehte, gab es allerorten Zeichen der Überwindung überkommener Schranken, und eine neue Rangordnung der Menschen schien im Werden.

Schon in den letzten Tagen des März begegnen freilich auch die ersten Stimmen der Enttäuschung. In den Eindrücken der aus dem Ausland herbeiströmenden politischen Emigranten zeichnet sich dieser Rückschlag deutlich ab. Wie eine plötzliche Erschlaffung breitet es sich über den Blütenflor der Revolution aus. Als Stephan Born, der Arbeiterführer, einige Tage nach dem siegreichen Durchbruch der Revolution nach Berlin kam, wurde er von dem Bild der Stadt schmerzlich überrascht. »In Paris hatte ich eine fröhlich erregte Bevölkerung gesehen, die noch bis tief in den März von der Siegesstimmung nichts eingebüßt hatte. In Berlin war schon wenige Tage nach dem 18. März von dem Revolutionsrausch, der in Wirklichkeit ja ganz Deutschland ergriffen hatte, kaum noch etwas zu merken. Der Rausch hatte sich rasch verflüchtigt, die Leute sahen ernst darein, als fürchteten sie die Zukunft.«[89] Der jähe Umschwung der Revolutionsbegeisterung war auch in Süddeutschland zu beobachten, und nicht bloß das Volk auf der Straße, sondern auch die politisch Eingeweihten waren davon betroffen. Schon am 13. April schrieb David Friedrich Strauß an einen Freund aus Heilbronn: »Einer Natur wie der meinigen war es unter dem alten Polizeistaat wohler als jetzt, wo man doch Ruhe auf den Straßen hatte und einem keine aufgeregten Menschen, keine neumodischen Schlapphüte und Bärte begegneten.«[90] Die Bildungsschicht, auch Leute, die noch vor einem Monat das »iuvat vivere« der neuen Zeit begeistert ausgesprochen hatten, wandte sich entschieden und fast bitter zu Goethe und Metternich zurück. »Ja, lieber Rapp, täuschen wir uns nicht, die neue Zeit, welche angebrochen ist, kann für uns zunächst nicht erfreulich sein. Das Element hört auf, in dem wir uns bisher am liebsten bewegten ... Denn unser Element war doch ... die Theorie, ich meine die freie, nicht auf Zweck und Bedürfnis gerichtete Tätigkeit. Diese ist jetzt kaum mehr möglich und wird bald sogar geächtet sein. Denn das Gleichheitsprinzip ist auch dem geistigen Vorrang wie dem materiellen feind. Es haßt Bildung wie Besitz ... Es stand freilich bis jetzt nicht eben gut bei uns, aber es wird im ganzen noch schlechter werden.«[91] So schreibt ein Mann, dem von den kirchlichen und staatlichen Behörden ziemlich unsanft mitgespielt worden war und der jetzt der gegebene Kandidat für die Frankfurter Nationalversammlung schien. Ein Mann überdies, der den Marschtritt des Maschinenzeitalters in sich spürte und als einer der ersten das Wesen der Eisenbahn als einen Ausdruck des Massenmenschen erfaßt hatte. Weder ein Idylliker noch ein Reaktionär, aber ein »Epigone« der Goetheschen Bildungsidee, wie er sich selbst bezeichnete, und ein unabhängiger Mensch, dem der Ausguß der Weisheit auf alle Gassen gründlich zuwider war. Am liebsten möchte er Landwirtschaft lernen und nach Amerika auswandern, wie so viele, denen die Revolution den Lebensgrund unter den Füßen wegzuziehen droht. Kaum fünf Wochen nach dem Ausbruch der großen Krise tragen sich die geistigen und parlamentarischen Wortführer der bürgerlichen Opposition allen Ernstes mit dem Gedanken, ihren Individualismus in Nordamerika in Sicherheit zu bringen.

Der tiefere Grund für diese Verdüsterung der Stimmung mag in den sozialen Gärungen gelegen haben. Die Kreise, die sich jetzt in Dorf und Stadt als tätige Revolutionäre zu Wort meldeten, nachdem einmal die Bande einer herkömmlichen Ordnung gelockert waren, gehörten nicht zu denen, welche das Programm der Revolution seit Jahren vorbereitet hatten. Aber keiner wollte zu spät kommen, auch der Bauer und Tagelöhner, der Handwerker und Arbeiter nicht. So marschierte er auf die nächstgelegenen Ziele los: das Rentamt, das Schloß, das Mauthaus, die Fabrikantenvilla, den Maschinensaal und in vereinzelten Fällen auch auf das Pfarrhaus. Aber gerade dadurch trieb er die bürgerliche Verfassungs- und Freiheitsbewegung in die Arme der Reaktion.

VI

Soziale Unterströmungen

Man kennt aus der Geschichte der Großen Revolution in Frankreich einen merkwürdigen Vorgang. Während in Paris die Bastille gestürmt, die Nationalgarde eingerichtet und der Marsch nach Versailles inszeniert wurde, ging in der Provinz die »Große Angst« um. Es ist kein einheitlicher Vorgang, der sich da in Dörfern und Landstädten, an der Grenze und tief im hintersten Winkel der Provinzen abspielt, aber wenn man das Wesen der Französischen Revolution verstehen will, ist es wichtiger, sich diesen Vorgang der »Grande Peur« begreiflich zu machen als die rednerischen Leistungen der Konstituante zu studieren[92]. Man zittert im französischen Volk in dumpfer Angst vor dem Gegenschlag der entthronten Mächte und rechnet jeden Tag mit dem Einmarsch des feindlichen Auslands, man haßt die Reaktion und scheut zugleich die Plünderer aus den großen Städten und den Mob der eigenen Bewegung, man fürchtet die Stille und Untätigkeit, das Stehengelassenwerden und Überflügeltwerden von der Revolution, man fürchtet sich vor dem eigenen Mut und mißtraut seinem nächsten Freund. Man begleicht alte Rechnungen und begeht Gewalttaten, weil sie bei der allgemeinen Unsicherheit nicht auffallen können. Man wagt sich im Taumel der Selbsthilfe überweit vor, aber man taucht ebenso rasch in den allgemeinen Haufen zurück. Man bewaffnet sich, um die Ordnung aufrechtzuhalten, und raubt, um die Gerechtigkeit herzustellen.

So tief wie in Frankreich im Sommer 1789 ist die revolutionäre Panik in Deutschland nicht gegangen. Aber vieles von dem, was von den Chronisten berichtet wird, ist ohne Zweifel ähnlich zu verstehen wie die Welle des großen Schreckens in Frankreich. Der Drang zur Selbstbewaffnung, zum Kriegsspiel, zum Marsch an die Grenze, die Furcht vor den fremden Invasionen, die Bürgergarden in Dörfern und Landstädten, die sich mehr vor extremen Elementen der eigenen Reihen als vor dem Gegenschlag der Reaktion schützen wollen, die Bauernrebellion, die Zerstörung von Maschinen, die gefährlich frenetischen Monarchenhuldigungen, das Immer-auf-der-Straße-sein: Das alles sind Äußerungen einer Panik, die das Erlebnis der großen Stunde begleitet haben.

In Südwestdeutschland verdichtet sich dieser Spannungszustand in dem sogenannten Franzosenschreck, einer echten Psychose, die freilich, wie alles, was 1848 geschehen ist, ihre spießbürgerlich-komischen Seiten nur allzu deutlich hervorgekehrt hat. Am 23. März, beim Dunkelwerden, zog ein Handwerksbursche durch Offenburg und rief aus, es seien Plünderer aus dem Elsaß im Anmarsch, der Haufe wälze sich schon auf die Stadt. Die Sturmglocken wurden geläutet, reitende Boten galoppierten nach allen Richtungen, in den Dörfern pflanzte sich das Sturmläuten fort. In Freiburg, Rastatt und Mannheim behauptete man schon, die genauen Zahlen der Invasionstruppen zu wissen. Über den Schwarzwald lief die Welle des Schreckens ins Württembergische. Nun waren es schon 12000 Franzosen, die sengend und brennend durch Baden zogen. Scharen von bewaffneten Bürgern marschierten nach Westen, um die Grenze zu schützen. Frauen und Kinder flüchteten in die Wälder und vergruben ihr Silber. In Pforzheim auf dem Marktplatz spielten sich herzzerreißende Abschiedsszenen ab, als die Männer mit Gewehren, Heugabeln und Krautstämpfeln zum Schutze von Haus und Herd auszogen. Flüchtlinge kamen an und erzählten mit todernster Stimme: »Bei uns ist Krieg.« Den Nachrichten in Stuttgart zufolge, die durch amtliche Postillone in weißen Lederhosen auf die Ministerien gebracht wurden, waren es bereits 40000 Franzosen, die alles vor sich hertrieben. Rottweil, Tübingen, Leonberg sollten schon geplündert und angezündet sein. So verging der Tag Mariä Verkündigung, der »Franzosenfeiertag«, in banger Erwartung und Aufregung. Erst im Lauf des 26. März, als noch immer kein Feuerschein aus den Städten der Rheinebene vom Kamm des Schwarzwaldes zu sehen war und die Hiobsreiter spärlicher wurden und schließlich ausblieben, da legte sich allmählich der blinde Lärm und machte einer allgemeinen Beschämung Platz. Aber die Welle ging weiter nach Oberschwaben und tief nach Bayern hinein[93]. Fast gleichzeitig spielte sich im äußersten Nordosten eine ähnliche Panik ab. In Königsberg gab es einen Volksaufruhr um das Gebäude der Post, weil der Verdacht aufgekommen war, ein russischer Kurier sei durchgelassen worden, um einen Hilferuf an den Zaren zu überbringen und ein reaktionäres Heer gegen Preußen heranzuführen[94]. Es war, als lechze die Revolution nach einem blutigen Siegel, als suche sie innerhalb und außerhalb der Grenzen den großen Bösewicht, gegen den sie endlich vom Leder ziehen könnte. Aber gerade dieser Bösewicht ist der deutschen Revolution vorenthalten geblieben, und vielleicht liegt darin der eigentliche Grund ihres Scheiterns.

Am ehesten mochten noch die Arbeiter ein unmittelbares Ziel ihres Hasses entdecken. Schon am 13. März, beim Andrang zum Ständehaus in der Herrengasse in Wien, standen Proletarier in den vordersten Reihen, und ein Augenzeuge hat eine dieser verwegenen Gestalten in seinem Bericht festgehalten. »Ein Riesenmensch mit einem an allen Seiten geflickten Rocke, der ihm sicher nicht angemessen und für ihn gemacht worden war, bewegte sich, die schmutzige Kappe kühn auf ein Auge gedrückt, mit geballten Fäusten, mit leuchtendem Blick und rückwärtsgebogener Haltung, ganz schlagfertig wie zum Kampfe herausfordernd mit Riesenschritten, obgleich bedächtig, mitten durch die Straße gegen das Ständegebäude hin. In den rückwärtigen Taschen mußte er eine Menge Steine als Munition tragen, denn sein Rock war straff am Rücken gespannt, und man sah ihm an, daß er sich Gewalt antat, um nicht von der Last der Taschen rückwärts gezogen zu werden.«[95] Aber nur ein kleiner Teil der Arbeiter hatte dem Ruf der Studenten folgen können. Die Masse blieb ausgeschlossen vor den Toren und fiel nun über nähergelegene Objekte her[96]. Die Entfesselten demolierten die Einzugsstellen der verhaßten Verzehrungssteuer, zertrümmerten die Maschinen, die ihnen scheinbar das Brot wegnahmen, warfen einen Finanzwächter in die Flammen und plünderten die Häuser der verhaßten Unternehmer. Sie rissen die Gasleitungen auf und entzündeten das ausströmende Gas, sie steckten ganze Häuserreihen in Brand, so daß der Stadtring von Wien von einer Feuermauer umgeben war. Erst nach tagelangen Kämpfen des Militärs wurde die Ruhe wiederhergestellt. Viele Fabriken und Werkstätten waren so zerstört, daß eine schwere Beschäftigungskrise eintrat und die neue Regierung sich nur dadurch zu helfen wußte, daß sie zur Regulierung des Wienflusses Erdarbeiten vergab und die Masse in den berüchtigten nationalen Arbeitsstätten zum Müßiggang erzog.

Im übrigen Süddeutschland waren es mehr die Bauerndörfer, die zur revolutionären Volksjustiz schritten. Sie rebellierten gegen die Grundherrschaft, verbrannten Urkunden und Bücher, verlangten die Herausgabe der Papiere, auf Grund derer ihnen Handlohn und Gilthenne, Todfall und Marktstandgeld, Abzugsteuer und Auswanderertaxe abverlangt wurden. Politische Forderungen sind nur selten erhoben worden, die gemeinderechtlichen Programmpunkte überwogen. Die Grundherrschaften sollen gleich anderen Bürgern Kommunalsteuer bezahlen, sie sollen das Präsentationsrecht für die Bürgermeisterwahl verlieren und Jagd und Fischerei zugunsten der Gemeindekasse verpachten. Am weitesten sind wohl die Bauern im Herzogtum Nassau gegangen. Schon vom 2. bis 4. März strömten sie, durch liberale Agitatoren aufgeboten, in der Residenzstadt Wiesbaden zusammen und halfen dort die konstitutionelle Partei in den Sattel heben. Aber was verstanden schon diese 30000 Bauern aus dem Taunus und Westerwald von Pressefreiheit, Geschworenengerichten und einem deutschen Parlament? Das einzige, was ihnen einleuchtete und ihren Jubel weckte, war die Forderung, daß die fürstlichen Domänen zu Staatseigentum erklärt werden sollten. Manche Bauersleute kamen schon mit Geldsäcken auf die Ämter, um den auf sie entfallenden Anteil gleich in baren Talern nach Hause zu nehmen. Nach dem 4. März verteilte sich die Bauernrevolution aufs flache Land und führte hier zunächst zur Absetzung aller Schultheißen und Förster. Man zahlte keine Steuern mehr und proklamierte die allgemeine Jagdfreiheit und unbeschränkte Waldnutzung. Ganze Bauerngemeinden veranstalteten mit verrosteten Flinten und Vorderladern große Treibjagden. Waldschläge wurden planlos umgehauen und das Holz massenhaft zum Verkauf angeboten. Schließlich gebot aber ein Teil der Dorfbewohner selbst den Forstfrevlern Einhalt und wies darauf hin, daß sie auch noch in einigen Jahren Einschlagholz brauchten[97]. Ähnlich glimpflich und von rein lokaler Bedeutung verliefen die Bauernunruhen in den anderen süd- und mitteldeutschen Territorien. Am 6. März revoltierten die Hintersassen des Fürsten von Fürstenberg in Donaueschingen. In der Nacht vom 7. auf 8. zündete die Menge im Schloßhof des Freiherrn von Adelsheim ein gewaltiges Feuer an, in das aus dem herrschaftlichen Archiv alle Bücher geworfen wurden, die ihre Leistungspflicht enthalten konnten[98]. Auch der liberale Fürst von Leiningen, der die privilegierte Stellung der mediatisierten Standesherren längst hatte abschaffen wollen, wurde von seinen Dörflern und Gemeinderäten gestellt und empfindlich geschädigt. In Württemberg waren es die Grafen von Neipperg und besonders die Fürsten von Hohenlohe, die bedrängt wurden[99]. Im Oberamt Weinsberg zogen die Grundholden, 900 Mann stark, vor das Schloß Weiler und verlangten die Herausgabe von Akten und Urkunden. Als der verschüchterte Amtmann den Schlüssel zum Weinkeller anbot, erhielt er den Bescheid: »Wir sind nicht gekommen, zu essen und zu trinken; wir wollen nichts, gar nichts, als die Akten verbrennen, die uns an den Bettelstab bringen, und dann wollen wir zum Könige und ihm unsere Not und Armut erzählen.«[100] Es ist wie im großen Bauernkrieg des 16. Jahrhunderts. Man sucht Hilfe bei der höheren Obrigkeit gegen die niedere Obrigkeit. Man möchte nicht die Staatsordnung umstoßen, sondern dem guten alten Bauernrecht zum Sieg verhelfen. Man ist kaisertreu und königstreu und bringt ein Hoch auf den Großherzog aus, aber man will die grundherrlichen Gefälle und Lasten loswerden. Die beschwerlichen Landessteuern faßt man dabei allerdings als ein böses Recht auf, das man zusammen mit den Grundlasten beseitigen möchte.

Natürlich kommt es bei diesen Bauernunruhen vereinzelt auch zu Zerstörungen und Gewaltakten. Auf den Riedeselschen Schlössern in Lauterbach (Oberhessen) wird die Einrichtung verwüstet, Frauen und Kinder als Geiseln bedroht. In Bayrisch-Franken werden viele Edelleute flüchtig, um ihr Leben vor den Aufständischen zu retten[101]. Aber die Hetzjagden der oberhessischen und fränkischen Bauern galten ebenso sehr den bürgerlichen Kapitalgebern und jüdischen Händlern wie den adligen Grundherren. Zu größeren Handlungen scheint es nur in den alten Gebieten des Bauernkriegs gekommen zu sein, in Preußen lediglich dort, wo das gesetzgeberische Werk der Bauernbefreiung steckengeblieben war wie in Schlesien[102]. In ganz Nordwestdeutschland ist das platte Land überhaupt nicht in Aufruhr gewesen.

Da überall die neuen Regierungen mit Hilfe des alten Militärs dieser Auftritte Herr wurden und noch im Laufe des März die Ruhe wiederherstellten, kann man kaum von einer eigenen Phase der Revolution sprechen. Es sind bäuerliche Begleiterscheinungen, welche die letzte Etappe der Bauernbefreiung beschleunigt erzwingen und sich aus uralten Quellen des bäuerlichen Rechtsempfindens nähren. In den ideologischen Kampf des Liberalismus um den bürgerlichen Rechtsstaat haben sie eigentlich kein neues Motiv hereingetragen. Heinrich von Gagern hat als liberaler Minister in Darmstadt die von den Bauern erzwungenen Verzichtserklärungen des Grafen Erbach vor den Augen der versammelten Abgeordnetenkammer zerrissen. Die Führer der Verfassungsbewegung wollten sich nicht mit Gewaltakten auf eine Ebene stellen. Jeder aufrührerische Haufe hatte sich nach wenigen Wochen vor einem ordentlichen Gericht zu verantworten.

Erst recht distanzierten sich die neuen Zentralgewalten von den wenigen städtischen Ausschreitungen, die von den Massen in blinder Aufregung und ungezügeltem Tatendrang verübt wurden. Je volkstümlicher die neuen Männer waren, desto ruhiger und einmütiger ging es in allem zu. Robert Blum zum Beispiel hat die Leipziger Bevölkerung fast geschlossen hinter sich gehabt und dadurch die Stadt vor allen Exzessen bewahrt. In Stuttgart haben bei den Tumulten am 10. und 11. April gerade die Weingärtner, also die Ärmsten der ansässigen Bewohner, am kräftigsten auf die republikanischen Ruhestörer eingehauen und mit ihren langen Stöcken die bürgerliche Ordnung wiederhergestellt[103]. In Breslau und Magdeburg, in Wien und Berlin sind zwar vereinzelt schon rote Kokarden neben den liberalen Reichsfarben scharz-rot-gold aufgetaucht. Auch in Solingen haben die Fabrikstürmer eine rote Fahne mit sich getragen. Aber von klassenkämpferischen Parolen ist nur selten die Rede. Dem preußischen König wird am 13. März eine Arbeiterpetition eingereicht, die gegen »Kapitalisten und Wucherer« beim Staate Schutz sucht und nach französischem Vorbild ein Ministerium der Arbeit verlangt. Aber das ist eine seltene Ausnahme. Was häufiger vorkommt, sind lokale Ausbrüche der Erbitterung gegen den wirtschaftlich Stärkeren: gegen die Fabrik, welche die Hausindustrie einengt, gegen die Maschine, die das Brot nimmt, gegen den Beamten, der harte Bedingungen schafft, gegen den Kaufherrn, der durch das Warenzahlen einen doppelten Gewinn einsteckt. So ist es in Schmalkalden zur Zerstörung eines Fabrikgebäudes, in Salzungen zu einem Auftritt gegen den Salinenleiter, in Sonneberg zu einem Aufstand gegen die Großhändler gekommen. In Solingen haben die arbeitslosen Scherenschmiede sich auf einer Volksversammlung am 16. März so in Hitze bringen lassen, daß sie dann zu Tausenden die verhaßten Gießereien in der Umgebung zerstört haben. Diese Gußwerke waren dazu übergegangen, statt der trefflichen handgeschmiedeten Scheren schlechte Gußstahlprodukte unter dem Namen der Solinger Waren in den

Handel zu bringen und dadurch in den Exportländern den Absatz zu schmälern und den guten Ruf zu schädigen. Es war also im Grund ein Kampf gegen die Schmutzkonkurrenz, was die Arbeiter des bergischen Landes auf die Straße führte und sie veranlaßte, die Erzeugnisse dieser Werke kurz und klein zu schlagen. Es war mehr ein Kampf der Qualitätsware gegen den Massenartikel, ein Aufstand der handwerklich betriebenen Hausindustrie gegen die Großfabrikation. Von einem grundsätzlichen Gegensatz gegen das Kapital, von einem Sturm gegen den bürgerlichen Staat oder gar die bürgerliche Gesellschaftsordnung ist nichts zu bemerken, auch wenn die Menge gröhlend im Vorbeigehen böse Blicke auf die Kaufhäuser warf, in denen sie mit Waren statt mit Geld abgelohnt wurde. Am nächsten Morgen hatten die meisten dieser Häuser große Schilder an der Tür mit der Aufschrift »Es wird nicht mehr mit Waren bezahlt!«, und damit war der Fall beglichen. Nach zwei Tagen schon war die Ruhe in Solingen wiederhergestellt, und ein Unteroffizier mit vier Mann genügte, um die öffentliche Ruhe zu bewahren[104]. In den großen Gang der geschichtlichen Ereignisse sind solche Ausbrüche der Volksleidenschaft denn auch nicht verflochten gewesen. Wo die Proletarier eine geschichtliche Rolle gespielt haben, haben sie es als Bundesgenossen radikaler Studenten und Literaten getan. Die Arbeiter der Borsigschen Lokomotivenfabrik und die Insassen der Wiener Spinnereien sind in den Straßenkämpfen der Hauptstädte als bewaffnete Hilfstruppen des Bürgertums aufgetreten. Sie wurden herbeigerufen, wie die Bauern in Wiesbaden und Weimar vom Land hereingeholt worden sind, um die Herrschenden einzuschüchtern. Einige dieser bürgerlichen Radikalen, soweit sie dem linken Flügel der Demokratie angehörten, waren von den sozialistischen Gedankengängen der französischen Februarrevolution berührt. Aber von einem Aufmarsch des Proletariats als einer neuen Klasse im politischen und gesellschaftlichen Gefüge des damaligen Deutschland kann bei diesen Auftritten nicht wohl die Rede sein. Den Arbeitern selbst ist eine gewisse Unselbständigkeit eigen, die beweist, daß sie noch keine Mannschaft hinter sich haben. Der später vielbesungene Schlossergesell und Barrikadenkämpfer Gustav Hesse, der mit blauer Bluse und einer Eisenstange wie ein Denkmal unter den Kämpfenden stand, konnte sich nur dadurch unter der tobenden Menge Gehör und einigen Gehorsam schaffen, daß er, auf seinen Stab gestützt, an den Rand der Barrikade trat und seine Mitbürger mit französischen Zauberworten anbrüllte wie »Citoyens! Liberté!« und einigen anderen unverständlichen Brocken, die er dem Pariser revolutionären Wortschatz entlehnte[105]. Es ist überhaupt nicht zu leugnen, und der Gesandte der französischen Republik Circourt hat selbst darüber gespottet, daß von eigenen originalen Formen in dieser deutschen Revolution nicht allzu viel zu entdecken ist. Das Deutsche daran war eigentlich immer die Mäßigung, die Scheu vor Exzes-

Abb. 3 Die deutsche Nationalversammlung in der Paulskirche zu Frankfurt am Main, 1848

Abb. 4 Einzug Gustav von Struves in Lörrach am 21. September 1848

sen, die leichte Lenkbarkeit und biedere Treuherzigkeit der Revolutionäre. Das hat sich auch in den zaghaften sozialen Unterströmungen erwiesen, welche die Märzereignisse in Deutschland begleitet haben.

VII

Die Aprilrevolution und die Ausbildung von politischen Parteien

Vor der Revolution von 1848 gab es an handelnden Parteien in Deutschland nur zwei Gruppen: das Lager der Regierung und das Lager der Opposition. Im Raum der Regierung fanden sich vielfach die widerstrebenden Potenzen des aufgeklärten und des romantischen Geistes zusammen: Absolutisten und Feudale, Pietisten und Hegelianer, Männer des Gottesgnadentums und Anhänger der aufgeklärten Wohlfahrt, Gläubige der christlich-germanischen Idee und Techniker des Polizeistaates. Im weiten Feld der Opposition kämpften Radikale und Gemäßigte, Demokraten und Liberale, Anarchisten und Anglophile, ja selbst einige ständische und religiöse Konservative, die gegen das »Offiziantentum« des Ancien Régime, gegen Beamtenwillkür und Staatskirche, gegen Zensur und Meinungskontrolle, gegen die Mißachtung der Rechte des einzelnen oder der Korporation etwas auf dem Herzen hatten. In diesem Lager der Regierungsgegner standen Individualisten neben Kollektivisten, Anhänger der Habeas-Corpus-Akte neben Schülern Rousseaus, Republikaner neben Monarchisten. Noch in der ersten Welle der Revolution arbeiteten Radikale und Konstitutionelle durchaus Hand in Hand, und selbst viele reformfreundliche Konservative ließen sich vom Idealismus der Stunde anstecken. Andererseits rückten Vorkämpfer der ständischen Monarchie, die den Absolutismus der Krone bekämpft und sich so einen volkstümlichen Namen errungen hatten, angesichts der Umsturzgefahr wieder in die Nähe der Autorität und der Throne.

Der Ausbruch der Revolution hat als Katalysator gewirkt und neue Verbindungen wie Trennungen eingeleitet. Während die Klärung im Lager der Autorität erst im Laufe des Sommers erfolgte, vollzog sich die Scheidung der Geister innerhalb der Bewegungspartei schon in den Tagen des April 1848. Der Zerfall der bisherigen Opposition in einen liberalen und demokratischen Flügel, in eine anglophile und eine frankophile Richtung ist wohl das wichtigste Resultat dieser Klärung. In den neuen Kammern begannen sich dann auch nach rechts hin und innerhalb des konfessionellen Bereichs Aktionsgruppen zu kristallisieren, die mit einem gewissen festumrissenen Programm hervortraten und Parteien im modernen Sinne des Wortes vorbereiteten. Die Beziehungsstruktur, welche die politischen Parteien damals unter sich hergestellt haben, werden sie von nun an fast ein Jahrhundert lang bewahren.

Das Einrücken in die volle Regierungsgewalt stellte vor allem im Südwesten das liberale Bürgertum vor große Aufgaben. Es zeigte sich sehr bald (und einsichtige Politiker wie Ludwig Häußer in Heidelberg gaben sich auch darüber Rechenschaft), daß die jungen Errungenschaften der Revolution nicht bloß gegen die in den Schatten getretenen Gewalten und Ideen von gestern zu verteidigen waren, sondern daß sie ebenso gegen die radikalen Einflüsse von morgen geschützt werden mußten. Die Übernahme der politischen Verantwortung legte sehr viel schwerere Verpflichtungen auf, als sie die bisherigen Beschwerden gegen die Übergriffe der im ganzen intakten Regierungen und Staatsformen mit sich gebracht hatten. Dieser Verantwortung erwies sich das politisch wenig geschulte Bürgertum der gemäßigten Mitte nicht in der rechten Weise gewachsen. »Zu lange ans Opponieren gewöhnt, konnte sich der Liberalismus nur langsam und schüchtern von der Notwendigkeit überzeugen, daß es jetzt die ganze Energie einer Partei galt, die junge, rasch eroberte Freiheit zu behaupten«, sagt Ludwig Häußer mit Recht[106]. Während im Norden diese Verteidigung der neuen Stellung sich mehr gegen das automatische Zurückgleiten in den alten autoritären Zustand richten mußte, hatte sie im Süden und besonders in Baden mit einer republikanischen Volksbewegung als Gegner zu rechnen. Im alemannischen Gebiet hatte die äußerste Linke, die im übrigen Deutschland von »der unermeßlichen Mehrzahl der Nation«[107] abgelehnt wurde, einen Rückhalt in den breiten bäuerlich-kleinbürgerlichen Schichten des Landes. Mit ihrer Hilfe konnten die biedermännischen, aber zum Teil doch jakobinisch geschulten Demokraten hoffen, auf dem Weg der direkten Aktion jene revolutionären Ziele zu erreichen, die sie auf den Heidelberger und Frankfurter Zusammenkünften der Parlamentarier vergeblich durchzusetzen versucht hatten. Die Linke war sowohl ihrem Programm wie vor allem ihrer Taktik nach besser vorbereitet, den Neubau einer politischen Gemeinschaft in die Hand zu nehmen, als die liberale Mitte, die sich darauf beschränkt hatte, die Einschaltung der öffentlichen Meinung auf allen Gebieten des politischen Lebens zu fordern und nun, nachdem dieses Ziel durch Pressefreiheit, Vereinsfreiheit und Geschworenenbank erreicht war, nicht mehr recht weiter wußte in ihrem Konzept. Die Republikaner des Südwestens hatten immerhin ein zügiges Programm, einen unversieglichen Kampfwillen, eine volkstümliche Stoßkraft und revolutionären Schwung für sich. Aber der kühne Hecker und sein bleicher Hintermann Gustav Struve, der Kaufmann Fickler in Konstanz und der Advokat Brentano in Mannheim haben die Werbekraft ihrer Ideen doch gewaltig überschätzt und durch ihr verunglücktes Unternehmen im südbadischen Aufruhr einen Fluch der Lächerlichkeit auf sich geladen, von dem sich die Linke in Deutschland nicht mehr erholen sollte.

Baden war das einzige Land, wo man schon in den Märztagen offen für die soziale Republik warb und sich mit einer Reform der Monarchie nicht zufrieden gab. Fanatische Zeitungen und hitzige Redner führten eine eindeutige Pariser Sprache, nannten den Großherzog den »Bürger Leopold Zähringen« und verlangten eine sofortige Abschaffung aller Apanagen und Pensionen. An Stelle der indirekten Abgaben wurde die scharfe Einkommensteuer empfohlen, die mit 10 Prozent vom Einkommen über 2000 Gulden für damalige Anschauungen enorm hoch angesetzt wurde. Aber die heiteren Szenen lagen dicht dabei. In Heidelberg kam es vor, daß eine republikanische Kaufmannsfrau mit dem Schleppsäbel in der Hand am Brunnen vor dem Rathaus eine feurige Rede hielt. Die bewaffneten Landleute, welche durchs Karlstor einzogen, brachten große Säcke mit, um den Stadtbewohnern ihren überschießenden Wohlstand gleich abzunehmen. Man war in den Kreisen der Ernstgesinnten von allem Anfang an darüber betroffen, wieviel Unfug getrieben wurde, wieviel lächerliche Soldatenspielerei bei Bürgern und Studenten sich austobte. Es war nicht bloß ein komischer, sondern ein trauriger Anblick. Frau Henriette Feuerbach, die Stiefmutter des Malers und eine der besten Briefschreiberinnen des Jahrhunderts, schrieb an ihre Freundin Emma Herwegh in Paris damals sehr deprimierte Berichte. Schon am 8. März ist sie voll schmerzlicher Ironie. »Ich gestehe aufrichtig, daß ich noch gar nicht fähig bin zu jubilieren über Freiheit und Vaterland; die Gewährsmänner sind mir zu wenig Respektspersonen . . . Ich meine so: Wir werden ganz außerordentlich frei sein, genau so wie unsere liberalen Herren Deputierten befehlen.« Und am 30. April, als der badische Aufstand auch über Freiburg flammte und jeder Tag in jakobinischer Weise Verhaftungen, Exekutionen, Zuzug von Freischaren und Alarme brachte, schrieb sie ganz erschüttert über die Entstellung der Freiheit: »Ein liebes Bild in meinem Herzen hat einen Flecken der Lächerlichkeit, den tausend Tränen nicht abwischen können.«[109]

Der liberale Abgeordnete Karl Mathy, der zum Minister aufgestiegen war, sah die Gefahr der Radikalisierung wohl und ließ den aufgeregten Volksführer Joseph Fickler aus Konstanz auf dem Karlsruher Bahnhof verhaften. Aber die Unruhe in den vier badischen Wahlkreisen steigerte sich dadurch nur noch mehr, und Friedrich Hecker nützte die Erregung aus. Vom Bodensee aus setzte er die badische Regierung ab und durchzog die Orte des Seekreises mit seinen Freischaren, um bewaffneten Zuzug zu sammeln. Halb fühlte er sich als sagenumwobener Held der deutschen Vorzeit, von dem die Chronisten erzählen, halb war er Bannerträger der deutschen Republik, der die Reste des Mittelalters vertilgen wollte. Ein wunderliches stilistisches Gemisch von altdeutscher Schwärmerei, Karl-Moor-Idealismus und Französischer Revolution, wurde der gutartige Hecker ein Opfer seines feurigen Glaubens an die Güte der Menschennatur. Er fühlte sich von der Opferbereitschaft und Glut des alemannischen Volkes getragen, wenn die Posthalter, bei denen er einkehrte, keine Bezahlung von ihm annehmen wollten! Am 20. April bei Kandern, genau eine Woche nach der Entfesselung des Aufstandes, ereilte ihn schon das Schicksal. Badische und hessische reguläre Truppen unter dem Befehl des Generals Friedrich von Gagern zersprengten seine Scharen. Hecker selbst entkam nach Basel. Seine Anhänger aber waren nur mit Mühe vor der Wut der Soldaten zu schützen. Ein zweiter Haufe von Aufständischen unter Struve wurde am Ausgang des Wiesentals bei Steinen geschlagen. 5000 Mann nahmen darauf mit leichter Mühe Freiburg ein, das durch Turner und Bauernrotten verteidigt wurde. Schließlich lieferten die Württemberger bei Dossenbach ein Gefecht gegen die militärisch ziemlich zucht- und führerlose deutsch-demokratische Legion, die der Dichter Georg Herwegh in Paris gesammelt und in Fußmärschen nach dem Elsaß geschickt hatte. Einer der Untadeligsten und Tapfersten des badischen Aufruhrs, Theodor Mögling, der schwäbische Landwirt aus Hohenheim, hat diese Legion kurzweg als »Lumpengesindel« bezeichnet[110]. Auch Herwegh mußte in einer abenteuerlichen Flucht, als Tagelöhner verkleidet, mit einer Mistgabel über der Schulter auf Schweizer Boden fliehen. Der Führer des Aufstandes selbst, Friedrich Hecker, ist nie mehr nach Deutschland zurückgekehrt. Die nachgesuchte Amnestie ist ihm von der Frankfurter Nationalversammlung verweigert worden. So ist er im September 1848 über Straßburg nach Nordamerika ausgewandert und hat dort wie viele seiner Kampfgenossen noch im amerikanischen Bürgerkrieg eine höhere militärische Funktion ausgeübt. Sein Andenken im Volk war noch lange lebendig. In welchem Geist es gewirkt hat, bezeugt das Heckerlied, das als einziges revolutionäres Kampflied von den Studenten und Handwerksburschen in blutigem Ernst gesungen wurde . . .

»Wenn in Flammen stehen Kirche, Schul und Staat,
Kasernen untergehn, dann blüht unsere Saat.
Ja, dreiunddreißig Jahre währt die Knechtschaft schon,
Nieder mit den Hunden von der Reaktion!«

Durch das Andenken an Hecker ist im Südwesten die radikal-demokratische Bewegung lebendig erhalten worden und hat dadurch die Kraft erhalten, im Frühjahr 1849 einen zweiten bewaffneten Aufruhr zu wagen. In Berlin dagegen ist der demokratisch-republikanische Elan schon im Sommer 1848 im Abklingen und macht einer sehr norddeutschen, sehr preußischen, sehr verständigen Ernüchterung Platz. Man wäre froh, wenn die disziplinierten Truppen der Berliner Garnison wieder einrücken würden und der ganze Spuk vorbei wäre. Ein Schweizer Offizier, der damals vielleicht nicht ohne ehrgeizige Absichten nach Berlin gekommen ist, schildert recht instruktiv seine Eindrücke von der Verfassung der aufrührerischen Hauptstadt, nachdem er einige Zeit Volksversammlungen und radikale Klubs besucht hat[111]. »Die Mehrheit der seßhaften Bürgerschaft ist des Soldatenspiels müde und wird sich dem Einmarsch der Truppen nur dann widersetzen, wenn die Masse der Arbeiterbevölkerung sie mit sich fortreißt. Diese Masse in ihren besseren Beständen ist der Phrasen, der Zeitungen und des Zungengedreschs der Volkstribunen so ziemlich überdrüssig. Man besucht abends die Klubs, lärmt und schreit; das ist alles ... Es fehlt die Organisation, es fehlen die Führer. Geredet wurde schön und viel, vorbereitet und gehandelt wurde sozusagen gar nicht.« Wohl gibt es wilde revolutionäre Gesichter unter den Teilnehmern der Volksversammlungen, es gibt auch geheime Komitees, die sich als Wohlfahrtsausschuß gerieren und Vorbereitungen zu einer revolutionären Verteidigung Berlins treffen. Sie sammeln Offiziere und Unteroffiziere, die sich erbieten, zum Volk überzugehen; sie suchen einen Oberkommandierenden zu gewinnen und Kriegsmaterial bereitzulegen. Aber wie naiv und unzulänglich ist das alles! Einer der beratenden Herren meint, man könne sich Geschütze verschaffen, indem man in die hohlen gußeisernen Säulen, die auf den Plätzen und vor den öffentlichen Gebäuden als Kettenhalter dienten, ein Zündloch einbohre. Es sind weder Gelder noch Listen noch Vorräte noch eine Nachrichtenverbindung mit den Provinzen vorhanden. Die paar Offiziere, die sich anboten, waren nach dem Urteil des Schweizer Fachmannes »sehr minderwertiges Gut«. Die Unteroffiziere ließen keinen Zweifel darüber, daß ihnen bei einem Zusammenstoß zwischen Militär und Zivil nur wenige Mannschaften als Überläufer folgen würden; ja sie selber müßten schießen, wenn vom Volk zuerst auf die Truppen gefeuert werde. Von einer Fraternisierung zwischen Arbeitern und Soldaten war man nach wie vor selbst in der preußischen Hauptstadt weit entfernt, von einer Aufwiegelung der Provinz konnte überhaupt nicht die Rede sein. Es blieb eine verhältnismäßig kleine Minderheit, die sich in den demokratischen Klubs austobte, und auch sie war im Grunde der Revolution müde. Der Griff nach der Macht war trotz des merkwürdigen Sieges vom 18. März gänzlich verpaßt.

Ein erfahrener Zuschauer wie Georg Herwegh hat diesen Fehler schon früh gerügt und dabei eine Theorie der Revolution entwickelt, die trotz ihres versteckten Zynismus recht aufschlußreich ist. In einem Brief an deutsche Freunde nagelt er den Kardinalfehler der deutschen Revolution fest. »Ihr habt ein paar gute Tage gehabt in Berlin, aber bei allem Heroismus echt deutsche Tage. Ihr habt zu kämpfen aufgehört in einem Augenblick, wo der Ruf ›Au Château!‹ für Euch und Deutschland alles entschieden hätte; man *macht* allerdings die Republik, ein Dutzend Menschen reicht dazu hin, und wenn sie nur eine Viertelstunde von diesen aufrechterhalten wird, so wird sie von vierzig Millionen für lange Zeiten aufgenommen. Die Bourgeoisie fügt sich in alles.«[112] Es ist eine Theorie, die offenbar von den Pariser Erfahrungen abgezogen ist und die Revolution kurzerhand als Staatsstreich definiert. »Machen« kann man ohne Zweifel jede Staatsform durch einen geglückten Gewaltakt; es ist nur die Frage, wie lange sie dann dauern wird. Auch in Frankreich hat die Verfassung der Februarrevolution nur ein paar Monate gehalten, dann ist sie tiefgehend umgeformt worden, weil die neu zum Wahlrecht zugelassenen Millionen gar keine parlamentarische Republik wünschten. In Deutschland war noch sehr viel weniger vorbereitet zur Aufnahme dieser Staatsform. Überdies konnten die deutschen Radikalen sich durch die Pariser Szenen nur abgestoßen fühlen. Wer Zeuge des Tuileriensturmes gewesen war und gesehen hatte, wie die neuen Gewalthaber sich schon am Tage nach dem Umsturz von königlichen Dienern servieren ließen, wer miterlebt hatte, wie die Barrikadenkämpfer mit Beute und Alkohol bestochen werden mußten, damit sie sich wieder aus dem Königsschloß entfernten[113], wünschte keine Wiederholung dieser Auftritte in Deutschland. Vor allem: Wenn die Machtübernahme nicht in gesetzlichen Formen vollzogen wurde, schuf sie für die ordnungsbesessenen Deutschen keine Legalität.

Es gibt unzählige Zeugnisse für den Triumph der Ordnungsliebe in der deutschen Revolution. Was Fritz Reuter humorvoll in seiner »Stromtid« erzählt, das hat sich in vielen fürstlichen und herrschaftlichen Residenzen wirklich zugetragen. Ehe die aufständischen Bauern vor ein Schloß ziehen, um die Herausgabe der grundherrlichen Urkunden zu verlangen, holen sie den Oberamtsrichter aus der benachbarten Kreisstadt herbei, damit alles im Rahmen des Rechtes bleibe[114]. Und wenn die Volksjustiz in Berlin auf offener Straße das Mobiliar eines Volksverräters verbrennt, so stellt man Bürgergardisten dazu, damit kein Schadenfeuer entsteht und nichts weggetragen wird[115]. Man kann über dieses Verhalten verzweifeln und mit diesen zähen geduldigen Deutschen die Geduld verlieren. Aber man muß zugeben, daß ein sehr tiefer Rechtsinstinkt diese Kontinuität des gesetzlichen Zustands verlangt. Es ist schließlich doch nichts Geringes, daß in den wirren Tagen und Wochen des Sieges die Kriminalität nicht anstieg, sondern zurückging, das Eigentum fast nirgends angetastet wurde und auch beim Erstürmen von Häusern keine persönliche Bereicherung vorkam. Die revolutionäre Bewegung in Deutschland war schwunglos, aber sie war auch unbefleckt von all den Greueln, die bei einem Massenhandeln sonst aufzutreten pflegen. Die einzigen, die sich nicht freigehalten haben von Gewalttaten, waren eigentlich die Truppen der regulären Armee. Die wenigen Gewalttaten, die von seiten des Pöbels verübt wurden, haben der Gegenrevolution mehr Vorschub geleistet als irgendein anderes Ereignis. Bis weit in die Reihen der Demokraten hinein haben die Morde von Wien und von Frankfurt das gute Gewissen der Revolution zerstört und eine Lähmung verursacht, von der sich die Linke nicht mehr erholt hat. Daß sich der deutsche Bürger zurückzog und abgestoßen wurde, wenn er die wilden Gesichter revolutionärer Polen sah, die sich im Vorbeigehen frohlockend die Stätte zeigten, wo Lichnowsky und Auerswald erschlagen worden waren, kann niemand wundernehmen[116].

Vielleicht darf man noch einen weiteren Grund für das Erlahmen der revolutionären Energie namhaft machen. Die radikale Propaganda war von Anfang an nicht ohne handfeste materielle Versprechen ausgekommen und hatte damit das Volk auf der Straße, in den Werkstätten und Fabriken aus seiner politischen und ökonomischen Lethargie zu reißen versucht. Als in den ersten Märztagen im Bergischen Land eine Volksversammlung abgehalten wird, unterbrechen die im Saale anwesenden Arbeiter den Redestrom des liberalen Redners: »Was geht uns Pressefreiheit an, Freßfreiheit ist das, was wir verlangen.«[117] In Wien ist es vorgekommen, daß ein volkstümlicher Agent die Rednertribüne mit brennender Zigarre betrat: »Ich kam nicht ohne Absicht mit der Zigarre im Mund. Es ist eine feine Havanna, die ich rauche, und sie ist teuer . . ., aber ein jeder soll in Zukunft seine Havannazigarre rauchen können.«[118] Solche Versprechungen und Drohungen waren nach Inhalt und Form wenig geeignet, das politisierende Bürgertum für die Ideale der Roten Republik zu gewinnen. Mit einer Sache, die ins Grobmaterialistische abglitt, wollte man nichts zu tun haben. Auch die Führer der äußersten Linken blieben in Deutschland zurückhaltend gegenüber den massiven Anliegen der Arbeiterklasse und wollten auf keinen Fall eine klassenkämpferische Parole großziehen. Man war sich in Kreisen der radikalen Links-Hegelianer darüber einig, daß der dialektische Fortschritt durch schärfste Ausbildung des gesellschaftlichen Gegensatzes von Bourgeoisie und Proletariat zwar in der Theorie wünschenswert war, aber man beschloß, daß dieses Hervortreiben der Gegensätze praktisch in Deutschland nicht in Betracht komme. Anstatt wie es die dialektische Lehre verlangte und wie es das (freilich zum Scheitern verurteilte) Pariser Vorbild nahelegte, den schroffen Kampf der Arbeiterschaft gegen die bürgerliche Gesellschaft anzusagen, predigte man auch von seiten der Linken die Versöhnung beider Klassen im Begriff des Citoyen. Man wollte Bürgertum und Volk dazu erziehen, seinen Vorteil und sein Wohlergehen nicht in der Isolierung, sondern in der »Gemeinschaft und gegenseitigen Unterstützung«, in einem »System der Assoziation und allgemeinen Assekuranz« zu suchen[119]. Das bedeutete, geschichtlich betrachtet, nichts Geringeres, als daß die nach sozialistischer Lehre zu erwartende zweite Stufe der Revolution von seiten der Intellektuellen selbst abgeschnitten und die geschichtliche Ebene der Pariser Februarrevolution in Deutschland überhaupt nicht betreten wurde. Das Ideal der Vollbürgerdemokratie war in diesem Augenblick fast ein retardierendes Moment und trug zu dem raschen Ende der Revolution des Jahres 1848 zweifellos bei. Es lähmte das kaum noch zu eigenem Bewußtsein erwachte Proletariat und konnte das liberale Bürgertum seinem Rechtsstaatsgedanken nicht im geringsten abspenstig machen. Bei jeder Bedrohung dieses rechtsstaatlichen Zustandes durch subversive Bewegungen mußten die Mächte der Autorität den Gewinn davontragen. Da sie sich einer gespaltenen Opposition gegenübersahen, hatten sie nicht bloß ideologisch, sondern auch machtpolitisch ein leichtes Spiel.

In dem Augenblick, als sich die alten Gewalten überdies noch der neuen politischen Taktik bedienen lernten und sich in großen Parteigründungen an die breite Masse wandten, mußten sie das Übergewicht erhalten. Die Herausbildung einer konservativen und einer klerikalen Partei, die es bisher eigentlich nicht gab, ist eine mittelbare Folge der Demokratisierung des politischen Lebens. Auf dem Umweg über die moderne Form der Massenführung hat die achtundvierziger Revolution nicht wenig zum Sieg der Gegenrevolution in Deutschland beigetragen. Durch den Appell an die öffentliche Meinung ist die Reaktion erst ein Faktor des öffentlichen Lebens geworden. Seitdem ist der Weg des gouvernementalen Reformstaates verbaut. Das politische Leben in Deutschland tritt auseinander in die unversöhnlichen Gegensätze von Rechts und Links, zwischen denen es keine entwicklungsgläubige überparteiliche Vermittlung mehr gibt. Die Tendenz zum Klassenstaat, die in Frankreich vor den Junischlachten des Jahres 1848 angelegt war und durch die Cäsaren Cavaignac und Napoleon III. vereitelt wurde, ist für Deutschland nicht angebahnt worden. Dafür trat die Entwicklung zum Parteienstaat ein, der auf mühsamen und unerprobten Wegen seine Integration suchen mußte.

Während die Regierungen ein wechselndes und von den momentanen Kräfteverhältnissen abhängiges Gepräge zeigen und die sogenannten Märzministerien fast durchweg den Charakter von Beamtenregierungen annehmen, gliedert sich die Meinungsbildung auf der Seite der Regierten deutlich in drei Gruppen auf (wenn man die Zwischenstufen einrechnet, sind es fünf), die von nun an das politische Spektrum in Deutschland ausmachen werden. Die Scheidung beginnt bereits im April 1848 und ist am klarsten an den Vereinsbildungen zu veranschaulichen. Wir wählen das Beispiel die Provinzhauptstadt Königsberg, weil sich hier vielleicht unbefangener ein Durchschnitt vermitteln läßt als in den großen Zentren[120].

Am 25. April 1848 wurde in Königsberg als wichtigste Gründung der anfänglichen Begeisterungswelle der Revolution der »Konstitutionelle Klub« ins Leben gerufen. Großenteils aus den Mitgliedern der bürgerlichen »Ressource« sich rekrutierend, jenes Diskussionsklubs, der sich im Vormärz der Wünsche und Anliegen der ostpreußischen Liberalen so mutig angenommen hatte, bezog der Klub von seinen ersten Anfängen an eine vermittelnde Stellung. Er verbreitete sich lehrhaft und mit bemerkenswertem rednerischem Niveau über die Vorzüge der monarchischen Repräsentativverfassung und warnte vor Wühlereien von links wie von rechts. Jeden Mittwochabend fanden seine Sitzungen statt, die auch vielfach von Frauen besucht wurden. Er genoß großes Ansehen über den Bezirk der Stadt hinaus, schloß die Schwestervereine zu Erklärungen und Kongressen zusammen und schickte Sympathiebotschaften an die deutschen Brüder in Wien. Trotz seiner tüchtigen Leiter und seiner Beliebtheit in weiten Kreisen der passiv bleibenden Bürgerschaft brachte es der »Konstitutionelle Klub« nur zu einem festen Mitgliederstand von 400 Getreuen und verlor seine Anziehungskraft rasch mit dem Schwinden der »politischen Sturmperiode«. Am Ende der reinen »Erhebungszeit« der Revolution ging die Anziehungskraft auf die extremen Flügel über: auf den »Arbeiterverein« der äußersten Linken und den etwas später (Anfang August) gestifteten rechtsstehenden »Preußenverein«, der bei seiner Gründung noch heftigen Widerstand fand, aber im Lauf des Herbstes so mächtigen Zuzug erhielt, daß er mit 6000 eingeschriebenen Mitgliedern bei weitem die größte volkstümliche Vereinigung Ostpreußens wurde. Der Widerstand gegen ein Weiterschreiten der Revolution und auch gegen ein Aufgehen Preußens in Deutschland fand unverkennbar einen Widerhall in breiten Schichten. So stark war die Anziehungskraft des »Preußenvereins«, daß seine Sitzungen gleichzeitig in verschiedenen Lokalen der Stadt abgehalten werden mußten. Aber auch der »Arbeiterverein«, der unter der Leitung des Schriftstellers Dr. Dulk eine gründliche Erörterung politischer und sozialer Gegenstände sich zur Aufgabe machte, besaß eine zähe Lebenskraft und überdauerte sogar die politische Stagnation des Jahres 1849. Alle Zwischenparteien, die im Lauf des Sommers 1848 entstanden waren, gingen dagegen rasch wieder ein, sowohl ein rechtes Zentrum, der »Konstitutionelle Verein«, der bald mit dem »Preußenverein« zu fraternisieren begann, als auch der »Demokratische Klub«, der die bürgerliche Linke zu organisieren bemüht war. Übrig blieben die drei charakteristischen »Parteien« der achtundvierziger Zeit: eine bürgerlich-liberale Mitte, die sich mehr und mehr ins Gesellschaftliche und Schöngeistige zurückzog (die »Ressource«), eine sehr wirksame Rechte, die jetzt erst die Theorie des Altpreußentums in Dogma und Propaganda entwickelte (der »Preußenverein«), und die zahlenmäßig kleine, aber zähe und charaktervolle Linke, welche die schlummernden politischen Kräfte des Proletariats mit bürgerlichen Mitteln zu organisieren suchte (der »Arbeiterverein«). Aus diesen drei geistig-politischen Heersäulen und den zwischen sie sich einnistenden Übergangsgruppen einer bürgerlich-freisinnigen und einer liberal-konservativen Honoratiorenschicht setzt sich seit April 1848 allmählich das deutsche politische Spiel zusammen. Außerhalb wie innerhalb der Parlamente beobachten wir dieselben

Gruppen der Meinungsbildung, die je nach den landschaftlichen Besonderheiten und nach den konfessionellen Verhältnissen gewisse Varianten erfahren mögen, in der Grundstruktur aber überall vorhanden sind. Im allgemeinen ist es lehrreicher, die politischen Vereine zu studieren als sich mit den Parteischattierungen der verschiedenen Abgeordnetenkammern und der Frankfurter Nationalversammlung abzuquälen, die doch nirgends zu einer wirklichen Fraktionsbildung geführt haben und über die Ebene des gehobenen politischen Stammtisches kaum hinausgekommen sind.

Über eine straffe zentrale Leitung verfügte, in Preußen wenigstens, nur die royalistische Partei. Nach einer Epoche der Bestürzung und Ratlosigkeit, in der man geneigt war, den Sieg des konstitutionellen Prinzips als eine Fügung Gottes hinzunehmen[121], verstand sie es in überraschend kurzer Zeit, sich mit demokratischen Mitteln zu einer fast uneinnehmbaren politischen Festung zu machen. Schon im April 1848 hatte sich in der Wohnung des Generals von Gerlach im »Schwarzen Bären« bei Sanssouci ein kleiner Kreis von unbedingt königstreuen Männern zusammengefunden zur Begründung der »Neuen Preußischen Zeitung«. Unter dem Zeichen des Eisernen Kreuzes ins Leben gerufen, übte das publizistische Organ durch sein klares Programm, durch gute Mitarbeiter und eine geschickte Propaganda bald eine große Wirkung aus. Die Redaktion wurde einem begabten jungen Gerichtsassessor, Hermann Wagener, übertragen, der ein besonderer Schützling des streitbaren Chefpräsidenten des Magdeburger Oberlandesgerichts Ludwig von Gerlach war und von Anfang an die soziale Komponente der neuen preußischen Monarchie stark unterstrich. Der Kreis der Männer, die hinter der Zeitung standen und zum Teil auch als Geldgeber wirkten, wird bezeichnet durch den Kammerherrn der Königin, Herrn von Bethmann-Hollweg, durch den pietistischen Freund des Königs, Baron Senfft von Pilsach, durch Graf Voß-Buch, durch den originellen Baron Hertefeldt, meistens Leute von einiger Selbständigkeit des politischen Urteils und sowohl in der Deutschlandfrage wie in der preußischen Innenpolitik noch nicht festgelegt auf ein starres Dogma. Während der Sitzungsperiode der preußischen Nationalversammlung stieß zu dieser Gruppe der »Kreuzzeitung« eine mehr wirtschaftlich orientierte Interessenvertretung des ostelbischen Adels, zuerst in Gestalt des »Vereins zur Wahrung der Interessen des Grundbesitzes«, dann durch das sogenannte Junkerparlament in Berlin. Während die ziemlich engen und nur auf das Steuerprivileg des Landbesitzes gerichteten Ziele dieses Verbandes durch zahlreiche landwirtschaftliche Bezirksvereine verbreitet wurden, fanden die Ideen der christlichen Monarchie durch neue aus der Erde schießende Vereine (»Preußenverein«, »Vaterlandsverein«, »Verein für König und Vaterland«, Veteranen- und Pastoralvereine) ein breites Echo in Stadt und Land. In der pietistisch bestimmten Berliner Zentrale bildete sich eine Art von »politischem Generalstab«[122] heraus, in dessen Händen die Fäden dieser vielverzweigten patriotischen und kirchlichen Vereine zusammenliefen. Neben den beiden Gerlachs gehörte der Pommer Kleist-Retzow, der Herr von Below und sein Freund Bismarck-Schönhausen zu diesem innersten Kreis. Man dachte daran, in Pommern und der Mark einen Landsturm mobil zu machen nach dem Vorbild der Vendée. Man entfachte einen Adressensturm und setzte damit den König und die Ministerien unter Druck. Man hielt sich käufliche Subjekte, um Nachrichten aus dem Lager der Demokraten zu bekommen. Hermann Wagener hat erzählt, daß die »Kreuzzeitung« besser als Regierung und Polizei über alle Vorgänge bei ihren Gegnern unterrichtet gewesen sei, weil sie mit dem Geld nicht sparte und sich auf der Gegenseite Leute fanden, welche »in der zehnten Abendstunde, wenn der Trunk seine Wirkung tat, ihre Geheimnisse bergenden Röcke auszuziehen und ohne Aufsicht hängen zu lassen pflegten«[123]. Es ist in den Reihen der »Kreuzpartei« mit sehr skrupellosen Methoden der Verleumdung, der Stimmungsmache, der schmutzigen persönlichen Verdächtigung gearbeitet worden. Aber es ist auch mit außerordentlichem Erfolg und mit ganz modernen massentaktischen Mitteln eine Anhängerschaft herangebildet worden, wie sie im Jahre 1848 noch keiner anderen Partei zu Gebote stand mit Ausnahme vielleicht der katholischen Sammelbewegung. Inmitten einer stürmischen Periode der preußischen Monarchie, in der so mancher alte Geheimrat seufzte: »Man trüge ja so gern den Mantel nach dem Winde, wenn man nur wüßte, woher er käme«, erstand hier, von dem Kreis der pommerschen Pietisten geistig bestimmt, von der Kamarilla am Hofe gelenkt und von den Junkern zu ihren Zwecken ausgenützt, aber doch von einer tiefen patriarchalischen Grundstimmung im norddeutschen Landvolk getragen, ein Mittelpunkt der politischen Willensbildung, der vielleicht nicht notwendig in starre Reaktion einmünden mußte, sondern noch die Möglichkeit hatte, ähnlich wie die moderne Torypartei in England unter der Führung Disraelis, durch einen Bund der Krone mit der sozialen Frage einen Vorsprung vor dem bürgerlichen Freisinn zu gewinnen. Man ist nicht selten betroffen von dem politischen Augenmaß und der sozialen Vorurteilslosigkeit, von dem Sinn für Führungsprobleme und der Offenheit für gesellschaftliche Aufgaben, die sich im Kreis der Berliner »Revue«, bei der »Kreuzzeitung« oder dem »Halleschen Volksblatt«, bei einzelnen Konservativen wie Viktor Aimé Huber oder Rodbertus finden. Im Großen sind die Ansätze untergegangen in den wirtschaftlichen Anliegen der Agrarier und dem blinden Kreuzzug gegen die Demokratie. Aber war es gänzlich ausgeschlossen, daß auch in Deutschland ein Zweiparteiensystem sich herausbildete mit einer konservativen und einer liberalen Massenpartei wie in England? Es gab auch auf der Rechten durchaus volkstümliche Führer, die aus dem kleinen Mittelstand kamen und die alte Herrenschicht ersetzen konnten, Leute vom Typ des Schuhmachers Panse, der in Berlin den Handwerkerverein leitete und von dem Hermann Wagener ein glänzendes Porträt entwirft: ». . . ein Mann, klug und gewandt, energisch und vorsichtig, dabei aufrichtig und zuverlässig, ein geborener Parlamentarier, gleich geschickt im Präsidieren wie im Debattieren, kurz ein Mann, der in einer Republik wie Amerika das Zeug zu einem Präsidenten gehabt haben würde; seine Begabung war eine so hervorragende und überlegene, daß er von seinen Standesgenossen freiwillig und gerne als Führer und Autorität anerkannt wurde.«[124] Der Tod Panses ist im Lager der Konservativen lebhaft bedauert worden. Seine Bewunderer von der Kreuzzeitungspartei taten freilich alles, um ihm die Chance einer amerikanischen Präsidentenlaufbahn verfassungsmäßig zu versperren. Aber sie haben doch den neuen Typus des Parlamentariers entdeckt und gewürdigt und dadurch bewiesen, daß sie nicht starr im absolutistischen Staatsdenken beharrten, sondern eine neue Ebene des politischen Kampfes und Wirkens betreten wollten.

Noch früher und wirkungsvoller als die Rechte hat der Katholizismus die Bewegung der Massen in die Wege geleitet und sich mit demokratischen Methoden ein Werkzeug der Macht geschaffen. Die Anfänge einer klerikalen Werbearbeit mit pressepädagogischen und vereinspolitischen Mitteln gehen schon in die Zeit von 1846 zurück. Damals hat der Volksprediger und »Wühler« (so hat er sich selbst bezeichnet) Franz Joseph Buß aus Freiburg i. Br. eine katholische Massenpetition eingeleitet, welche die badische Kammer zu sprengen vermochte. Buß, der selbst aus dem Volk stammte und mit seinen Schwarzwaldbauern zu reden verstand, hat schon vor 1848 auf Grund seiner badischen Erfahrungen einen bis ins einzelne gehenden Plan aufgestellt, wie man durch Gründung von kleinen Lokalblättern und Ortsvereinen, durch Dachorganisation und zentrale Presselenkung, durch zugkräftige Volksredner und politisch-religiöse Aufklärungsarbeit einen Propagandafeldzug aufziehen müsse, um sich eine Millionenanhängerschaft zu erziehen. Aber erst die Märzereignisse mit ihrer Errungenschaft der Vereinsfreiheit und der neuen Pressegesetze haben die Bewegung für ganz Deutschland ins Rollen gebracht und den aufsprießenden katholischen Vereinen in der Wahlkampagne für Reichs- und Landesversammlungen einen würdigen Gegenstand ihres Eifers zugeworfen. Im Vordergrund der Agitation stand durchaus die Kirchenfrage. Mit liberalen Argumenten verfolgte man ein klerikales Ziel. Unter der Freiheit der Gewissen, der Meinung und der Assoziation verstand man in erster und fast einziger Linie die Unabhängigkeit der katholischen Kirche vom Staat, die Freiheit der Ordensniederlassung, die Aufhebung des landesherrlichen Placets für bischöfliche Erlasse, die Abschaffung des Patronats und die Freiheit des kirchlich geleiteten Unterrichts. Man war sich in den maßgebenden Kreisen darüber klar, und auch Buß selbst sprach es aus, daß diese Trennung von Kirche und Staat erst notwendig geworden war, seitdem der Staat seine rechtgläubige Basis verlassen hatte. Aber in diesen vorübergehenden Notzeiten, auch wenn sie Jahrhunderte dauern sollten, mußten nun Klerikalismus und Liberalismus Hand in Hand gehen, nicht was die Ziele, aber was die Methoden betraf. Das Bündnis mit dem Liberalismus richtete sich ebenso gegen den alten Polizeistaat wie gegen den atheistischen Radikalismus der Revolution, der ja auf eine neue und sehr viel wirksamere Staatsallmacht hinarbeitete. Daß man sich in den leitenden Kreisen über den geheimen Vorbehalt einig war, der liberale und klerikale Bewegung trennte, das beweist der Ausspruch des Erzbischofs Geißel von Köln: »Wir wollen nicht sagen Unterrichtsfreiheit für alle, sondern Unterrichtsfreiheit für die Kirche.«

Der Mittelpunkt der neuen Parteibildung wurde der Mainzer »Piusverein«, den hessische Geistliche schon am 23. März 1848 ins Leben riefen und durch eine weitverzweigte Organisation von Tochtergründungen über den deutschen Westen und Süden verbreiteten. Zentralvereine in den größeren Städten, Ortsvereine in den Landbezirken lenkten die Laien im Sinne der Geistlichkeit. Der soziale »Vincentiusverein«, der auf Volksbildung bedachte »Borromäusverein«, die imponierende Gesellenbewegung Kolpings und der katholische Presseverein traten ergänzend zur Seite. Katholische Tageszeitungen in Köln, Mainz und Salzburg wurden gegründet, und die »Rheinische Volkshalle«, das »Mainzer Journal«, die »Süddeutsche Zeitung« erlangten Bedeutung über ihre Provinzen hinaus. Ein imponierender Aufmarsch des katholischen Volkes wurde auf dem ersten Katholikentag in Mainz im Oktober 1848 inszeniert, wo unter dem Vorsitz des ruhelosen Wanderpredigers Franz Joseph Buß sich die Vertreter aller Piusvereine zusammenfanden, um den Widerhall der kirchlichen Freiheitsidee in den breiten Massen zu demonstrieren. Der bei diesem Anlaß gegründete »Katholische Verein Deutschlands« nahm unter seine Hauptaufgaben die Bekämpfung der sozialen Mißstände auf, und Buß, Ketteler, auch August Reichensperger schlugen Töne an, die ein folgenreiches Bündnis mit der Arbeiterbewegung erwarten ließen. Man forderte energisch einen wirksamen Auswandererschutz, Reform des Fabrikwesens, Beschäftigung der Erwerbslosen, Sparkassen, Fürsorgeinstitute, Volksbibliotheken, ja sogar Aktienanteil der Arbeiter und hielt doch zugleich an dem sittlichen Postulat der Rückkehr zu einem patriarchalischen Arbeitsverhältnis fest. Ketteler suchte bewußt den Staat auszuschalten aus diesen sozialen Aufgaben und sie ganz einer neuen christlichen Liebestätigkeit, einer religiösen Verpflichtung des Besitzes und einer geistlich geleiteten Volksbewegung zu überweisen. Wenn auch vor allem bei Buß die ausländischen Lehrmeister deutlich zu spüren waren und entscheidende Anregungen von Owen, Saint-Simon und Fourier, von Blanqui, Buchez und Montalembert ausgingen[125], so waren doch in Kolping und Ketteler Männer entstanden, die den Stundenschlag der Weltgeschichte erkannt hatten, aus der deutschen Erfahrung der Handwerkerkrise schöpften und für ihre praktische Sozialarbeit die weitgehende Unterstützung des kirchlichen Apparates fanden. Obwohl die Kirchenfürsten selber seit November 1848 offen ins Lager der Regierungen übergingen und sich dem Standpunkt der »Kreuzzeitung« näherten, blieb in der katholischen Laienbewegung und Vereinstätigkeit das soziale Element am Werk, das der katholischen Kirche ermöglichte, die Fühlung mit den breiten Volksschichten selbst im Zeitalter des Industrialismus nicht zu verlieren.

Auch die Linke hat den Frühsommer des Revolutionsjahres dazu ausgenützt, um die vereinsmäßige und publizistische Ausbreitung ihrer Ideen zu betreiben. Auch sie hat sich dabei der zeitgenössischen Forderungen des französischen Sozialismus angenommen. Meist wurde an die vorhandenen Turnvereine und Arbeitervereine angeknüpft, kleinbürgerliche Lesegesellschaften wurden politisch aktiviert oder neue »Volksvereine« gegründet. Die Zusammenarbeit reichte bis hinüber zum kommunistischen Flügel der Arbeiterbewegung, der sich in Köln um die »Neue Rheinische Zeitung« scharte. Aber auch im reaktionären Pommern wurden Kreiskongresse der Demokraten einberufen. Frankfurt sah in der Pfingstwoche einen »Kongreß der deutschen demokratischen Republikaner«, auf dem 89 Vereine durch mehr als 200 Abgeordnete vertreten waren. Ein »Zentralausschuß der deutschen Demokraten« sollte von Berlin aus das Netz der Kreis- und Lokalvereine zusammenhalten und sie agitatorisch einsetzen für den unmittelbar bevorstehenden Kampf um eine deutsche Zentralgewalt. An die Spitze der Organisation wurde fast durch einen Zufall Julius Fröbel gestellt, der als Züricher Verleger die schweizerische Staatsangehörigkeit erworben hatte und einige Geschäftsgewandtheit besaß. Aber das gegenseitige Mißtrauen und Beargwöhnen, die Eifersucht und Herrschsucht der führenden Persönlichkeiten untereinander, eine gewisse naive Ahnungslosigkeit und Phantastik ließen es nicht zum Aufbau eines wirklichen Machtapparates kommen[126]. Der Linken fehlte im außerparlamentarischen Bereich, ganz ähnlich wie den geistigen Vertretern des Liberalismus, ein Evangelium der Massen und damit die Verfügung über materielle Kräfte, die allein vermocht hätten, eine neue Regierungsgewalt zu stützen. Bismarck hat in seinem Urteil über das Jahr 1848 diesen Mangel an Gefolgschaftsbildung ebenso sehr unterstrichen wie Karl Marx, der davon gesprochen hat, daß die Revolution nur Offiziere und Unteroffiziere, aber keine Soldaten gehabt habe.

Es gab wohl auf dem äußersten Flügel der Linken radikale Volksmänner, wie Robert Blum, Arnold Ruge, Friedrich Hecker, Stephan Born, welche diesem

Übel in ihrem Umkreis abzuhelfen versuchten. Aber wie doktrinär faßten auch die meisten dieser radikalen Parteiführer das Problem an! Arnold Ruge etwa, der Pächterssohn aus Rügen, dessen Vorfahren schon seit Generationen als Bauern und Handwerker auf der Insel gelebt hatten, ist gewiß ein leidenschaftlicher und erfolgreicher Massenredner, der in Leipzig, Breslau und Berlin Versammlungen um sich geschart hat, die angeblich bis zu 30000 Menschen zählten. Seine Volkstümlichkeit kommt ihm nicht zuletzt wegen seiner schneidenden Abrechnung mit der bürgerlichen Intelligenz und der »ehrwürdigen Gesellschaft der Paulskirche« zu. »Hütet euch vor den Beamten, sie können nicht frei sein wollen. Hütet euch vor den Professoren . . ., sie haben die Knechtschaft in ein System gebracht. Hütet euch vor den Advokaten, sie sind gewohnt, selbst den Teufel zu verteidigen. Hütet euch vor den Geistlichen, ihr Reich ist nicht von dieser Welt. Wählt lauter Männer des Volkes, doch nicht zu alt!«[127] Und doch ist dieser jugendlich-radikale Volksführer selbst das Urbild eines Doktrinärs. Er hat sein System der »uneingeschränkten Vernunft», das jetzt die Epoche der uneingeschränkten Monarchie ablösen soll, gewonnen als Schüler Hegels und Verehrer der Griechen, als nicht zum Ziel gelangter akademischer Lehrer und philosophischer Schriftsteller. Die Satire der Gegner hat es nicht allzu schwer, diesen aus der Bahn gesprungenen Professor, der sich selbst voll Stolz als »Kavalleriegeneral der Hegelei« bezeichnet, lächerlich zu machen. Eine Karikatur stellt ihn dar, wie er als »Minister des Äußersten« dem Ministerium der Zukunft voranschreitet, mit einer Nachtwächterlaterne in der Hand und in einem Schlafrock, aus dessen Taschen überall Manuskripte herausragen. Dabei ist Ruge einer der unbedingtesten und streitbarsten Apostel der direkten Aktion. Noch am 31. Oktober, unmittelbar vor dem Umschwung in Wien und Berlin, hat er einen Volkshaufen mit roten Fahnen vor das Schauspielhaus geführt, in dem die preußische Nationalversammlung tagte. Einen Augenblick lang fühlte er sich wie Perikles vor den Athenern, in der nächsten Stunde hatte er die Führung völlig aus den Händen verloren. Im Grunde war »der Terrorist der Vernunft« nur stark, wo er Ideen kommandieren konnte, und versagte vor der lebendigen Gestaltung von Menschenmassen.

So ist es überall gewesen. Wo Aufruhrhaufen sich zusammenballen, sind sie ohne Führer. Wo Verfassungen erdacht werden, sind sie ohne Volk. Märtyrer sind genug geblieben, in Baden allein wurden 3500 Prozesse angestrengt und grausame Strafen verhängt, aber ein Träger der Vollzugsgewalt ist nirgends hervorgetreten. Es schien kein anderer Weg übrigzubleiben, um zu einem neuen Staat zu gelangen, als eine weise Vereinbarung zwischen den Regierungen und dem Frankfurter Nationalparlament. Aber auch sie war nicht frei in das Ermessen der Beteiligten gestellt, sondern blieb abhängig von der Konstellation der europäischen Mächte.

VIII

Deutschland und die europäischen Mächte

Seit 1830 steht in Europa ein Block der konservativen Mächte, bestehend aus Rußland, Österreich und Preußen, einer Entente cordiale der westeuropäischen Staaten gegenüber, welche auf der ideologischen und taktischen Zusammenarbeit des englischen und französischen Liberalismus beruht. Der Sturz des Bürgerkönigtums in Frankreich hat diese Solidarität aufs neue ins Gedächtnis gerufen, nachdem in den letzten Jahren Guizot und sein bedrohtes Regime immer mehr Anlehnung an das System der Heiligen Allianz gesucht hatten und noch 1846 mit Metternich zusammen gegen den Schweizer Radikalismus aufgetreten waren. Der Ausbruch der Revolution hat in Frankreich sofort das Gefühl der Zusammengehörigkeit mit der anerkannten Schutzmacht des politischen Fortschritts in Europa zur Geltung gebracht. Der führende Staatsmann Englands, Lord Palmerston, hat zwar die offizielle Anerkennung der republikanischen Regierung in Paris nicht sofort ausgesprochen, so wenig wie die übrigen Kabinette. Aber es war offenkundig, daß seine Sympathie nicht auf seiten der Mächte stand, die eine bewaffnete Intervention gegen das abtrünnige Frankreich erwogen, und daß er nur auf den Augenblick wartete, wo die neue Staatsgewalt in Frankreich so stabil und dauerhaft erschien, daß man sie als rechtsgültigen Ausdruck der öffentlichen Meinung ansehen konnte. Wie Palmerston in Italien die revolutionären Bestrebungen begünstigte, die sich gegen die österreichische Fremdherrschaft richteten, so war ihm die europäische Strahlungskraft der Pariser Revolution ein wertvoller außenpolitischer Faktor, den er zu schätzen und anzusetzen wußte. Die Wiederbelebung der polnischen Unabhängigkeitsbewegung würde Rußland zu schaffen machen, das Übergreifen der Freiheitswelle auf Süddeutschland und auf Ungarn würde Österreich in die Zange nehmen, und es war Hoffnung vorhanden, daß der eiserne Block der Ostmächte bei dieser Gelegenheit vollends auseinandergesprengt würde. Aktiv wollte sich England freilich auch nicht auf seiten der Revolution an dieser kontinentalen Auseinandersetzung beteiligen; dazu war doch wohl die Sorge vor einer Ausdehnung des revolutionären Frankreich in Richtung auf Antwerpen zu wach im englischen Bewußtsein. Der Inselstaat wird sich vielmehr auf seine Handels- und Seeinteressen zurückziehen und sich mit dem verwandten Königshaus in Belgien besprechen, damit an der Kanalküste keine Überraschungen geschehen. Unter diesem mächtigen englischen Schutz hat sich Belgien in der Tat völlig abschließen können von der europäischen Welle des Republikanismus und hat seine kommunistischen Gäste des Landes verwiesen. England war entschlossen, weder Subsidien noch Truppen auf das Festland hinüberzuschicken, um etwa in Frankreich die Monarchie wiederherzustellen, wie es einst in einer ähnlichen Situation während der ersten Französischen Revolution geschehen war. Aber es war andererseits auch nicht uninteressiert daran, daß an der Schelde und Mosel starke politische Barrieren entstanden.

Der Staat, der sich damals für die Erhaltung des bestehenden Zustands in Europa verantwortlich fühlt und auch praktische Überlegungen anstellt, wie diesem Führungsanspruch zu genügen sei, ist Rußland. Was Zar Nikolaus I. am meisten fürchtet, ist die Gefahr, daß Preußen die Gelegenheit benützen könnte, um die russische Vormundschaft abzuschütteln. Die Eifersucht auf ein selbständiges politisches Handeln Friedrich Wilhelms IV. und seines Außenministers Graf Canitz ist in Petersburg fast noch größer als die Furcht vor der revolutionären Welle selbst, und die russische Politik läßt kein Mittel unversucht, um die fähige Militärmacht zwischen Rhein und Weichsel an eine ganz kurze Leine zu nehmen. Wir kennen den politischen Briefwechsel, den der russische Gesandte am Berliner Hof, Baron Peter von Meyendorff, mit seinem vorgesetzten Minister Graf Nesselrode geführt hat[128], und können ihm entnehmen, mit welcher herrenhaften Geringschätzung die russische Führungsschicht, die ja meist deutsch-baltischen oder schwedischen Ursprungs war, auf den preußischen Vasallen herabsieht. Man wird den schärfsten Degen des Festlands vielleicht brauchen, wenn es zum großen europäischen Prinzipienkampf kommen wird. Darum darf man Preußen nicht vor den Kopf stoßen und ihm nicht das Gefühl der Verlassenheit geben. Aber man darf solchen Projektenmachern wie Friedrich Wilhelm auch nicht das Gefühl der freien Wahl zwischen den weltpolitischen Fronten geben. Man darf sie nicht selbständig handeln lassen, sonst könnten sie sich mit dem deutschen Nationalismus verbünden und sich von der russischen Führung sehr drastisch entfernen. Man verhandelt gerade im Februar 1848 über die hohen Zollmauern an der polnischen Grenze, über welche die Preußen Klage geführt haben. Meyendorff benutzt die Verhandlungen als Besänftigungsmittel, aber tritt in den politischen Fragen um so diktatorischer auf. »Ich bin sehr sanft gewesen, solange es sich nur um Tarife und Kartelle handelte, aber ich könnte außerordentlich unangenehm werden, wenn man hier Miene machen wollte, das Geringste ohne uns und Österreich zu unternehmen ... Die Leute hier dürfen nicht für sich allein große Politik machen, weil sie nichts davon verstehen.«[129]

Man wird sich nicht wundern dürfen, daß deutsche Patrioten in Erinnerung an 1792 mit derselben Gefahr rechneten, welche die Russen und sogar die Engländer als ernsthafte politische Möglichkeit betrachteten. Wenn es zum

Krieg an der Rheingrenze kam, war er dieses Mal nicht bloß ein Prinzipienkrieg zwischen Revolution und Autorität, sondern er wurde zwangsläufig ein Volkskrieg zwischen Franzosen und Deutschen. Schon die Möglichkeit einer kriegerischen Verwicklung war doch wohl eine Rechtfertigung für das Empfinden weiter Kreise, die schon seit geraumer Zeit in einer Bundesreform und vor allem in einer Heeresreform das Zentralproblem des deutschen politischen Lebens sahen. Wer wollte einer nationalen Gefahr begegnen, wenn sie plötzlich eintrat? Wer einem Revolutionskrieg im Namen Deutschlands die Stirne bieten? Wer den hochmütigen Russen gegenüber den Anspruch auf eine eigene politische Linie vertreten? Der Bundestag konnte es nicht, Österreich wollte es nicht, so blieb nur Preußen als Träger einer militärischen und politischen Handlungsfreiheit übrig. Friedrich Wilhelm IV. sah seit Herbst 1847 sehr wohl seinen deutschen Beruf, nur wollte er nicht den Weg von unten her über die Volksmeinung und die modischen Ideen beschritten wissen. Es sollte kein Bundesparlament berufen und kein demagogisches Nationalbewußtsein geweckt werden. Von oben her sollten vielmehr die 38 Souveräne des Deutschen Bundes in heiliger Eintracht einen neuen Vertrag schließen, Münzen und Maße, Post und Eisenbahn, Strafrecht und Handelsrecht aufeinander abstimmen, die Wehrmacht vereinheitlichen und zentralen Inspektionen unterstellen, sich einem Bundesgerichtshof unterwerfen und eine gemeinsame Führung von Wien und Berlin anerkennen. Preußen sollte als Bundesoberfeldherr, Österreich als Kaiser an der Spitze der Union stehen: So lautete der Reformplan, den Generalmajor Joseph von Radowitz im November 1847 ausgearbeitet hatte und auf den gerade jetzt, am 21. Februar 1848, Friedrich Wilhelm IV. zurückkam.

Es gab Ratgeber der preußischen Krone, die bereits weitergingen. Schon bevor das auslösende Ereignis der Februarrevolution in Paris eingetreten war, am 22. Februar, richtete der Generalintendant Graf Redern an den König eine Denkschrift, in welcher er ihn aufforderte, die in kraftlosen Händen ruhende Kaiserkrone an sich zu reißen. Österreich sei durch seine fremdnationalen Provinzen den deutschen Aufgaben entwachsen und ohnmächtig, das Ausland werde und könne nicht eingreifen, wenn Preußen sich zum Handeln entschließe. Jetzt sei der Moment, um die übrigen Souveräne zur Einheit unter preußischer Spitze fortzureißen. Der König gab schon am Tage darauf einen heftig ablehnenden Bescheid. »Ihr warmes Gefühl täuscht Sie über die von Ihnen gewünschte Gestalt Teutschlands. Es würde nämlich danach eine Bildsäule ohne Kopf sein. Österreich ist aber Teutschlands Haupt, auch dann, wenn dieses Haupt die Verrichtungen des Hauptes nicht üben will.«[130] Friedrich Wilhelm ist eben dabei, seinen Vertrauten nach Wien zu schicken, um den Staat Metternichs für Ministerkonferenzen zu gewinnen, die den Radowitzschen Entwurf verwirklichen sollen. Auf 25. März in Dresden werden sie vereinbart. Inzwischen ist aber das Bürgerkönigtum zusammengebrochen und Metternich aus Wien geflohen. Graf Dönhoff, der preußische Bundestagsgesandte in Frankfurt, gibt den Rat, ein offenes Bekenntnis zum konstitutionellen System abzulegen und der führerlosen Nation den Weg zu einer Verfassung zu zeigen. Der Innenminister von Bodelschwingh drängt darauf, den Vereinigten Landtag in eine Volksvertretung umzuwandeln, und entlockt dem König Schritt für Schritt wesentliche Versprechen. Der Gesandte in Paris, Heinrich von Arnim, der über Belgien und das Rheinland zurückgereist ist und am 29. März das Außenministerium übernommen hat, geht noch weiter. Der König von Preußen soll als vorläufiges Oberhaupt Deutschlands alle Fürsten und alle Landtage, ob ständisch oder konstitutionell, nach Berlin einladen und mit ihnen die Einheitsfrage besprechen. Friedrich Wilhelm IV. gibt dem Drängen nach, ohne doch sein Handeln in den kritischen Tagen konsequent auf diese deutschen Ziele einzustellen[131]. In der Proklamation, die am Vormittag des 18. März in die Druckerei geht und von Bodelschwingh und dem Oberpräsidenten der Rheinprovinz, Eichmann, redigiert ist, verspricht er in allgemeinen Wendungen, sich an die Spitze der deutschen Bewegung zu setzen. Der König Leopold von Belgien und der Prinzgemahl Albert von England haben in nicht mißzuverstehender Weise den Beruf Preußens zur liberalen Einigung Deutschlands und zur Sicherung Europas gegen einen französischen Übergriff brieflich betont. Wenn Frankreich am Rhein angreifen sollte, so versichert der koburgische Prinz am 6. März ausdrücklich, würde »der Enthusiasmus, mit dem die Deutschen einen solchen Angriff zurücktreiben werden, einen gleichen Enthusiasmus in uns (Engländern) erwecken und den schönen Bund von 1814 . . . in der Seele aller unserer Krieger . . . auf das glänzendste wiederherstellen«[132]. Das englische Bündnis statt der ominösen Russenhilfe stünde also vielleicht der preußischen Monarchie zur Verfügung. Aber Friedrich Wilhelm zieht es vor, wie es scheint, am selben Tag oder spätestens am 7. März, jedenfalls noch vor Empfang des fürstlichen Ratschlags aus London, den Zaren Nikolaus in einem Handschreiben um die Heranziehung russischer Truppen an die preußische Grenze zu bitten[133] und sein Heil von einer Seite zu suchen, wo man seinen deutschen Plänen gewiß mit schroffer Ablehnung gegenübersteht.

In Frankreich kamen im Gefolge der Revolution nicht, wie man befürchtet hatte, Thiers und der Nationalismus, sondern Lamartine und die Friedenspartei an die Spitze der Regierung. Lamartines Proklamation an Europa war voll lyrischen Schwungs und friedlicher Gesten, machte in ihrem politischen Inhalt freilich doch einen zwiespältigen Eindruck. Zwar verzichtete sie mit Betonung auf den Krieg als Methode der Propaganda, aber doch forderte sie zugleich die Loslösung Frankreichs von allen Banden, die seine Würde fesselten, und die Wiederherstellung seines Ranges als europäische Großmacht. Die Außenpolitik der Revolutionsregierung weigerte sich also, die Verträge von 1814 und 1815 als rechtsgültig anzuerkennen, aber sie ließ den bestehenden territorialen Zustand als Tatsache gelten und wollte ihn als Grundlage der Beziehungen zu den Nachbarstaaten betrachten. Lamartine appellierte an die Friedensliebe eines vernünftig und billig denkenden Europa und erklärte im Namen der Franzosen, daß eine Revolution wie die ihre die Welt nicht in Brand stecken, sondern ihr nur als Leitstern vorleuchten wolle. Aber offenbar war doch eine Revisionspolitik angemeldet, von der man nicht wußte, wo sie haltmachen würde.

Der Deutsche Bund richtete sich infolgedessen auf die Verteidigung ein. Die Bundesfestungen waren nicht in glänzendem Zustand. Rastatt konnte durch einen Handstreich in drei Tagen überwältigt sein, und Mainz war in seinen neuen Werken nicht armiert. Die preußischen Plätze waren besser instand, aber man war nicht ganz sicher, ob auf die preußische Landwehr im Krieg gegen eine Bürgerrepublik auch Verlaß wäre. Österreich, das an sich zur Abstellung von 100000 Mann für den westlichen Kriegsschauplatz verpflichtet war, hatte kaum Truppen genug, um sich in Oberitalien zu behaupten, und selbst wenn es ein Bundeskorps stellte, konnte man einem französischen Vormarsch frühestens bei Ulm widerstehen. Wenn sich Preußen an die Spitze der liberalen Bestrebungen stellte und zugleich deutlich zu erkennen gab, daß ihm die Grenzen des deutschen Bundesgebietes gegen Westen unantastbar waren, hatte es die gesamte öffentliche Meinung für sich. Freilich hätte ein solcher Entschluß nicht bloß den Bruch mit der ständisch-autokratischen Herrschaftsauffassung Friedrich Wilhelms IV., sondern auch den Bruch mit den außenpolitischen Traditionen des Hohenzollernstaates vorausgesetzt. Denn für das deutsche Nationalbewußtsein waren auch die Grenzen im Osten unantastbar, und der Gedanke Friedrich Wilhelms IV., am Rhein oder an der Elbe ein russisches Hilfskorps für die Abwehr der Revolution bereitzustellen, stieß auf entrüsteten Abscheu bis weit hinein in die Schichten des gemäßigten Bürgertums. Ja, eine preußische Führung in Deutschland hätte wohl auch die Preisgabe der habsburgischen Interessen in der Lombardei und den Bruch mit der Kaisermacht vorausgesetzt, da die befreundete Monarchie bei ihren Anstrengungen in Oberitalien so offenkundig die Sache der Gegenrevolution betrieb. Ob Preußen imstande war, ohne den Rückhalt an den beiden Ostmächten, ja vielleicht in bewaffnetem Einsatz gegen sie eine deutsch-liberale Politik durchzuführen, das war die außenpolitische Schicksalsfrage der Revolution. Die preußische Initiative wurde gelähmt, weil der Staat Friedrichs des Großen in das politische Spannungsfeld von Westeuropa und Osteuropa eingespannt war und sich nicht rühren konnte, ohne von dem einen oder anderen Machtkomplex lebensgefährlich bedroht zu werden.

Der einzig denkbare, freiere Schritt für die preußische Politik konnte in der Süd-Nord-Richtung erfolgen. Schon damals, im Frühjahr 1848, bietet sich eine Kombination an, die fast unbegreiflicherweise immer wieder von der deutschen Geschichte der letzten eineinhalb Jahrhunderte verfehlt worden ist. Die Kombination mit Italien und England hätte eine klare Entscheidung für den bürgerlichen Liberalismus und das englische Verfassungsideal verlangt und hätte wahrscheinlich auch zugunsten des Nationalitätsprinzips in Italien und Polen gewisse Opfer nach sich gezogen. Man mußte die Lombardei und Venetien, vielleicht auch Südtirol preisgeben und über Posen zu sprechen bereit sein, wenn man diese Linie verfolgte. Aber betrachtet man, was unter der Flagge des nationalen Einheitsstaates und im Namen der Freiheitsidee nach englischem Muster zu gewinnen war, so hätte vielleicht kein Opfer zu schwer sein dürfen, welches man jenseits der Alpen und jenseits der Weichsel, vielleicht auch an der Eidergrenze und auf dem Vogesenkamm hätte bringen müssen. Es ist eine eigentümliche Tragik der Geschichte des Jahres 1848, daß die Einheits- und Freiheitsbewegung bei ihrem ersten und nächstgelegenen Ziel Schleswig-Holstein sogleich auf den Argwohn und die Wachsamkeit Englands stoßen mußte. Es war freilich viel verlangt, daß eine revolutionäre Bewegung mit dem Verzicht auf Posen, das Elsaß, die Lombardei und auf Schleswig beginnen sollte. Aber wenn man sich gegenwärtig hält, wie das britische Empire im Laufe seiner Geschichte um der höheren Einheit willen Opfer um Opfer an historischen Machtstellungen in Kauf genommen hat, möchte man sich für den entstehenden deutschen Nationalstaat die staatsmännische Weisheit wünschen, die nötig gewesen wäre, um sich den einzigen außenpolitischen Rückhalt zu sichern, der für eine friedliche gesamtdeutsche Verfassungsentwicklung zu gewinnen war: England.

Bei der Stellung der Briten zur Frage der deutschen Einigung und der deutschen Revolution wird man drei Gruppen der Meinungen zu unterscheiden haben. Ausgesprochen deutschfreundlich ist der Hof, Königin Viktoria und der Prinzgemahl Albert, die unter dem Einfluß deutscher liberaler Adliger stehen wie jenes Friedrich von Stockmar, der als Erzieher Alberts einen großen Einfluß besaß, und seines Vetters, des Fürsten Karl von Leiningen, der durch eine englische Heirat seiner Mutter ein Verwandter der Königin Viktoria geworden war. Dieser »koburgische« Kreis sucht Friedrich Wilhelm IV. von Anfang an Mut zu machen, der erwachenden deutschen Nationalität den staatlichen Mittelpunkt für ihr Bewußtsein und ihre Tätigkeit zu geben und eine fortschrittliche lebendige Bundeszentralgewalt in Berlin zu schaffen. Vorsichtiger und zurückhaltender ist die Sprache der zweiten Gruppe, der parlamentarisch verantwortlichen Kabinettsmitglieder, deren erstes Ziel die Erhaltung des Friedens in Europa ist. Der Erstminister John Russel, der Außenminister Lord Palmerston, sein künftiger Nachfolger Lord Clarendon und der immer noch einflußreiche Sir Robert Peel finden sich ziemlich einhellig auf einer Linie, die Palmerston als Staatssekretär des Foreign Office vorzeichnet. In einer Depesche an den britischen Gesandten in Berlin vom 17. März 1848 dämpft er die allzu optimistische Einschätzung der englischen Politik durch den Freiherrn von Bunsen, den angesehenen und gelehrten preußischen Gesandten in London. Er hebt hervor, daß zwar ein gewisser Schutz für das Rheinland und die Lombardei darin liege, daß sie und ihr gegenwärtiger Besitzstand einen Bestandteil der Pariser Friedensverträge bilden, über die England wachen müsse; aber er betont, daß eine Garantie für diese Territorien und ihre Zugehörigkeit zu Preußen und Österreich nicht ausgesprochen worden sei; nur für die preußische Provinz Sachsen und für die Neutralität Belgiens und der Schweiz habe England auf dem Wiener Kongreß eine solche Garantie übernommen. England habe also nur das *Recht*, Preußen beziehungsweise Österreich gegen einen Angriff auf seine Außengebiete zu unterstützen, aber es habe keine *Verpflichtung* dazu[134]. Das weitere Verhalten der englischen Regierung gegenüber der deutschen Entwicklung würde sich nach den politischen Verhältnissen richten, und zwar doch wohl in erster Linie nach dem deutschen Vorgehen in den Elbherzogtümern, wo am 24. März eine provisorische, also revolutionäre Regierung gebildet worden war, die von Berlin aus gedeckt wurde.

Die dritte Gruppe von aufmerksamen englischen Zuschauern saß auf den Bänken der Opposition im Unterhaus und wurde von dem leitenden Manne der erneuerten Torypartei, dem vierundvierzigjährigen Benjamin Disraeli, angeführt. Sie war ausgesprochen dänenfreundlich und brandmarkte die (übrigens provozierte) Überschreitung der Eidergrenze durch preußische Truppen als einen flagranten Rechtsbruch, den England nicht ohne Tadel hinnehmen dürfe, ganz abgesehen davon, daß es nicht im Interesse Englands liege, wenn eine neue Seemacht zwischen Nord- und Ostsee aufkomme und »die Dardanellen des Baltischen Meeres« bedrohe. Die Berufung der Deutschen auf »that dreamy and dangerous nonsense called German nationality« machte dem konservativen Redner keinerlei Eindruck: Das seien nur Ideen »träumerischer Professoren und toller Studenten«. Wenn Preußen und Deutschland auf diesem Wege weiterschreite, müsse es konsequenterweise auch Frankreich den Fehdehandschuh hinwerfen und das Elsaß unter seine Hoheit bringen. Es müsse dann auch die Ostseeprovinzen besetzen und seine Kräfte mit Rußland messen. In seiner berühmten Unterhausrede vom 19. April hat Disraeli keinen Zweifel daran gelassen: Wenn man Frieden in Europa bewahren will, muß man den ersten Anfängen der nationalen Befreiungspolitik der Deutschen widerstehen und schon das Dogma gar nicht aufkommen lassen, daß ein deutscher Staat so weit reichen müsse, als die deutsche Sprache gesprochen wird[135].

Obwohl in den Zuschriften an den »Editor of the Times« ähnlich drohende Stimmen öfter zu Wort kamen, blieb Palmerston unparteiisch und hielt an seinem Standpunkt fest, daß man der freiwilligen Vereinigung der Bewohner Schleswigs mit dem einen oder anderen staatlichen Pol, mit dem Deutschen Bund oder mit Dänemark, nichts in den Weg legen dürfe, wenn sie nur aus freien Stücken und ohne Gewaltanwendung erfolge. Auch er forderte zwar in einer Protestnote vom 12. April die Zurückziehung der preußischen Truppen vom dänischen Boden, aber er bot sich zugleich als Mittler an, um die Frage der rechtsgültigen Thronfolge in den beiden Elbherzogtümern zu klären. Eine völlige Lostrennung Schleswigs von Dänemark forderten damals auch der deutsche Bundestag und der preußische Außenminister noch nicht, sondern bloß eine Verfassungsautonomie für die deutschen Untertanen der dänischen Krone. Eine sehr gravierende Eigenmächtigkeit der deutschen Nationalversammlung war es dann, als sie die Aufnahme der Schleswiger Abgeordneten in ihre Reihen beschloß und damit ein staatsrechtlich zu einem fremden Staat gehöriges Gebiet revolutionär annektierte. Aber noch im Mai 1848 konnte vielleicht ein englischer Vermittlungsvorschlag die ganze Frage einer friedlichen Lösung zuführen. Nach dem englischen Plan sollten die beiden Herzogtümer unter einem augustenburgischen Herrscher sich nach dem Eintreten des Erbfalls dem Deutschen Bund anschließen dürfen, dafür aber Nordschleswig auf Grund der Sprachstatistik ohne Volksabstimmung an Dänemark fallen. Herr von Arnim, der preußische Außenminister, erklärte seine Zustimmung zu diesen Vorschlägen Palmerstons, aber die provisorische Regierung der Elbherzogtümer in Kiel und das dänische Märzministerium in Kopenhagen machten Schwierigkeiten. Die deutschen Patrioten wollten die dänisch sprechenden Distrikte nicht mehr herausgeben, und die liberalen Nationalisten in Dänemark wünschten überhaupt keinen Kompromiß. Sie wurden in ihrer Halsstarrigkeit durch die Haltung der öffentlichen Meinung in England bestärkt. Die Deutschen hatten sich durch ihren Einfall in den Augen der ganzen Welt ins Unrecht gesetzt, und man gönnte dem General Wrangel und den holsteinischen Freiwilligen die verdiente Züchtigung, als sie sich unter russischem und schwedischem Druck im Juli aus Jütland wieder zurückziehen mußten.

Für die junge deutsche Revolution war es eine der bittersten Enttäuschungen, daß sie selbst dort, wo sie sich dem legitimistischen Denken am leidenschaftlichsten entgegenwarf, sich im Gegensatz zur Weltmeinung befand. Daß sich das massive Machtinteresse Rußlands gegen eine Festsetzung der Deutschen an Sund und Belt wandte, mochte begreiflich erscheinen. Daß die Staatsmänner der Reaktion, Graf Nesselrode und Disraeli wie später Manteuffel und Fürst Schwarzenberg, das bestehende »Nationalbedürfnis« in dieser Weltecke wie überall sonst nicht anerkannten und die Befreiung der Schleswig-Deutschen kurzerhand als »Schwindeleien« bezeichneten[136], mußte man hinnehmen. Aber daß sich auch die Herzen des europäischen Liberalismus dem heiligen Anliegen verschlossen und von dem Rechtsbrecher abwandten, daß die Kabinette der drei nichtdeutschen Großstaaten in seltener Einmütigkeit sich auf die Garantie für Dänemark aus dem Jahr 1720 zurückzogen, das war eine empfindliche und von der deutschen Revolution nie verwundene Niederlage.

Es ist eine schwere Belastung der deutschen Dinge geworden, daß sich Preußen durch seinen patriotisch gemeinten, aber unüberlegten Schritt vom 10. April und seinen militärischen Einmarsch in Schleswig die Sympathien der großen Masse der Engländer verscherzt hat. Wieder einmal hatte es den schwächeren Nachbarn überfallen, den Frieden Europas gestört, eine allgemeine Krisis heraufbeschworen und eine ausweglose Situation geschaffen. Weniger die Sache als die Methode, nach welcher die deutsche Revolution verfuhr, war ein Ärgernis für die Welt und ließ selbst den sehr fragwürdigen Rechtstitel der dänischen Nationalisten als ein gemeinsam zu verteidigendes Gut der europäischen Zivilisation erscheinen. Als Preußen, eingeschüchtert durch die Meldungen aus Petersburg und London, im August 1848 den Waffenstillstand von Malmö mit dem dänischen Gegner abschloß und sich damit verspätet dem englischen Schiedsgericht unterwarf, da war der Verlust an moralischem Prestige nicht mehr einzuholen. Die Wirkung in England erschöpfte sich in schlecht verhehlter Schadenfreude, während die Wirkung auf die Frankfurter Nationalversammlung geradezu verhängnisvoll wurde. Ein wildes Aufflammen des Chauvinismus vor allem auf seiten der äußersten Linken war die Antwort auf den Rückzug der preußischen Staatsräson. Die Behandlung der schleswig-holsteinischen Frage in der Paulskirche hat gezeigt, daß die Ekstase des Nationalismus nicht von der gemäßigten Mitte und von den Königen getragen wurde, sondern daß sie ausging von den bürgerlichen Radikalen, die sich schon daran gewöhnten, in Millionen zu denken und mit der Leidenschaft der Millionen zu rechnen. Der flammendste Ausdruck der deutschen Empörung und des deutschen Ehrenstandpunktes in der schleswig-holsteinischen Sache ist dem schlesischen Demokraten Heinrich Simon aus Breslau vorbehalten geblieben, der durchaus den Ton der Massendemagogie des 20. Jahrhunderts beherrscht: »Möge es Rußland, möge es Frankreich, möge es England wagen, uns hineinzureden in unsere gerechte Sache. Wir wollen ihm antworten mit eineinhalb Millionen bewaffneter Männer. Ich sage Ihnen, nicht Rußland, nicht Frankreich und nicht England werden es wagen, und ich will Ihnen sagen, warum . . . Deshalb, weil sie klug sind, weil sie wissen, daß, wenn sie einen ungerechten Angriff auf Deutschland unternehmen, dies eine deutsche nationale Erhebung herbeiführen würde, wie sie vielleicht die Weltgeschichte noch nicht gesehen hat.«[137]

Diese Entfesselung des deutschen Nationalgefühls und sein Zusammenstoß mit der europäischen Staatenwelt wären vielleicht zu vermeiden gewesen, wenn Preußen sich von Anfang an in der schleswig-holsteinischen Angelegenheit auf die leichte Hand Englands und die diplomatische Vernunft verlassen und nicht nach der nationalen Popularität gehascht hätte. England wäre wohl bereit gewesen, durch eine Mittlerrolle in der deutsch-dänischen Grenzfrage die Patenschaft bei dem entstehenden deutschen Nationalstaat zu übernehmen. Natürlich war man auf der Insel ein bißchen eifersüchtig und argwöhnisch angesichts der Machtkonzentration eines Vierzig-Millionen-Volkes, das früher oder später auch eine Flotte aufbauen konnte. Der Gedanke an die möglichen Folgen einer umfassenden Schutzzollpolitik eines zentral geleiteten deutschen Bundesstaates konnte den englischen Kaufherren wohl schlaflose Nächte bereiten. Aber wenn dieses entstehende Deutsche Reich und seine preußischen Wortführer es vermieden, einen Stein in den europäischen Teich zu werfen, waren die maßgebenden Kreise Großbritanniens bereit, die deutsche Staatsbildung wohlwollend zu unterstützen, besonders seitdem der Gagernsche Plan eine Möglichkeit zeigte, bloß das engere Deutschland zusammenzufassen und das Siebzig-Millionen-Reich (mit Einschluß der österreichisch-ungarischen Monarchie) zu umgehen. Auch vom europäischen Standpunkt aus, jedenfalls in den Augen des englischen Liberalismus, war die kleindeutsche Lösung willkommener als die großösterreichische[138]. Ob sie nun von Berlin aus bewerkstelligt wurde oder sich in Frankfurt einen neuen staatlichen Mittelpunkt schuf (etwa mit einem Freiherrn von Stockmar als Reichsaußenminister!), das stand für die Engländer durchaus in zweiter Linie. Sie fürchteten nicht einmal die preußische Militärmacht. Noch bis in den Winter hinein haben Whigs und Tories es durchaus in der Ordnung gefunden, daß Friedrich Wilhelm IV. die von der Straße her terrorisierte preußische Nationalversammlung in den Schutz seiner Bataillone nahm und seine Autorität in Berlin mit Hilfe der Wrangelschen Truppen wiederherstellte. Die Erhaltung der Monarchie war für England eine ebenso selbstverständliche Forderung wie das parlamentarische System der Ministerauswahl, das den Willen der Mehrheit respektieren muß. Wenn die Deutschen in der Anwendung der politischen Mittel den Grundsätzen des Friedens und der Freiheit nicht zuwiderhandelten, so konnten sie und an ihrer Spitze Preußen alle Ziele erreichen, die man billigerweise erwarten durfte, eine Zentralgewalt, eine Verfassung, eine deutsche Militärhoheit und eine wirksame Wirtschaftseinheit, ohne daß von England kriegerischer Einspruch oder ein diplomatisches Hindernis zu befürchten war. Nur eine Bedingung bestand allerdings: Hände weg von den Grenzen! Eine eigenmächtige Veränderung des territorialen Besitzstandes war in den Augen der Engländer ebenso verwerflich wie eine radikale Demokratie und ein demagogischer Nationalismus. Sie war eine Bedrohung des europäischen Gleichgewichts und also zivilisationswidrig. England erwartete, wie ein Artikel in der »Times« schon am 13. März ausgesprochen hatte, daß Deutschland die »Hauptverteidigung der Ordnung und Autorität des Kontinents« übernehmen würde[139]. Es konnte diese europäische Rolle naturgemäß nur spielen, wenn es nicht den Bestand der europäischen Staatengesellschaft in die Luft sprengte[140]. So berechtigt die deutschen Beschwerden über die bösen Absichten der dänischen Zentralisten waren, so töricht und jungenhaft war das Auftrumpfen mit der eigenen Kraft in einem Augenblick, wo alles darauf ankam, die Welt mit der inneren Festigung des deutschen Nationalstaates zu versöhnen. Das vorschnelle Fuchteln mit dem Schwert hat Preußen und Deutschland um die vielversprechende Chance gebracht, als Vormacht der liberalen Reform eine von England gestützte und gewünschte europäische Rolle zu spielen und die gesunde Mitte zwischen Französischer Revolution und russischer Autokratie zu bilden. Wenn durch den deutschen Isolierblock der Friede zwischen den sich widerstreitenden Prinzipien der Barrikade und des Kosakentums erhalten blieb, so lag die organische Kräftigung eines Deutschen Reiches ebenso im europäischen Interesse, wie es den natürlichen und berechtigten Wünschen des deutschen Mittelstandes entsprach. Der eigentümlich zahme und gemäßigte Charakter der deutschen Umwälzung war dann eher ein Vorzug als eine Schwäche. Der gesetzlich geordnete und von oben autorisierte Übergang zur liberalen Verfassungsform konnte den deutschen Nationalstaat in den Augen Englands nur geeigneter machen, seine Rolle als »Hauptverteidiger der Ordnung« zu spielen. Im Bunde mit der englischen Politik und im gleichen Schritt mit der italienischen Nationalbewegung, getragen von einer europäischen Aufgabe und eingereiht in eine breite ideologische Front, hätte die achtundvierziger Zeit zum Erfolg führen müssen. Das Problem der Einigung Deutschlands wäre dann zu einem Zeitpunkt und in einer Form gelöst worden, wo es im Einklang und nicht im Gegensatz zum Zeitgeist vollzogen werden konnte.

Österreich war in diesem Augenblick so weit weg wie China. Weder die europäischen Kabinette noch die deutschen Regierungen rechneten ernsthaft mit ihm, und die alte deutsche Frage des preußisch-österreichischen Dualismus hat im Frühjahr 1848 praktisch nicht existiert. Die beklommenen Fürsten in Süd- und Mitteldeutschland hatten alle das Gefühl, daß ihnen nur die Wahl zwischen Republik oder preußischer Führung bleibe. Sie waren samt ihren gemäßigten Märzministerien bereit, sich einem flotten Berliner Kurs unterzuordnen, wenn er eine bürgerlich-konstitutionelle Linie hielt. Die Hindernisse lagen in der Hauptsache in Berlin, wo man nur zögernd die große Chance begriff und in jedem Stadium innerlich gespalten blieb. Ein großer liberaler Staatsmann trat nicht hervor, und die schwachen Figuren der leitenden Minister von Bodelschwingh bis Auerswald vermochten nicht aufzukommen gegen die entschlossenen Altpreußen, die mit den Petersburger Parteifreunden der Überzeugung waren, es könne nicht besser werden, ehe nicht auf die Massen scharf geschossen werde. Dazwischen standen Radowitz und der König mit ihrem romantischen Plan eines großdeutschen Dualismus und Herr von Arnim mit seiner unglücklichen Idee, daß man sich durch eine tatkräftige schleswigholsteinische Aktion das Vertrauen der Nation verdienen müsse.

So wurde die große Chance verpaßt und das von der englischen Politik lässig ausgeworfene Seil nicht ergriffen. Man hat nun neuerdings versucht, dieses Versagen außenpolitisch zu rechtfertigen und das Scheitern der Revolution wie eines deutschen Nationalstaats überhaupt aus schicksalhaften Bedingungen abzuleiten[141]. Die große außenpolitische Gefahr für das Wachstum eines von Berlin oder auch von Frankfurt geleiteten engeren Deutschen Bundes lag in der Tat in dem Zusammenwirken der Flügelmächte im Westen und Osten gegen den aufstrebenden Machtkern in ihrer Mitte. Zwischen Frankreich und Rußland bestanden allerdings tiefgehende ideelle, politische und soziologische Gegensätze. Waren sie durch gemeinsame antideutsche Interessen zu überbrücken? Bestand die Möglichkeit einer Allianz zwischen der Republik und dem Zarentum, wenn die deutsche Einheit zwischen ihnen ernstlich (und dazuhin vielleicht mit Willen und Wissen Englands) erstarkte? Jede der beiden Mächte für sich betrachtet war sicherlich Gegner einer deutschen Einigung, in welcher Form sie auch immer vollzogen wurde. Graf Nesselrode sprach es dem englischen Gesandten gegenüber noch Ende Juli ganz offen aus, daß er die Spaltung Deutschlands in Einzelstaaten einem Reich vorziehe, das aus eigener Kraft fähig wäre, einem französischen oder russischen Angriff zu begegnen[142]. Und in Frankreich war es nicht bloß die Publizistik Capefigues, sondern auch der amtliche Notenwechsel der Diplomaten, der eine grundsätzliche Feindschaft gegen die deutsche Einigung bekundete[143]. Aber solange sich diese Abneigung auf diplomatische Bedenken beschränkte, war sie kein geschichtliches Hindernis. Eine kriegerische Aktion konnte sowohl Frankreich wie Rußland nur erwägen, wenn eine bündnismäßige Zusammenarbeit beider Mächte gesichert war.

Man hat nun die internationalen Beziehungen im Sommer 1848 genau durchforscht und hat in der Tat die Spur einer französisch-russischen Konspiration in den Tagen Lamartines und seines ganz anders gearteten Nachfolgers

Cavaignac entdeckt. Wir wissen über die diplomatischen Verhandlungen zwischen der Pariser Revolutionsregierung und dem Zarenhof ziemlich genau Bescheid durch einen Aufsatz des bolschewistischen Historikers Pokrowski, der in der Frage gewiß als ein Unparteiischer zu gelten hat[144]. Pokrowski stützt sich auf die Berichte des russischen Gesandten in Paris, Kisselew, und die Pariser Agentennachrichten des Vertrauensmannes der russischen Geheimpolizei, Jakow Tolstoi, aus dem Frühjahr und Sommer 1848, die im Zentralarchiv Moskau erhalten sind. Was besagen diese Berichte? Es ist erwiesen, daß Lamartine der russischen Regierung eifrig Avancen machte und ihr in seiner schwülstigen und ungenauen Sprache sogar ein »Bündnis« angeboten hat. Das geschah in der ersten Unterredung mit dem russischen Gesandten am 25. März, längst ehe von einer formellen Anerkennung der neuen Pariser Regierung die Rede sein konnte und ohne daß Kisselew eine geordnete Kurier- und Nachrichtenverbindung mit Petersburg gehabt hätte. Der Zweck dieses Freundschaftsanerbietens war offenbar nur, die Russen nicht von vornherein zu Feinden der Republik werden zu lassen und ihnen die bittere Tatsache zu versüßen, daß soeben noch die Regierung Lamartine die polnischen Emigranten ungehindert in ihre Heimat hatte abreisen lassen. Es war keine Allianz gegen Deutschland, sondern eher ein Versuch der Einigung über die leidige Polenfrage, welche die beiden Großmächte so feindlich trennte. Lamartine wollte bei den alten Mächten um Vertrauen werben, um seine schwache innere Position durch diplomatische Entspannung zu stützen. Mehr nicht. Erst in Petersburg und erst einen Monat später entdeckte Nesselrode, daß die von Lamartine aus purer Angst angestrebte Kombination einen außenpolitischen Vorteil bieten konnte, den Rußland bei der Umwälzung der europäischen Zustände nicht außer acht lassen dürfe. Wenn Österreich als solide Großmacht ausschied und der Deutsche Bund »einer einheitlichen demokratischen Macht« Deutsches Reich Platz machen sollte, konnte eine Situation eintreten, wo »die unmittelbare Gefahr uns nicht mehr von Frankreich droht«, sondern möglicherweise von der neuen deutschen Zentralgewalt – freilich nur, soweit sie »fähig und auch willens ist, uns ernste Schwierigkeiten zu bereiten«. Also nur im Falle einer aggressiven Haltung der deutschen Revolution oder wenn die deutschen Demokraten sich als Vorkämpfer der polnischen Unabhängigkeit aufspielen sollten, wäre eine Situation denkbar, wo Frankreich »als Gegengewicht gegen die feindlichen Absichten unserer Nachbarn dienen könnte«. Alles bleibt in der Ebene diplomatischer Konjekturen, nirgends ist die gesicherte Tatsache einer antideutschen Koalition der Flügelmächte zu entdecken. Ausdrücklich betont Nikolaus I., daß die Franzosen bei einem Angriffskrieg gegen den Rhein keinesfalls auf die russische Hilfe zählen könnten. Immerhin bahnt sich auf beiden Seiten ein Gedankengang an, der über den Prinzipiengegensatz hinwegführt und feststellt, daß auf dem Gebiet der reinen Politik sogar eine Interessengemeinschaft zwischen Frankreich und Rußland bestehen könnte.

Ein Vierteljahr später, am 13. Juli, nachdem der Sieg Cavaignacs über die Arbeiterrevolution feststeht und der innerpolitische Abstand zwischen dem französischen und dem russischen Regierungssystem sich fühlbar verringert hat, kommt das Petersburger Kabinett auf die Gleichgewichtsfrage zurück. Das Vorrücken preußischer Truppen gegen Jütland hat Anlaß gegeben, daß Nesselrode erneut den Franzosen besorgt von der Umwandlung Mitteleuropas spricht und sie aufmerksam macht auf »die Entstehung einer starken, kompakten, durch die bestehenden Verträge nicht vorgesehenen Macht einer Nation von 45 Millionen Menschen, die alle einem zentralen Willen gehorchen«. Sobald die Gefahr der Besetzung des Kattegatts durch Preußen beseitigt war, infolge des Rückzugs der Truppen und des Waffenstillstandes mit Dänemark, verlor sich auch das Interesse des Zaren für das machtpolitische Gegengewicht im Westen, und die russische Diplomatie beschränkte sich wieder darauf, ihre Anschauungen in Frankreich dadurch zu fördern, daß sie Cavaignac gegen seine radikalen und bonapartistischen Nebenbuhler zum Sieg zu verhelfen suchte. Nur von den empfindlichsten Spitzen des politischen Spiels aus, von der Polenfrage und der Schleswigfrage her, war das russisch-französische Bündnis akut geworden, und es hätte sehr massiver Störungsakte von seiten Deutschlands bedurft, um ein kriegerisches Zusammenwirken zu erzielen. Frankreich blieb in diesem Zusammenspiel in der Hauptsache passiv, und auch in Rußland war der Abscheu vor einem Krieg und besonders vor dem Wollen eines Krieges groß. Eine außenpolitisch geschmeidige und zurückhaltende Gestaltung des liberalen Einheitsstaates in Deutschland hätte nach allem, was wir wissen können, die beiden Flügelmächte nicht zusammengeführt. Rußland war froh, wenn nicht die Deutschen und die Polen bei ihrem Freiheitsdrang zueinander fanden. Aber auch das war wenig zu fürchten, nachdem die lokalen Kämpfe zwischen polnischen Insurgenten und deutschen Volksangehörigen in Posen die deutsche Polenfreundschaft besonders in Norddeutschland beträchtlich gedämpft hatten. Nach der Teilung der Provinz Posen in eine deutsche und eine unabhängige Zone konnte Rußland bereits hoffen, dieses freigegebene Land ohne Schwertstreich zu okkupieren, und das mußte die russische Politik entschieden beruhigen.

Wie man es also auch ansehen mag, die auswärtigen Mächte haben im Jahr 1848 zwar die deutsche Staatsbildung nicht ohne Mißtrauen beobachtet, aber niemals hätten sie dieselbe verhindert, wenn sie sich ohne Beunruhigung der Grenzen im Rahmen eines Kleindeutschlands abgespielt hätte. England hätte selbst die Abtrennung Deutschösterreichs vom habsburgischen Länderkomplex nicht ungern gesehen, weil dadurch die Weltmacht Österreich als Partner Rußlands auf dem Schachbrett der europäischen Politik geschwächt worden wäre und das neue preußisch geführte Deutschland als liberaler Partner Englands in die Kontinentalpolitik eingetreten wäre. Die außenpolitischen Voraussetzungen für einen maßvollen deutschen Verfassungsstaat waren also nicht ungünstig, und wenn dieser deutsche Nationalstaat nicht geboren wurde, so werden wir die Ursachen nicht in feindseligen europäischen Voraussetzungen, sondern im Innern der Revolution selber zu suchen haben.

IX

Das Werk der Paulskirche

Man mißt die »Deutsche Verfassunggebende Nationalversammlung«, die am 18. Mai in der Frankfurter Paulskirche zusammentrat, mit einem falschen Maßstab, wenn man in ihr eine revolutionäre Assemblée Nationale vermutet. Die große Chance, eine revolutionäre Vollzugsgewalt und einen deutschen Wohlfahrtsausschuß zu bilden, ist aus guten Gründen schon vom Vorparlament versäumt worden. Die Nationalversammlung war von allem Anfang an ihrem Wesen nach eher eine Vereinbarungskörperschaft, ähnlich der preußischen Nationalversammlung und den süddeutschen Abgeordnetenkammern, als ein revolutionäres Tribunal. Sie arbeitete mit der Fiktion (die ja in den süddeutschen Bundesländern der Wirklichkeit entsprach), als ob eine Verfassung schon bestünde und das gemeinsame Parlament nur einen längst ausgesparten und begrenzten Raum in dieser Verfassung einzunehmen hätte, nämlich den einer legitimen Volksvertretung für das gesamte deutsche Bundesgebiet. Als Kammer des deutschen Volkes wollte sie der Gesamtheit der Bundesregierungen gegenübertreten und focht demgemäß den Bundestag als Organ dieser Regierungen in seiner Rechtmäßigkeit nicht an. Tatsächlich war ja das Reichsparlament noch am 30. März und 7. April vom alten Bundestag zu seiner deutschen Aufgabe legitimiert worden, und das Wahlrecht, das bei seiner Bildung zur Anwendung kam, war von den Einzelregierungen jeweils für ihr Land gesetzlich festgelegt worden.

Dieses Wahlrecht ist in den einzelnen deutschen Landschaften ganz verschieden ausgefallen. Nach großenteils veralteten Wählerlisten und in ganz verschiedenen Formen sind in Deutschland, Österreich und Deutschböhmen die Kandidaten für Frankfurt aufgestellt und gewählt worden, bald in direkter Kür der Abgeordneten, bald indirekt durch Wahlmänner berufen, in dem einen Land ohne jeden Zensus bei der Ausübung des Wahlrechts, in anderen Gebieten (und überwiegend) unter Ausschluß der unselbständigen Berufe, der Dienstboten und Tagelöhner. In den österreichischen Alpenländern ist das Interesse gering und wohl auch der klerikale Widerstand groß; in der Hälfte der dortigen Wahlbezirke ist die Abstimmung gar nicht vollzogen worden. Die Tschechen in Böhmen lehnen die Teilnahme an dem Frankfurter Parlament in schroffer Form ab, und auch aus den anderen völkisch gemischten Teilen der Habsburger Monarchie, soweit sie zum Bundesgebiet gehören, kommen die Abgeordneten vielfach erst im Laufe des Winters. Dafür sind Ost- und Westpreußen, Schleswig und der westliche Teil der Provinz Posen von Anfang an in das künftige deutsche Bundesgebiet einbezogen worden. Schon durch den Wahlgang ist also ein vielsagender Hinweis auf die wahrscheinlichen Grenzen eines künftigen Nationalstaats gegeben worden. Österreich zieht sich zurück, Preußen dringt vor, Irredentagebiet ist ausschließlich die Nordmark. In den übrigen völkisch gemischten Grenzlanden des alten Reiches ist eine stark zentrifugale Bewegung in Gang, am stärksten in Polen, am schwächsten in den Südostgebieten, die immerhin von einem slawischen Königreich träumen. Politisch aktiv geworden ist das Grenzlanddeutschtum außer in Schleswig nur im Sudetenland, und der dortige »Verein der Deutschen aus Böhmen, Mähren und Schlesien zur Aufrechterhaltung ihrer Nationalität« ist erst aus der Abwehr gegen die Verkündigung eines »Böhmischen Staatsrechts«, gegen die Theorie der Tschechen von der historischen Zusammengehörigkeit aller Länder der Wenzelskrone, ins Leben gerufen worden.

Trotz der großen Verschiedenheiten im Wahlmodus, in der politischen Reife und Aufgeschlossenheit der Staatsbürger, in der sozialen und wirtschaftlichen Struktur der deutschen Landschaften und Provinzen ist die Zusammensetzung der Nationalversammlung überraschend einheitlich ausgefallen – ein Beweis dafür, daß in allen Teilen Deutschlands eine bürgerliche Schicht mit ihrem politischen Anspruch bereitstand und als Wortführer der Nation anerkannt wurde. Diese vom Vertrauen des Volkes in Stadt und Land emporgehobene neue Schicht, welche die politische Verantwortung zusammen mit den Dynastien übernehmen sollte, war der akademische Mittelstand, der in der Frankfurter Paulskirche von rund 800 Abgeordneten volle Dreiviertel umfaßte. Praktisch waren zu keiner Zeit alle 800 Mandate besetzt. Beim Beginn betrug die Zahl der Mitglieder etwa 500, später stieg die Anwesenheit auf über 600, in den letzten Monaten sank sie auf weniger als 500 zurück. Unter diesen Männern von Frankfurt fanden sich, alles zusammengerechnet, höchstens 140 Namen aus der Wirtschaft, 60 Gutsbesitzer, etwas über 50 Kaufleute und Industrielle, wenige Handwerker, ein einziger Kleinbauer und gar kein Arbeiter. Dafür saßen auf den Bänken 160 Richter, 70 Anwälte, 120 Verwaltungsbeamte, 20 Bürgermeister, dazu 40 Schriftsteller, 30 Geistliche, 20 Ärzte, rund 50 Professoren und 60 Lehrer an mittleren und höheren Schulen[145]. Die Frankfurter Paulskirche ist also ein Juristenparlament oder ein Beamtenparlament eher als ein Professorenparlament, wenn wir auf die Berufszusammensetzung achten. Soziologisch war es der Treffpunkt jenes gebildeten Mittelstandes, der schon in der preußisch-deutschen Erhebung von Männern wie Gneisenau und Humboldt als der wahre Träger der öffentlichen Meinung, als der Inbegriff der Nation aufgerufen und gefeiert worden war. Der freie Grundeigentümer, den einst Stein zur Säule des Gemeinwesens hatte machen wollen, trat überraschend zurück. Auch der Adel, der in der Paulskirche vertreten war, rekrutierte sich mehr aus gelehrten Berufen als aus den grundbesitzenden Schichten. Die Versammlung hatte ein inneres Recht, einen hervorragenden Burschenschafter, Heinrich von Gagern, zu ihrem ersten Präsidenten zu wählen und den alten, schon hinfällig gewordenen Ernst Moritz Arndt als ihren Schutzherrn anzurufen.

Politische Erfahrungen hatten die wenigsten Mitglieder dieses Rednerparlaments, und so gestaltete sich denn die äußere Arbeit umständlich, schwerfällig und kindlich redselig. Schon in Auftreten und Haltung bot die große Fülle von geistvollen und extravaganten, schrulligen und imponierenden Persönlichkeiten ein verwirrendes Bild[146]. Vollends im parlamentarischen Verfahren und praktischen Verhandeln war die begeisterungsfähige und hilflose Runde der Paulskirche halb rührend, halb komisch anzusehen. Noch im Januar 1849, nach achtmonatiger Arbeit, in deren Verlauf sich das Temperament der vor Ungeduld brennenden Parlamentsredner gewiß abkühlen konnte, haben sich 94 Abgeordnete gemeldet, um zur Oberhauptsfrage das Wort zu ergreifen[147]. Gustav Rümelin erzählt in den Briefen an seine junge Frau anschaulich, wie diese eifrigen, aber unerfahrenen Vertreter der Nation sich mühten. 11. Januar 1849: »Es war ein ungeheures Getümmel beim Einschreiben, verschiedene Sekretäre schrieben ein, auf einer Liste bin ich der fünfte; die wurde aber nachher für ungültig erklärt, auf der gültigen bin ich ca. der sechzigste, und so viele kämen gar nicht dran . . .« 20. Januar 1849: »Ich bin in dieser Woche nicht zum Reden gekommen, bin aber nun nächsten Montag der dritte oder vierte . . . Es ist widerwärtig, wenn man so acht Tage lang zum Sprechen ge:?stetsensottsnddonhnnhtdezsfommt und nicht weiß, wann es noch zu geschehen hat.«[148]

Aber es ist auch der besondere Zauber der Frankfurter Paulskirche, daß die politische Arbeit noch nichts von Routine an sich hat. Eigentliche Fraktionen gibt es nicht, so wenig wie es für die Durchführung des Wahlkampfes einen Parteiapparat gegeben hat. Die Gruppierung in eine Rechte, eine Linke und ein Zentrum hat sich trotzdem schon in den ersten Wochen durchgesetzt. Es gibt freilich innerhalb der Gruppen sofort wieder Absonderungen, Splitterparteien, engere Zusammenschlüsse und Brückenschlager nach der einen oder anderen Seite. Es gibt viele Einzelgänger, die sich überhaupt keinem engeren Verband anschließen wollen. Bedeutende Namen fallen darunter: Arndt, Beseler, Döllinger, die Brüder Gagern, Moritz Mohl, Uhland, Soiron. Es gibt auf der anderen Seite auch Abreden und Besprechungen zwischen den einzelnen Klubs und vielfach wechselnde taktische Koalitionen. Die Kreise und Vereinigungen nennen sich allesamt nach den Frankfurter Kneipen und Gasthöfen, in denen sie ihre losen Zusammenkünfte haben. Es ist ein ständiges Fluktuieren, Auseinandersprengen, Sichfinden und Sichprüfen. Im »Steinernen Haus«, in dem sich zuerst alle versammelten, die keinen Griff nach der Exekutive wünschten und die Eigenstaatlichkeit der Bundesländer nicht antasten wollten, verblieben schließlich nur die bayerischen und österreichischen Klerikalen, während die norddeutschen Konservativen sich um Radowitz und Georg von Vincke im »Café Milani« trafen. Die parlamentarische Mitte spaltete sich früh in ein rechtes und ein linkes Zentrum, und der wichtigste innerpolitische Schnitt verlief wohl auf dieser Linie mitten durch die gemäßigte Mitte hindurch. Das rechte Zentrum beherrschte das »Kasino«, der zahlenmäßig und geistig stärkste Klub, in dem sich unter der Führung der norddeutschen Historiker Dahlmann, Droysen, Waitz, Giesebrecht, Duncker und Hugo die Vertreter der liberalen Reformbewegung zusammenfanden, in dem aber auch die badischen und rheinischen Liberalen, Männer wie Welcker und Mevissen, und hegelianische Aufklärer von der Art Rudolf Hayms sich verstanden fühlten. Fortschrittliche preußische Beamte und österreichische Bürokraten mit schwarzrotgoldener Einstellung verstärkten die Front dieser gemäßigten Konstitutionalisten. Nicht die Beseitigung des Alten, sondern der Fortbau des historisch Gewordenen, nicht die Methoden der Revolution und die Idee der Volkssouveränität, sondern die Vereinbarung mit der Regierung und der dualistische Aufbau eines deutschen Bundesstaats schwebte als Ziel vor Augen. Nirgends sah man wohl den Weg einer organischen Verfassung für Deutschland so klar, aber auch nirgends war man so beeindruckt von den Schwierigkeiten, die sich ihrer Durchführung in den Weg stellten. Diesen Rücksichten und Gebundenheiten, diesem Wissen und Rechnungtragen gegenüber besaß das linke Zentrum ohne Zweifel eine größere Stoßkraft. Hier glaubte man unbedingt an das Recht der Versammlung, als Konstituante aufzutreten. Hier hielt man an der Lehre von der Volkssouveränität eindeutig fest, auch wenn man die parlamentarische Monarchie und nicht die parlamentarische Republik für Deutschland souverän beschließen wollte. Die unitarischen Bestrebungen waren hier kräftiger, das Mißtrauen gegen die preußische Hegemonie wacher, das süddeutsche Element überwog, und der volkstümliche Zug der deutschen Bewegung war stärker ausgebildet als bei der Professorenpartei des »Kasinos«. Dafür war der Klüngelgeist reger und die Zusammenfassung in eine große Partei hoffnungsloser als irgendwo sonst. Der »Landsberg«, der »Augsburger Hof«, der »Württemberger Hof«, die »Westendhalle« und eine Zeitlang auch der »Nürnberger Hof« umfaßten Kreise und Gruppen dieser Schattierung. »Die Linke im Frack« wurde sie bei ihren Gegnern genannt. Infolge ihrer Zersplitterung spielte sie eigentlich nie eine ihrer Zahl entsprechende Rolle. Ihr Schwerpunkt lag im »Württemberger Hof« und vor allem im »Augsburger Hof«, wo sich die süddeutschen Partikularisten zusammenfanden, Gfrörer aus Freiburg, Rümelin aus Nürtingen, Arneth aus Wien, wo man aber auch

Verbindung suchte mit Reichsministerium und Reichsverweser und auf Heinrich von Gagern große Stücke hielt. Nach links hin schloß sich ohne allzu schroffen Übergang der »Deutsche Hof« an, der weitgehend unter dem Einfluß von Robert Blum stand, dem einzigen Repräsentanten, der etwas wie eine Masse hinter sich hatte, ein echter Volksmann und Agitator, der als freier Buchhändler seine ganze bürgerliche Existenz aufs Spiel setzte und als besorgter Vater seine Familie in Leipzig mit kleinen Darlehen durchhalten mußte, solange er sich seinem verantwortungsvollen Amt als Frankfurter Abgeordneter hingab. Ein Schatten von Pessimismus lag von Anfang an über dem Antlitz dieses aufopfernden Politikers, dem wirkliche Volkstümlichkeit erst durch seinen Märtyrertod beschieden gewesen ist. Der »Donnersberg« schließlich mit seinen 47 Abgeordneten bildete die äußerste Linke, auch er ganz bürgerlich in seiner Struktur, aber ein entschlossener Vorkämpfer der demokratischen Aktion, erfüllt von der Idee einer deutschen Einheitsrepublik, die durch eine kühne parlamentarische Initiative, durch eine Sammlung militärischer Kräfte und vielleicht durch eine Unterstützung Frankreichs errungen werden sollte. Arnold Ruge, Julius Fröbel und Wilhelm Zimmermann, dazu Ludwig Simon aus Trier und Brentano aus Mannheim waren die führenden Köpfe auf diesem Flügel; preußische Namen waren in der Minderheit. Die Männer vom »Donnersberg« waren die einzigen, die neben der Partei der Erbkaiserlichen schon vor dem Zusammentritt der Paulskirche etwas wie ein festes Programm für die Verfassung besaßen. Aber es fehlte ihnen ein Mann wie der Römerkopf Dahlmanns, der schon für den Siebzehnerausschuß des Bundestages eine Skizze entworfen hatte, die man als den eindrucksvollsten Verfassungsplan der deutschen Revolution bezeichnen muß. Obwohl dieser Grundriß Dahlmanns dem Plenum der Paulskirche nie vorgelegt worden ist, enthält er den Rahmen für ihre Beratungen und den Inbegriff dessen, was die deutsche Revolution erstrebt. Eine Verfassung, wie sie dem Persönlichkeitsideal der Philosophen von Königsberg und Jena entspricht, wie sie dem Sehnen der Burschenschaft eine Erfüllung gibt, muß vor allem folgende Grundelemente enthalten: einen erblichen Kaiser an der Spitze, ein Staatenhaus, in dem auch die regierenden Fürsten sitzen sollen, ein Volkshaus aus allgemeinen Wahlen, ein Reichsgericht als oberste Instanz der Rechtsprechung, weitgehende unitarische Kompetenzen der Reichsgewalt und unantastbare Grundrechte für den einzelnen.

Solche Grundrechte waren dann lange Wochen und Monate der wichtigste Beratungsgegenstand der Versammlung. Sie hat viel kostbare Zeit mit Diskussionen über Probleme einer liberalen Weltanschauung verloren. Aber der Spott, der sich an dieses politische Selbstbekenntnis der deutschen Theoretiker geknüpft hat, ist nicht ganz berechtigt. Die »Grundrechte des deutschen Volkes« waren gemeint als ein gewaltiger Gegenschlag gegen den deutschen Partikularismus, als ein kräftiger Tilgungsstrich durch den deutschen Landesabsolutismus der Vergangenheit[149]. Man will nicht bloß bezeugen, daß der Feudalstaat mit seinen gestuften Rechten und Pflichten, mit seinen absonderlichen Privilegien und Ausnahmen zu Ende ist und von nun an jeden Staatsbürger gleiche Rechte und gleiche Pflichten erwarten, sondern man unterstreicht damit auch, daß die Maximen der Gesamtheit sich gegenüber jeder Länderwillkür durchsetzen müssen. Man stellt einen Katalog der Forderungen zusammen, der für jede der 38 Landesverfassungen gültig sein soll. Die Grundrechte sind ein Bekenntnis zu dem Grundsatz »Reichsrecht bricht Landesrecht«. Das Zeitalter der staatsbürgerlichen Gleichheit, das jetzt auch für Deutschland anbrechen soll, verlangt die Aufhebung aller ständischen Vorrechte und die Ablösung aller feudalen Grundlasten, soweit sie noch bestehen. Der Anspruch des deutschen Volkes auf ein öffentliches Leben setzt die Beseitigung des Dogmas vom beschränkten Untertanenverstand voraus. Diesem Ziel dienen die langersehnten Freiheitsrechte: Freiheit der Vereinsbildung, Freiheit der politischen Versammlung, Freiheit der Presse, Freiheit der Lehre und Forschung. In den Grundrechten soll zugleich für alle Bundesländer die Idee des Rechtsstaats verankert werden. Die Rechtspflege muß gänzlich unabhängig sein von den staatlichen Regierungs- und Verwaltungsorganen. Dabei ist die Unabhängigkeit eines gelehrten und unabsetzbaren Richterstandes so wichtig wie die Einrichtung von öffentlich verhandelnden Schwurgerichten. Es sind gewissermaßen zwei Garanten der Gerechtigkeit, welche einen Mißbrauch und eine Beugung künftig unmöglich machen sollen: die Wissenschaft vom Recht und die Öffentlichkeit der Rechtspflege. Wissenschaft und Öffentlichkeit sind die grundlegenden Glaubensartikel der bürgerlichen Konfession.

Auf diesen Grundlagen wäre ja nun vielleicht eine Verfassung mit Erfolg zu beschließen gewesen, wenn die Voraussetzung der Paulskirche zutreffend gewesen wäre, daß Deutschland schon ein Nationalstaat sei, so wie es Frankreich durch alle seine Revolutionen hindurch gewesen und geblieben ist. Aber Deutschland war alles andere als ein Nationalstaat. Wenn man allein schon seine Grenzen betrachtet, welche irrationale Vielgestaltigkeit, welche verwikkelten Verhältnisse! Das alemannische Elsaß bei Frankreich; Luxemburg als Großherzogtum dem Bund angehörig, aber in Personalunion mit der Krone der Niederlande verbunden; Limburg, eine abhängige Provinz Hollands und doch seit 1839 Glied des Deutschen Bundes; die auf ewig ungeteilten Elbherzogtümer durch die Eider so getrennt, daß Holstein dem Bund angehört, Schleswig aber nicht; die preußischen Weichsellande und Ostpreußen noch immer außerhalb des Reichsverbandes wie seit 1525; das Hinterland von Krakau, Mähren und ganz Böhmen Bestandteile des Bundes; Welschtirol bis zum

Gardasee schon ein heißumstrittenes Irredentagebiet der italienischen Nationalbewegung; Triest ein sorgsam gehüteter Zugang des Bundes zum Mittelmeer; Istrien mit seiner italienisch-südslawischen Bevölkerung ein eigener Kreis. Nach sämtlichen vier Richtungen der Windrose Fragen über Fragen, unlösbar durch die Ideen des Nationalismus, aber auch unlösbar durch die Grundsätze des historischen Staatsrechts. Überall sprang die Tatsache in die Augen, daß Deutschland kein Nationalstaat war und kein Nationalstaat sein konnte, ohne entweder gegen deutsche oder gegen fremde Minderheiten die schmerzlichsten Härten zu bringen. Und solange es keine klare deutsche Grenze gab, konnte sich auch kein deutscher Staat bilden.

Ein ähnlich unlösbares Dilemma bot sich im Innern, als die Paulskirche daranging, eine Zentralgewalt zu schaffen. Man wollte eine solche Zentralgewalt mit den am Leben gebliebenen Ländern vereinbaren. Heinrich von Gagern hatte ausdrücklich verkündet: »Die Mitwirkung auch der Staatenregierungen zu erwirken, liegt in dem Berufe dieser Versammlung.« Auch der Verfassungsausschuß der Nationalversammlung, der wiederum wie der Siebzehnerausschuß unter Dahlmanns Führung zusammentrat, stimmte für diesen Weg. Man dachte daran, ein Dreierkollegium zu vereinbaren aus einem österreichischen, einem preußischen und einem von Bayern vorgeschlagenen Prinzen. Das Resultat hätte nur ein Wiederaufleben des Bundestags mit einem Unterhaus an seiner Seite sein können. Da erwachte in dem Präsidenten der Paulskirche das Selbstbewußtsein der Revolution. Mit »kühnem Griff« bestand er darauf, daß die Vertretung der souveränen Nation kraft eigener Machtvollkommenheit eine Zentralgewalt schaffe. Mit zündenden Worten riß er die Dahlmanngruppe hinter sich her, und am 29. Juni wurde der Erzherzog Johann von Österreich, der jüngste und volkstümlichste Bruder des Kaisers Franz, zum Reichsverweser und Haupt einer provisorischen Zentralgewalt von Frankfurts Gnaden erwählt. Er bildete ein Reichsministerium unter Fürst Leiningen und besetzte die Ressorts mit liberalen Männern der Kasinopartei wie Schmerling, Mohl und Beckerath. Aber schon beim ersten Auftreten zeigte sich, daß diese Reichsregierung keinen festen Grund unter den Füßen hatte. Als die neue Zentralgewalt, der am 12. Juli der alte Bundestag in aller Form die Ausübung seiner Befugnisse übertragen hatte, eine Huldigungsparade der Bundestruppen verlangte und damit ein militärisches Exekutivorgan an sich ziehen wollte, da lehnten nicht bloß Österreich und Preußen, sondern auch Hannover und Bayern ab. Und als der Reichsverweser eigene diplomatische Vertreter an die europäischen Kabinette entsandte, da wollte man sie nirgends anerkennen, mancherorts nicht einmal der Form nach. Für Europa waren immer noch Preußen und Österreich die machtpolitischen Vertreter der deutschen Volkskraft, und wie im August 1848 der Abschluß des Waffenstillstandes mit Dänemark einen Volksaufstand entfesselte, der nach einem Nationalkonvent und einem jakobinischen Volkskrieg rief, da konnte sich die ehrwürdige Gesellschaft der Paulskirche samt ihrem Reichsoberhaupt nicht einmal selbst schützen. Preußische und österreichische Truppen der Mainzer Festungsgarnison mußten heraneilen, um das neue Ministerium Schmerling vor dem Schicksal des Fürsten Lichnowsky und des Generals Auerswald zu bewahren, die in den Gärten nördlich des Friedberger Tors von einem Pöbelhaufen bestialisch ermordet worden waren.

Seit dem Sieg der gegenrevolutionären Kräfte in Wien und Berlin im Oktober und November 1848 standen der Nationalversammlung die zwei deutschen Großmächte in wiedergewonnenem Selbstbewußtsein gegenüber. Immer deutlicher zeigte sich, daß es eine Selbsttäuschung gewesen war, wenn die bisherige Verfassungsarbeit auf der Voraussetzung eines Nationalstaats aufgebaut hatte. In der Ebene der Realitäten konnte es immer noch geschehen, daß eine um die zentralen Anliegen Deutschlands bemühte Revolution in Prag und Mailand von serbokroatischen Regimentern aus den Angeln gehoben wurde. Der Verfassungsausschuß hatte den allgemeinen Glauben geteilt, daß ein staatlicher Neuanfang innerhalb eines reindeutschen Rahmens gefunden werden könne. Er hatte darum in seinem Verfassungsentwurf alle nichtdeutschen Kronen ausgegliedert und durch das habsburgische Kaisertum eine Linie gezogen, die das Reich und das europäische Österreichertum trennen sollte. »§ 1. Das Deutsche Reich besteht aus dem Gebiet des bisherigen Deutschen Bundes. § 2. Kein Teil des Deutschen Reiches darf mit nichtdeutschen Ländern zu einem Staate vereinigt sein. § 3. Hat ein deutsches Land mit einem nichtdeutschen Land dasselbe Staatsoberhaupt, so ist das Verhältnis zwischen beiden Ländern nach den Grundsätzen der reinen Personalunion zu ordnen.« Deutschösterreich sollte nach diesem Plan in ein bloß formales Verhältnis zu der übrigen habsburgischen Ländermasse gebracht werden, ähnlich wie Hannover vor 1837 zu England gestanden hatte und jetzt Luxemburg mit der niederländischen Krone vereinigt war. Als dieser Entwurf vor das Frankfurter Plenum kam, es war noch vor den Ereignissen des 31. Oktober, fand er dort nur wenig Widerspruch. Auch die Mehrzahl der österreichischen Abgeordneten, soweit sie nicht der Rechten angehörten, nahmen den Grundsatz der Personalunion an. Nur eine kleine schwarzgelbe Minderheit, zusammen mit dem konservativen Flügel der süd- und westdeutschen Katholiken, sprach für den Hinzutritt des habsburgischen Großstaates zu einer künftigen Bundesföderation. Wenn die Nationalversammlung frei zu entscheiden gehabt hätte, wäre das künftige Reich also großdeutsch, aber nicht großösterreichisch geworden. Allerdings glaubten die Urheber der Paragraphen 2 und 3 des Verfassungsentwurfs nicht recht an ihre papierene Lösung, weil Männer wie Dahlmann und Droysen als Historiker eine zu hohe Vorstellung von dem inneren Zusammenhalt der habsburgischen Monarchie hatten. Aber es ist unverständlich, wenn man ihnen deshalb im gleichen Atemzug eine »kaltherzige Skepsis«, eine völlige Mißachtung von Gemütswerten, einen Verrat an den Arndtschen Träumen vom gesamten Deutschland vorwirft und sie zugleich anklagt, daß sie »selbst damals keinerlei Verständnis für die in Gesamtösterreichs Wesen verkörperten historischen Tendenzen wie für die Staatsverbundenheit des Deutschösterreichertums« aufgebracht hätten[150]. In Wahrheit haben diese angeblich kaltherzigen Skeptiker nur deshalb auf ihren gesamtdeutschen Nationalstaat innerlich verzichtet, weil sie so viel Verständnis für die Beharrungskraft des historischen Staatswesens Österreich-Ungarn aufbrachten. Es mag sein, daß sie mit ihren berüchtigten zwei Paragraphen eine Frage an Österreich stellen wollten, gleichsam ein Ultimatum an die habsburgische Donauraumidee. Aber sie taten es, das verrät vor allem eine Rede von Waitz, gewiß nicht aus Heimtücke, weil sie endlich freie Bahn für kleindeutsche oder gar borussische Ziele vor sich sahen, sondern weil sie wußten, daß die Entscheidung an der Donau und im Alpenland lag. Die Deutschösterreicher mußten wählen, ob das Deutschbewußtsein oder das Staatsbewußtsein in ihnen überwog, ob sie zu Reichsdeutschland *oder* zur Donaumonarchie gehören wollten.

Die Stimmung bei den deutschstämmigen Kreisen des Habsburger Staates war geteilt. Sie war gefühlsmäßig großdeutsch, aber ohne staatsrechtliche Konsequenzen zu ziehen oder auch nur klare staatsrechtliche Vorstellungen mit diesem Gefühl zu verbinden. Die Tiroler, Steiermärker und Oberösterreicher erhofften die Wiederherstellung der deutschen Kaiserherrlichkeit ihrer Dynastie; sie wollten den Anschluß an einen deutschen Zollverein und eine Vereinigung der »Gesamtkraft deutscher Nation« im Mittelpunkt Wien, ohne sich über die böhmischen, polnischen, ungarischen, illyrischen, lombardovenetianischen Fragen den Kopf zu zerbrechen. Diese Probleme schienen für ihre schwarzrotgoldene Begeisterung gar nicht zu existieren. Eine andere Gruppe, vor allem das Wiener Bürgertum und die »Akademische Legion«, die den Bürgerkrieg in der Hauptstadt durchgefochten hatte, sah nur die innerpolitische Frontstellung, nicht den Gegensatz der Nationalitäten. Sie begrüßte den Kampf der Ungarn und Italiener gegen die Metternichsche Unterdrückung und nahm in ihrem doktrinenfreudigen Optimismus als selbstverständlich an, daß die gemeinsame Freiheit alle Nationen der Monarchie friedlich versöhnen und in einen großösterreichischen Volksstaat föderativ zusammenführen werde. Was aus Deutschland werden sollte, kümmerte sie nicht im einzelnen; genug, daß überall die Freiheit errungen wurde. Mit diesen Stimmungen war keine revolutionäre Verfassung für Deutschland zu bauen. Die eine Begeisterung war so unbrauchbar und wirklichkeitsfern wie die andere. Einig waren sich beide Gruppen nur darin, daß sie nicht ernstlich daran dachten, sich von den seit Jahrhunderten mit ihnen verwachsenen nichtdeutschen Reichsteilen freiwillig zu trennen. Dadurch verstrickten sich aber die Deutschösterreicher in einen unlöslichen Widerspruch. Sie sangen Arndts Lied »Was ist des Deutschen Vaterland«, aber sie hüllte eine tiefe Gedankenlosigkeit in ihren patriotischen Gefühlen ein. Friedrich Hebbel hat sie treffend gekennzeichnet, wenn er schon im April 1848 schreibt: »Die lieben Österreicher sinnen jetzt darüber nach, wie sie sich mit Deutschland vereinigen können, ohne sich mit Deutschland zu vereinigen. Das wird schwer auszuführen sein, ebenso schwer, als wenn zwei, die sich küssen wollten, sich hierbei den Rücken zuzukehren wünschten.«

Da sind die Männer, die dem österreichischen Gemüt den österreichischen Staat gerettet haben, schon konsequenter gewesen. Windischgrätz und Jelačič standen der gesamtdeutschen Begeisterung durchaus fremd gegenüber. Im Gegenteil, sie drängten eher auf eine völlige Loslösung der Deutschösterreicher vom Schicksal des Bundes, um sie ganz aufgehen zu lassen in einem neuen schwarzgelben Habsburgerreich, das sie sich weithin föderalistisch als eine austro-slawisch-magyarische Trias unter einem deutschen Herrscherhaus dachten. Wenn der neue Erstminister Fürst Schwarzenberg diese Linie nicht fortgesetzt und sich nicht aus den deutschen Dingen herausgehalten hat, so geschah das nur deshalb, weil er keinen Konkurrenten neben sich dulden, weil er neben seinem Gesamtösterreich keinen mächtigen deutschen Nationalstaat aufkommen lassen wollte. Daraus ist dann der Plan eines Siebzig-Millionen-Reiches entstanden. Diesen Plan »großdeutsch« zu nennen ist irreführend, denn der Schwarzenbergische mitteleuropäische Reichsplan würde das deutsche Volksgebiet (*ohne* den Nordosten) zu einem Anhängsel der Habsburger Monarchie gestempelt haben. Es war ein großösterreichisches Projekt, das nicht weniger von der historischen Staatsidee her konzipiert war als die Absicht mancher großpreußischen Politiker, welche Deutschland bis zum Main oder darüber hinaus zu einem Appendix des preußischen Führerstaates machen wollten.

Den Preis des Opfers der österreichischen Staatsidee wollte kein einziger Österreicher für die gesamtdeutsche Einigung zahlen, und doch mußte gerade diese Zumutung an die Deutschen der Ostmark erhoben werden, wenn man einen großdeutschen Staat errichten wollte. Wer deutscher Reichsbürger wurde, mußte aufhören österreichischer Reichsbürger zu sein. Diese Zumutung aber haben die Abgeordneten der Alpenländer schon im Oktober 1848 mit wenigen Ausnahmen abgelehnt. »Die Deutsch-Österreicher werden sich mit Deutschland befreunden und gleichen Schritt halten, werden Deutsche sein, solange Sie ihnen nicht zumuten werden, keine Österreicher weiter zu sein«, erklärte der Abgeordnete Beidtel im Namen seiner Landsleute am 24. Oktober 1848 in der Nationalversammlung[151]. Man kann volles Verständnis dafür haben, daß Geschichte und Blut, Gefühl und Interesse die Mehrheit des österreichischen Stammes an ihren übervölkischen Staat und seine großen Traditionen banden. Wenn aber Österreich in dieser eigenstaatlichen, ostmitteleuropäischen Funktion als Ganzes erhalten werden wollte, dann blieb nur die staatsrechtliche Trennung übrig, denn auch Deutschland wollte endlich etwas Ganzes werden. Georg Waitz und besonders Dahlmann haben in ihren Oktoberreden in der Paulskirche die Alternative mit großem Ernst und stärkstem innerem Anteil an dem Schicksal der deutschen Brüder jenseits der Raab behandelt. Das oberste Ziel der Frankfurter Baumeister konnte nur sein, einen einigen und festgeschlossenen Bau zu fügen, ohne Ausnahmeparagraphen, ohne ständige Rücksichten auf ein nach einem fremden Zentrum gravitierendes Bundesland. Wenn Deutschösterreich ganz und ohne Vorbehalt in das künftige Reich eintrat, würden alle Wünsche der Deutschen erfüllt sein. Wenn es nicht sein konnte, weil Österreich-Ungarn zusammenbleiben wollte, mußten die nationalen Wünsche zurücktreten, und die staatliche Notwendigkeit gebot. Dann gab es nur ein völkerrechtliches Band zwischen einem einigen Deutschland und einem mächtigen Habsburgerstaat. Die Hoffnung auf eine spätere Wiedervereinigung der getrennten Brüder war nicht ausgeschlossen. Denn wenn der Bau des deutschen Nationalstaats vollendet war und der Prozeß der nationalen Zersetzung in der Donaumonarchie weiter fortschritt, dann würden die Millionen Deutschen in Zisleithanien eines Tages vielleicht selber den Wunsch haben, in das fertige Haus der Reichsdeutschen einzuziehen.

Das war der Entwurf der Paulskirche für die Lösung der deutschen Frage. Er war so wenig kleindeutsch seinem innersten Streben nach, daß er umgekehrt die volle Entscheidung über die deutsche Zukunft in die Hände der Österreicher legte. Konnte er mehr tun? Wenn der mährische Abgeordnete Giskra sich bei seinen österreichischen Landsleuten durchgesetzt hätte, der die Pragmatische Sanktion wie einen Fetzen ungültigen Papiers zu zerreißen bereit war und jedem Nationalitätenkomplex einen eigenen Verfassungskörper zubilligen wollte, dann hätte sich vielleicht Gleiches zu Gleichem gefunden. Wenn die Wiener Revolution im Bund mit dem ungarischen und italienischen Aufstand siegreich geblieben wäre, dann hätte es für Gesamtdeutschland eine Chance gegeben. Der Deutsche Bund hätte dann wahrscheinlich das Königreich Böhmen miteingeschlossen und damit einen starken Gefahrenherd für die Zukunft beherbergt. Aber die Frage des Reichsoberhaupts für den entstehenden Nationalstaat wäre dann leicht zu lösen gewesen. Bei dem Wettbewerb um die Krone in diesem liberalen Gesamtdeutschland hätte das Haus Habsburg (vielleicht in Gestalt einer Nebenlinie) begründete Aussicht gehabt auf die erste Stelle. Denn großdeutsches Fühlen hatte noch im Oktober 1848 in Frankfurt wie in den meisten übrigen Teilen des Reiches das Übergewicht. Und Friedrich Wilhelm IV. hätte das Seine gewiß dazu getan, um die Kaiserwürde im österreichischen Hause erblich zu machen. Er unterhielt bereits in diesem Sinne einen Briefwechsel mit dem Reichsverweser Johann.

Mit allen diesen Träumen war es freilich zu Ende, als am 27. November 1848 Schwarzenberg erklärte: Österreich-Ungarns Fortbestand als staatliche Einheit ist ein deutsches und ein europäisches Bedürfnis. Nun war eine klare Scheidung der Geister nicht mehr zu umgehen. Nun wurde der geschmeidige, die herben Wirklichkeiten verschleiernde Baron Schmerling durch einen klaren Nationalstaatler im Präsidium des Reichskabinetts ersetzt. Schwarzenbergs Manifest war eine Kriegserklärung der neuen zentralistischen Doppelmonarchie an das Einigungswerk der Paulskirche. Und bald entwickelte sich daraus das Verlangen auf Eintritt des absolutistisch geschlossenen habsburgischen Einheitsstaates mit allen seinen nichtdeutschen Nebenlanden in die deutsche Zukunftsverfassung. Das hätte das Übergewicht von 38 Millionen Österreichern über 32 Millionen Restdeutsche bedeutet; auch in einem Staatenhaus wären 38 kaiserliche Stimmen gegen 32 »Sonstige« gestanden. Es wäre einer verschärften Rückkehr zum alten Bund und einer Preisgabe der gesamten Errungenschaften der Märzrevolution gleichgekommen. Die Paulskirche war jetzt auf sich selbst angewiesen, und es mußte sich zeigen, wer unter den Volksvertretern die nationalstaatliche Idee noch zu verteidigen bereit und befähigt war.

Seitdem Schwarzenberg darüber Klarheit geschaffen hatte, daß Österreich sich niemals ohne Zwang werde aufspalten lassen, gab es in Wahrheit nur zwei Parteien in Frankfurt: Großösterreicher und Erbkaiserliche. Dazwischen wogte eine reichschattierte Gruppe von Unionisten, das heißt, von Pläneschmieden, die immer noch hofften, durch irgendeine lockere Form des Bundes die beiden Machtkerne Mitteleuropas gleichberechtigt zusammenschließen zu können und die Alternative zwischen Nationalstaat und historischem Donaureich zu vermeiden. Solch ein Unionsprogramm ist etwa der »großdeutsche« Verfassungsentwurf vom 15. Februar 1849, der für Österreich eine ähnliche Lösung vorsieht wie für Holland und Dänemark: In den deutschösterreichischen Provinzen, die künftig wie seither allein zum Bund gehören, soll eine rein deutsche Regentschaft eingerichtet werden, im übrigen wird der Bund geleitet durch ein Direktorium, in dem die Reichsstatthalterwürde zwischen dem Kaiser von Österreich und dem König von Preußen alterniert. Das war vielleicht ein brauchbarer Kompromißvorschlag, um aus einem taktischen Engpaß herauszuführen, aber es war kein staatlicher Neuaufbauplan, wie ihn doch die revolutionäre Situation verlangte. Ein ernsthafter Gegenspieler für den Schwarzenbergschen Verfassungsplan erstand nur in Heinrich von Gagern. Bei der klugen Taktik des Wiener Staatsmannes und dem allgemeinen Mißtrauen gegen die Absichten der preußischen Regierung, bei dem zögernden Verhalten der Berliner Stellen und den starken großdeutschen Neigungen der Nation gewann Gagern nur langsam Boden für seinen Plan eines Erbkaisers aus dem Hause Hohenzollern und die Verbindung von engerem und weiterem Bund. Er suchte im November durch eine Reise nach Berlin den König von Preußen für seine Pläne zu gewinnen, fand aber erst seit Mitte Januar eine knappe Mehrheit in der Paulskirche und einiges Verständnis am Hofe Friedrich Wilhelms IV. Der preußische Bevollmächtigte bei der Frankfurter Zentralgewalt Ludolf Camphausen hatte den Boden notdürftig vorbereitet, aber die geglückte Gegenrevolution in Berlin und die Oktroyierung einer eigenen Verfassung im Dezember 1848, die wachsende Betonung der preußischen Eigenstaatlichkeit in der öffentlichen Meinung und die Zusammenarbeit des Ministeriums Brandenburg-Manteuffel mit dem reaktionären Kaiserhof in Wien legte den kleindeutschen Plänen neue Hindernisse in den Weg. Die Entscheidung kam noch einmal und eindeutiger denn je von Österreich her. Schwarzenberg löste am 4. März 1849 den verfassungsgebenden Reichstag in Kremsier auf und erließ eine Gesamtstaatsverfassung, die ganz auf einen absolutistischen Behördenapparat abgestellt war. Am 8. März legte er einen eigenen Entwurf über die Oberhauptsfrage in Frankfurt vor, der ein Direktorium von sieben Köpfen und einen Reichsstatthalter vorsah, der im Turnus von drei zu drei Jahren zwischen Österreich und Preußen abwechseln sollte. Am 11. März schließlich traf in der Paulskirche die Nachricht ein, daß Schwarzenberg den Eintritt des neuen Gesamtösterreich in den Deutschen Bund fordere und eine Majorität im künftigen Staatenhaus beanspruche. Nun mußte die bisher durch allerlei Illusionen am Leben erhaltene und mit Trias- und Duallösungen aller Art sich abmühende großdeutsche Partei in sich zerfallen. Schwarzenberg selber trieb durch seine Forderungen die Föderalisten ins Lager der Erbkaiserlichen. Die Idee des Nationalstaates war nur noch im Herzen der Kleindeutschen lebendig, und selbst die Freiheit schien bei einem preußischen Reichsoberhaupt besser gewahrt als bei dem jungen Kaiser Franz Joseph, der ohnehin eine erbliche Krone von Deutschland schon um die Jahreswende rundweg abgelehnt hatte.

Am 12. März 1849 gab der Übertritt des badischen Freiheitskämpfers Welkker in das Lager der Kleindeutschen das Signal zu einer neuen Parteibildung in der Paulskirche. Heinrich von Gagern trat, um sich eine Mehrheit zu sichern, mit der Linken des Hauses in Verbindung und machte großzügige demokratische Zugeständnisse für eine neue Reichsverfassung, welche vor allem die Mitglieder der »Westendhalle« gewannen. Das allgemeine Wahlrecht in seiner freiesten Form ohne Wahlmänner, ohne Zensus und ohne sonstige Einschränkung wurde an alle unbescholtenen Deutschen über 25 Jahre erteilt. Der Kaiser wurde auf ein suspensives Veto gegenüber den Beschlüssen des Reichstags beschränkt. Das Staatenhaus sollte zur Hälfte von den Regierungen ernannt, zur Hälfte von der Volksvertretung der Länder delegiert werden. Es war weder eine Fürstenversammlung noch eine erbliche Pairskammer und hatte wie das Volkshaus das Recht des Gesetzesvorschlags und der Ministeranklage. Wenn beide Häuser dreimal im gleichen Sinne votierten, sollte ein solcher Reichstagsbeschluß auch ohne Zustimmung des Erbkaisers Reichsgesetz werden. Nach solcher Sicherung des parlamentarischen Regiments in der Reichsverfassung wurde am 27. März 1849 die Erblichkeit der Kaiserwürde mit knapper Mehrheit beschlossen, die Verfassung in der zweiten Lesung angenommen und am folgenden Tag mit 290 Stimmen (gegen 248 Enthaltungen) der König Friedrich Wilhelm IV. zum Oberhaupt gewählt. Preußen und 27 Einzelregierungen hatten schon im Februar dem erbkaiserlichen Verfassungsplan zugestimmt, und es besteht kein Anlaß, zu behaupten, diese Verfassung habe nicht dem Willen des deutschen Volkes entsprochen[152]. Sie entsprach nicht bloß der Mehrheit der Willensträger der Nation, sondern auch den politischen Kräfteverhältnissen und zeigte einen Weg, wie die Revolution geistig überwunden und ein Bund zwischen Monarchie und Volksbewegung in der deutschen Frage hergestellt werden konnte[153]. Niemand wußte eine bessere Lösung vorzuschlagen als einen staatsrechtlichen Verband im engeren kleindeutschen Kreise und einen weiteren, vielleicht verfassungsrechtlich verankerten Bund mit Gesamtösterreich, wenn sich dieses stolze Staatswesen inmitten der entfesselten nationalen Leidenschaften erhalten konnte[154].

Zur völligen Kapitulation vor Schwarzenbergs maßlosen Hegemonialforderungen waren schließlich doch nur die bereit, die aus purer Negation dem kleindeutschen Weg widerstrebten. Nicht weil man mit den Wiener großzügigen universalstaatlichen Absichten irgendwelche politischen Erwartungen verband oder ein bestimmtes Bild deutscher Staatsbildung vor Augen hatte, sondern nur weil man sich vor Preußen fürchtete wie vor dem bösen Mann, haben die westdeutschen Katholiken, die bayrischen Partikularisten und die schwäbischen Demokraten in der Paulskirche sich zusammengetan und ein sehr ungleiches antipreußisches Gespann gebildet, das schwerlich mehr den Namen »großdeutsch« verdient. Das wahre Großdeutschtum ist am 31. Oktober 1848 mit dem Sieg der südslawischen Regimenter über das deutsche Bürgertum in Wien zu Grabe getragen worden. Seitdem gibt es wohl Kreise in Deutschland, die am liebsten den Siegeszug des Fürsten Windischgrätz fortgesetzt und den Marsch auf Berlin angetreten hätten. Der temperamentvolle Hofrat Buß in Freiburg hat es einmal so ausgedrückt: »Steht unser Radetzky erst in Berlin, so ist die Burg des Protestantismus gebrochen.« Aber Großdeutsche wird man sie nicht nennen wollen.

Die Ausfälle gegen die norddeutsche Großmacht können aber die Tatsache nicht verhüllen, daß die deutsche Verfassung in einem bürgerlich-liberalen, konstitutionellen Sinn nur von Preußen aus zu lösen war. Das zentrale Problem der Revolution hieß nicht Republik oder Monarchie, nicht Bundesstaat oder Einheitsstaat und auch nicht »kleindeutsch« oder »großdeutsch«, sondern: Preußen und das Reich. Es war dasselbe Problem, das noch 1871 die Bismarcksche Schöpfung belastet hat und selbst in der Weimarer Republik nicht zur Ruhe gekommen ist. Es wäre höchstwahrscheinlich im Jahre 1848 unter der Herrschaft der liberalen Doktrin leichter lösbar gewesen als später unter der Hand des märkischen Junkers, der ein Verächter der Erziehung durch Ideen war. Daß eine befriedigende Lösung der preußisch-deutschen Frage 1848/49 nicht zustande gekommen ist, hat das deutsche Volk zu guten Teilen den romantischen Vorstellungen und der Persönlichkeit Friedrich Wilhelms IV. zu verdanken. Die selbstherrliche Schwärmerei und Phantastik des geisteskranken Königs ist dadurch für unsere nationale Entwicklung fast so verderblich geworden wie der romantische Rüstungswahn Wilhelms II. und der romantische Rassenglaube Adolf Hitlers. Der preußische König, der doch versprochen hatte, sich an die Spitze von Deutschland zu setzen und das schwarzrotgoldene Banner zu Ehren zu bringen, hat noch die steckengebliebene deutsche Revolution um ihre Früchte gebracht und selbst das Wenige verschleudert, was unter Schonung der fürstlichen Souveränität und mit Billigung des Auslandes zu erringen gewesen wäre. Daß sich Friedrich Wilhelm nicht leichtfertig, sondern aus innerer Gewissensnötigung dem Gesetz der Stunde versagt hat, mindert nicht das Verhängnisvolle seines Verhaltens. Er ist nicht bloß der Zerstörer der deutschen Verfassung, sondern auch der Totengräber der deutschen Einigung geworden. Er hat sich der Revolution nicht bloß versagt als Verächter einer Krone »von Bäckers und Metzgers Gnaden«, aus Feindschaft gegen die Parlamentssouveränität und das allgemeine Wahlrecht, sondern aus einer tiefbegründeten Scheu vor dem Rechtsbruch an sich. Die Usurpation von unten wie von oben erschien ihm als die Wurzel alles Bösen, und ein Eingriff in den geheiligten Bau der alten Reichshierarchie wäre ihm wie ein verbrecherischer Anschlag auf die Gültigkeit des Rechtes selber erschienen. Als romantischer Verehrer des Heiligen Römischen Reiches Deutscher Nation war er überdies der Überzeugung, daß »Teutschland ohne Triest, Tirol und das herrliche Erzherzogtum schlimmer wäre als ein Gesicht ohne Nase«. So ist in der Stunde von 1848 ein echter Respekt vor den Grundlagen alles Rechtes und ein überstiegener Traum von der alten Reichsherrlichkeit zusammengekommen, um den Deutschen den Lohn ihres Strebens zu rauben.

Schon in den Tagen des Freiherrn vom Stein hat vielleicht ein idealisierendes Zurückblicken auf das Mittelalter, das den echten Konservatismus Steins mit phantastischen Wunschbildern durchsetzte und historische Kostüme für das Wesen nahm, eine klare Zielstrebigkeit und eine haltbare Verfassungskonstruktion beim staatlichen Neubau Deutschlands verhindert.

Dem konstruktiven Geist der Verfassungsentwürfe der Paulskirche hatte ursprünglich ein anderer Weg vorgeschwebt. Ein erblicher oder wählbarer Kaiser des künftigen Reiches der Deutschen sollte nach Frankfurt verpflanzt werden. Er sollte nicht mit einer eigenen Hausmacht, sondern bloß mit einer Zivilliste ausgestattet sein. Ohne staatlichen Apparat hätte dieses Oberhaupt davon leben müssen, daß die beiden Großmächte Österreich und Preußen und die mehr als 30 übrigen souveränen Fürsten sich freiwillig ihrer Hoheit über das Heer, die Außenpolitik, das Patentrecht, die Gerichtshoheit und das Zollwesen begeben hätten. Ein solcher Kaiser ohne Land hätte sich nur einbürgern und betätigen können, wenn die Fürsten und Könige durch die Revolution abgesetzt oder die Länder aufgelöst worden wären. Und in der Tat ist wenigstens von der Auflösung Preußens als Voraussetzung für das Frankfurter Kaisertum von Anfang an die Rede. Nur die Teile, so sagte man sich, nicht das Ganze des preußischen Staates konnten in einem deutschen Einheitsstaat aufgehen. Das hatte schon Max von Gagern auf seiner Rundreise erkannt, und allerlei Flugschriften und Zeitungsartikel hatten den Gedanken weitergeleitet. Aber die Ländersouveränität gewann durch die konstitutionelle Entwicklung selber eine neue Stütze. Seitdem nicht bloß die Mittelstaaten, sondern auch die beiden Großstaaten ihren eigenen Landtag, ihren eigenen parlamentarischen Gesetzgebungsapparat und ihre eigene Revolutionserinnerung besaßen, war an die Aufteilung oder Abschaffung der Länder nicht mehr zu denken. Die Berliner Nationalversammlung wurde mit Recht von der Frankfurter Paulskirche als ihr gefährlichster Gegner empfunden. Die Erkenntnis, daß nur ein Kaiser mit Hausmacht das Reich regieren und sich den Ländern gegenüber durchsetzen könne, wurde deshalb schon früh von Realisten wie Droysen und Heinrich von Gagern in die Debatte geworfen, wie es wohl auch von Dahlmann in seinen Entwürfen immer gemeint gewesen war. Darin liegt nicht ein verkappter preußischer Machtegoismus, sondern staatsmännische Einsicht und weiser Verzicht angesichts der politischen Notwendigkeiten.

Auch die von außen kommenden Ratschläge aus dem englisch-belgisch-koburgischen Kreis gingen von der Voraussetzung aus, daß ein lebensfähiger deutscher Staat nur dadurch zu schaffen sei, daß Preußen an die Spitze des liberalen Gebäudes rücke und man das unmittelbare Reichsland der Hohenzollern von dem mittelbaren Reichsland der übrigen Territorien unterscheide.

Preußen würde dann auf eine eigene Verfassung verzichten können und mit Hilfe der Reichsverfassung regiert werden. Höchstens preußische Provinziallandtage dürften neben dem Reichsparlament bestehen bleiben. Die übrigen Bundesländer mochten ihre Kammern behalten. Sie sanken schon der Größe nach auf die Stufe von Provinzialversammlungen herab, wenn der König von Preußen mit einem Reichskabinett und einem Zweikammerreichstag das Ganze regierte und die Hoheit über das Heer, die Außenpolitik, das Gericht und das Zoll- und Gewerbewesen erhielt. Österreich mochte es dann freistehen, sich als Gesamtstaat außerhalb der neuen Grenzen zu stellen oder seine deutschen Teile, Böhmen und die Erzlande, in dem preußisch-deutschen Reich aufgehen zu lassen. »In keinem Fall kann es Deutschland regieren.« Dieser Satz stand für die koburgischen Ratgeber ebenso fest wie für die kleindeutschen Liberalen. Der Prinzgemahl Albert von England, sein Oheim König Leopold von Belgien, der Herzog Ernst von Sachsen-Koburg-Gotha und dessen welterfahrener, kluger Berater, Freiherr von Stockmar, bestürmten den König von Preußen schon seit Ende März 1848 mit Denkschriften und Briefen und verdichteten unter dem Einfluß Stockmars ihre Meinung immer stärker dahin, daß Friedrich Wilhelm sich in der Form des preußischen Erbkaisertums an die Spitze der bürgerlichen Revolution in Deutschland setzen möge, befreundet mit Österreich als Stütze in dessen innerer Krise, in Deutschland liberal und mit jener Koppelung von Preußen und Reich, die den König-Kaiser mit einem Reichstag und einem Oberhaus von Fürsten leichter monarchisch regieren lassen wird als mit einem demokratischen preußischen Landtag[155]. Es ist in der Tat eine fast Bismarcksche Lösung des deutschen Verfassungsproblems, bloß ohne schwarzweiße Vorbehalte und ohne eigenstaatlichen Stolz. Damals hätte eine energisch vorgehende preußische Regierung vielleicht das Eisen der deutschen Einigung in dem lauer werdenden Feuer der Revolution schmieden und eine Form der Verfassung hämmern können, bei der Preußen überlegen in Führung lag und zugleich in Deutschland aufging. Man sprach von einem Angebot der Frankfurter Behörden, daß Preußen im Reichsministerium die Stelle des Ministerpräsidenten, des Außenministers und des Kriegsministers besetzen solle, und in einem bestimmten Augenblick sind dafür schon Stockmar und Bunsen neben dem amtierenden General Peucker als Kandidaten genannt worden[156].

Aber in Berlin wehte der Wind bereits aus einer ganz anderen Ecke. Seit dem Rücktritt Heinrich von Arnims im Juni 1848 hatte niemand mehr recht ein Herz für die deutsche Politik Preußens. Am wenigsten der König selbst. Die Antwort, die Friedrich Wilhelm im August 1848 seinen liberalen Ratgebern erteilte, war voll törichter Hochnäsigkeit. Der aufbrausende König hat in langen Randbemerkungen auf die Vorschläge geantwortet, die ihm sein

Abb. 5 Erschießung des Paulskirchen-Abgeordneten Robert Blum in der Brigittenau vor Wien am 9. November 1848

Abb. 6 Die Frankfurter Kaiserdeputation am 3. April 1849 vor Friedrich Wilhelm IV. im Berliner Schloß

Gesandter in London und dessen koburgischer Freund unterbreitet hatten. Die Nationalversammlung in Frankfurt ist ihm nur eine »Versammlung von 600 Untertanen verschiedener Fürsten und Städte«, die doch hoffentlich niemals die Unverschämtheit besitzen werden, »einem Fürsten über 16 Millionen« das Ultimatum vorzulegen, ob er an ihre Spitze treten wolle oder nicht. Der König von Preußen fühlt sich noch immer, trotz der Reden des Bürgerkönigs vom 18. und 19. März, als der unumschränkte Herr, der über 400000 Mann bestdisziplinierter Truppen gebietet. Er fürchtet, daß er als Kaiser nicht einmal über seine fünf Reichsminister zu »gebieten« haben würde. Die Körperschaft des Volkes würde vielmehr den faktischen Oberbefehl auch über die preußische Armee führen. Ein parlamentarisch verantwortlicher Reichskriegsminister würde dem König die Verfügung über das Heer aus der Hand winden. Die preußische Militärmonarchie hätte also nur zu verlieren, wenn sie sich einer Reichsverfassung unterwürfe. Nur Deutschland, nicht Preußen, hat nach der merkwürdigen Auffassung Friedrich Wilhelms eine Revolution erlebt, und die preußische Krone wäre sehr töricht, wenn sie sich von einem Reichsministerium, das dem Volk verantwortlich ist, fesseln lassen würde. Sie behält ihren Charakter als Heerkönigtum nur, wenn sie für sich bleibt und ihre Staatlichkeit nicht antasten läßt. Über die wünschenswerte Gestalt Deutschlands hat Friedrich Wilhelm nach wie vor seine brokatenen Vorstellungen, die an die Reichsherrlichkeit von 1806 und sogar an die christliche Weltmonarchie anknüpfen. Der König »wünscht in seinem wie in dem gesamten deutschen Land die Darstellung des wirklich Bestehenden, der tausendjährigen Gliederung, welche unser deutsches Volk bewußt und unbewußt ... diesseits und jenseits des Ozeans zum Ersten Volk der Welt (seit dem Untergang der Römer) gemacht hat«[157]. Diese »tausendjährige Gliederung« verlangt, daß der Kaiser von Österreich mit seinen 20 Millionen nichtdeutscher Untertanen der »größte Herr Deutschlands« bleibt. Selbst wenn der Kaiserstaat, wie nicht zu leugnen, in Verfall geraten ist, so möge man nicht vergessen, daß die Agonie des Oströmischen Reiches mehr als tausend Jahre gedauert hat. So lange mindestens muß man auch dem Römischen Reich Deutscher Nation Zeit lassen und ihm einstweilen die schuldige Verehrung entgegenbringen. Friedrich Wilhelm IV. gibt offen zu, daß Österreich vielleicht freiwillig und aus eigenem Willen in aller Form aus dem Reichsverband austreten wird. Er weiß, »daß Deutschland zur Bewältigung Ungarns, Kroatiens, Galiziens, Italiens keinen Mann Truppen bewilligen, ja nicht einmal Freischaren stellen würde«. Trotzdem ist er von seiner Geschichtsvorstellung und seinem unseligen Begriff des tausendjährigen Reiches der Vergangenheit so beherrscht, daß er das Verhältnis von Preußen und Österreich nur so ansehen kann, wie es von Radowitz dogmatisiert worden ist. Dabei ist diese Rollenverteilung doch eigentlich erst dreißig, höchstens hundertfünfzig Jahre alt und hat nichts mit der »tausendjährigen Gliederung« des altdeutschen Reiches zu tun. Es ist fast unerträglich mit anzusehen, wie ein kostbares unwiederbringliches Jahr hindurch die Zwangsvorstellungen Friedrich Wilhelms IV. jeden politischen Neuansatz ersticken. Schlimmer konnte sich die Ideenwelt der politischen Romantik am deutschen Leben kaum versündigen, als sie es durch das übersteigerte Gottesgnadentum und die Reichsideologie des absoluten Heerkönigs getan hat. Der König ließ sich von seinen Getreuen als Orakel und Mund der Gottheit feiern, während die deutschen Dinge verkamen.

Auch im Herbst und Winter 1848/49 hielt Friedrich Wilhelm starr an seinem Nein fest. Weder Gagerns Überbrückungsplan, der in Gestalt des weiteren Bundes Österreich wieder heranziehen wollte, noch Palmerstons ermunternde Winke, welche Englands Anerkennung für einen Bundesstaat unter preußischer Führung in Aussicht stellten[158], konnten dem Preußenkönig eine andere Regung entlocken als eine erschrockene, von Ekel erfüllte und durch den eigenen Sündenfall der Märztage verschärfte Ablehnung der Frankfurter Verfassungspläne. Die Kaiserkrone, die viele Monate herrenlos vor seinen Füßen lag, war ihm ein »Aas«, ein Teufelsspuk »aus Dreck und Letten gebacken«, seitdem er seine eigene Königskrone im Feuer der Gegenrevolution wieder geläutert hatte. Als ihm im April 1849 eine Abordnung der Frankfurter Paulskirche unter Eduard Simson das Angebot der Kaiserwürde überbrachte, verschmähte Friedrich Wilhelm dieses »Hundehalsband, mit dem man mich an die Revolution von 1848 ketten will«.

Man hat in den Kreisen der Historiker den Entschluß des Königs entschuldigen wollen. Nicht legitimistische Bedenken, sondern auswärtige Wolken und die Furcht vor einem Siebenjährigen Krieg hätten ihn abgehalten; sein Nein sei, realistisch gesehen, richtig gewesen. Nun waren gewiß Österreich und Rußland verbündet und auf eine Machtsteigerung Preußens eifersüchtig. Aber sie waren in Ungarn gefesselt. Dafür war Louis Napoleon bereit, die deutschen Mittelstaaten preiszugeben, und der englische Außenminister hatte sich ziemlich deutlich für den kleindeutschen Reichsgedanken ausgesprochen. Es ist also durchaus ungewiß, ja äußerst zweifelhaft, ob Friedrich Wilhelm IV. um seine Kaiserkrone hätte kämpfen müssen. Vielleicht hätte man an den kommenden Cäsar in den Tuilerien eine Kompensation geben müssen; aber damit hat auch Bismarck später gerechnet, diesen Preis hat auch der kluge Cavour bezahlen müssen. Friedrich Wilhelm hätte weder ein großer Feldherr noch ein großer Staatsmann zu sein brauchen. Ein Mindestmaß von politischer Brauchbarkeit und gesundem Menschenverstand hätte ausgereicht, und ein Friedrich der Große auf dem Thron wäre gar nicht nötig gewesen. Wahrscheinlich hätte ein ganz schlichter koburgischer Prinz auf dem Thron und ein fähiges Ministerium in Berlin genügt, um die deutsche Frage einer Lösung zuzuführen.

Noch im Mai 1849 hatten die strammen Erbkaiserlichen nicht alle Hoffnung aufgegeben. Sie rechneten mit einem Rücktritt des romantischen Königs[159]. Aber trotz der Erregung, die damals auch durch die preußische Monarchie ging, trotz des Aufstands zugunsten der Reichsverfassung, der in Sachsen, Baden und der Pfalz emporflammte, trotz des Beifalls, den der Plan des preußisch-deutschen Staates selbst im niedersächsischen Volk fand, blieb das Werk der Paulskirche verloren. Die Nationalversammlung mußte mit ansehen, wie sie durch die Abberufung erst der österreichischen, dann der preußischen Abgeordneten Zug um Zug zerbröckelte und ohne die Anlehnung an den preußischen Machtstaat ohnmächtig war. Es blieb den Volksvertretern, die in Frankfurt aushalten mußten, nichts anderes übrig, als ihren Tag mit Dominospiel hinzubringen, bis sie dann in Stuttgart durch württembergische Reiterei vollends zersprengt wurden.

Trotzdem möchte man keinen Stein werfen auf die Männer der Paulskirche. Karl Marx hat sie in einem bösen Pamphlet »eine Versammlung alter Weiber« genannt und hat damit den Ton angegeben für eine recht verletzende Kritik[160]. Die Frankfurter Nationalversammlung war kein »bloßer Debattierklub, bestehend aus einer Anzahl leichtgläubiger Tröpfe«[161]. Die Tragödie des deutschen Idealismus, der den Weg von der Vorstellung zur Wirklichkeit sucht und nicht finden kann, ist damals in einem besonders anschaulichen, ans Herz greifenden Akt gespielt worden. Jener schwäbische Abgeordnete hat das Wesen des Frankfurter Parlaments doch wohl richtig charakterisiert, wenn er in einem Brief an seine Nürtinger und Kirchheimer Wähler die unglückliche Versammlung in Schutz nimmt. »Die billigen und unbefangenen Beurteiler der Mit- und Nachwelt werden von ihr sagen, sie sei von den Schwächen des deutschen Charakters nicht frei geblieben; es haben ihr aber auch die edelsten und besten Eigenschaften unseres Volkes nicht gefehlt, und besser, als eine Nation selber im großen und ganzen ist, kann sie auch ihre Vertreter nicht verlangen.«[162]

X

Der Sieg der Gegenrevolution in Wien und Berlin

Es ist nicht ganz genau, zu sagen, daß die deutsche Revolution von den Slawen niedergekämpft worden sei, weil ein böhmischer Magnat und ein kroatischer Offizier den Ring um Wien geschlossen haben. Es ist noch weniger richtig, daß erst der Zar Nikolaus I. die Gegenrevolution zum Siege geführt habe durch seinen Einmarsch in Ungarn. Es ist sogar zweifelhaft, ob der magyarische Aufstand nicht schließlich auch ohne russische Hilfe von der Wiener Kaisermacht überwältigt worden wäre, nachdem die italienische Freiheitsbewegung aus eigener Kraft niedergeschlagen war. Vor allem war weder das Bündnis mit dem Zaren noch das Bündnis mit dem kroatischen Banus eine Auslieferung der Donaumonarchie an das Slawentum. Nicht im Namen tschechischer und südslawischer politischer Kräfte ist Wien erobert worden; sondern weil die habsburgische Kaiseridee, der dynastisch-militärische Staatsgedanke hoch über der Nation im Donauraum noch eine unverwüstliche Kraft besaß, deshalb ist in der westlichen Reichshälfte der Doppelmonarchie die Revolution zusammengebrochen. Auch dieser schwarzgelbe Kaiserstaat, obwohl er von Anfang an gegen die Frankfurter Paulskirche auftrat, handelte im Namen des Deutschtums und glaubte, daß der deutsche Einfluß in der habsburgischen Gesamtmonarchie, im weiten Raum von Böhmen, Galizien, Ungarn, Serbien und der Lombardei, noch zu Recht bestehe. Der Begriff des Deutschtums hatte in diesem Zusammenhang freilich keinen nationalistischen Unterton. Der Kaiserstaat war deutsch, nicht weil es sein *Ziel* war, den Südosten zu germanisieren, sondern weil es seine *Natur* war, daß das deutsche Element in Militär und Beamtenschaft, am Hof und im Gerichtswesen überwog. Man verlangte dafür von einem habsburgischen Kaiser, daß er möglichst viele Sprachen seiner elf Völker beherrschte.

Diese Tradition des schwarzgelben Donaustaates konnte auch die Großstadtmasse in den Stadtvierteln von Wien noch ganz erfüllen und berauschen. Schwarz-Rot-Gold, die Fahne, die vom März bis in den Oktober vom Turm des Stephansdomes niederwallte, war in Wien eigentlich nur ein innerpolitisches Panier, das Zeichen, daß das Wiener Bürgertum die Konstitution nach französisch-belgischem Vorbild verlangte. Schwarzgelb dagegen war die Farbe der Außenpolitik, die Flagge des Staates, des katholischen Glaubens, der Überlieferung und einer mächtigen Geschichte. Man brauchte sie nur kräftig zu zeigen, um die Anhänglichkeit an all diese Werte im österreichischen Menschen wachzurufen. Die Revolution von 1848 ist an der harten Tatsache zerschellt, daß man historische Staatsgebilde und historische Symbole, stolze Erinnerungen und Erbzusammenhänge nicht durch Beschlüsse einer siegreichen Partei aus der Welt schafft. Sie sind nur auszulöschen aus den Gedanken der Menschen, wenn sie ihre innere Lebenskraft verloren haben.

Es war nicht bloß für die Revolutionäre, sondern auch für die Gegenrevolutionäre und erst recht für die Kabinette in London, Paris und Petersburg eine Überraschung, als sie die erstaunliche Energie des habsburgischen Reiches erlebten, das nach einem Menschenalter friedensseliger, ja fast friedensängstlicher Politik sich nun plötzlich im Feuer der Revolution zu einer kriegerischen Härte zusammenzog, die kein Mensch diesem schwerfälligen und altmodischen Koloß noch zugetraut hätte.

Die Märzrevolution hatte den Metternichschen Staat in Auflösung versetzt. Die Tschechen und Polen konspirierten, die Ungarn und Italiener standen in Aufruhr, Kroaten und Slowenen setzten sich eigene Ziele. Der Kaiser war nach Innsbruck geflohen, und in der Hauptstadt herrschte die Aula der Studenten und die Nationalgarde der Bürger fast wie einst im revolutionären Paris. Das Bündnis von radikalen Studenten, besonders aus den technischen Schulen, und Arbeitern der Vorstädte war nirgends so eng wie in Wien. Der Kalabreser Hut und der studentische Stürmer, romantische Gestalten mit Knotenstöcken und pistolengeschmücktem Gürtel beherrschten das Straßenbild der eleganten Stadt. Der größte Teil der adligen Gesellschaft und die Flut der ausländischen Diplomaten waren verschwunden. Neben feuriger revolutionärer Begeisterung und blutiger Barrikadengesinnung gedieh der heitere Sinn des gemütlichen Wienertums. Jeder Tag konnte von extremer Seite die Proklamierung der Republik bringen, aber jeden Tag konnte auch ein siegreicher General von Prag, Verona oder Agram her auf Wien vorrücken und mit Bajonetten und Kanonen eine neue Ordnung diktieren[163]. Der zweiundachtzigjährige Feldmarschall Radetzky hatte zum Teil mit ungarischen und südslawischen Truppen die Armee Karl Alberts von Piemont vor sich hergetrieben. Der vierzigjährige Markgraf von Kroatien, Slawonien und Dalmatien, Joseph Freiherr von Jelačič, stand in Agram bereit. Mit seiner kahlen Stirn, seiner muskulösen Statur und seinen feinen Händen war der schwarze Dragoneroffizier eine fast napoleonische Gestalt, in allem der Ausdruck ungewöhnlicher Tatkraft und wilder Lebenslust, der schon im Kreis seiner Regimentskameraden eine geradezu leidenschaftliche Zuneigung genossen hatte. Der Befehlshaber der Stadt Prag war Fürst Windischgrätz, böhmischer Großgrundbesitzer und fähiger General, dem die Aufständischen eben in seinem Stadtpalais die geliebte Frau erschossen hatten. Er war »der Schutzengel« der deutschen Bevölkerung in Böhmen geworden und wurde von den Geistlichen jeden Sonntag in ihr Kanzelgebet eingeschlossen. Ein vollendeter Edelmann, blieb er als Militärbefehlshaber ohne persönliche Rachegefühle, ruhig, kraftvoll, selbstsicher, so daß ihn zuletzt auch die tschechischen Bürger Prags fast schwärmerisch zu bewundern begannen.

Das einzige, was die habsburgische Monarchie im Sommer 1848 hätte stürzen können, wäre ein Eingreifen Frankreichs in Oberitalien gewesen. Wenn dem Feldmarschall Radetzky, der soeben siegreich in Mailand eingezogen war und den habsburgischen Reichsadel in seinem Offizierskorps versammelt hatte, von einer französischen Armee der Sieg aus den Händen gewunden wurde, war es mit dem Kaisertum zu Ende. Dann wurde in Wien die Republik erklärt, in Italien der Anschluß an Frankreich vollzogen, Ungarn und vielleicht die Tschechen wären ihre eigenen Wege gegangen, und das historische Staatswesen der Doppelmonarchie hätte sich aufgelöst. Die Frankfurter Zentralregierung und ihre österreichischen Mitglieder verfolgten die Idee schon bis in ihre letzten Konsequenzen. Vor allem war es Schmerling, der sich im vertrauten Kreis über die Aufteilung der Donaumonarchie aussprach: Ungarn dem Erzherzog Stephan, Böhmen und Mähren für den Thronfolger Franz Joseph, Polen und die Lombardei selbständig als Abschlagszahlung an England, Frankreich und Piemont, Deutsch-Österreich als Hausmacht für den Reichsverweser Erzherzog Johann. Aber eben nur eine militärische Niederlage großen Stils auf den Schlachtfeldern der lombardischen Ebene, dem alten Schachbrett der Reichsgeschichte, vermochte diese Wirkung zu tun. Und Cavaignac, der Diktator Frankreichs, wünschte keine auswärtigen Konflikte.

Inzwischen bereiteten sich chaotische Zustände in Wien vor. Der gewählte Reichstag beriet zwar tage- und nächtelang und unterstützte ehrlich das Ministerium, das neben der bürgerlichen Nationalgarde auch reguläres Militär einsetzen mußte, um der neuen Putschversuche studentischer Extremisten Herr zu werden. Eine starke staatsmännische Begabung war unter dem Wiener Bürgertum noch weniger hervorgetreten als unter den Frankfurter Abgeordneten und den Berliner Oppositionsführern. Der junge, schmächtige, kaum dreißigjährige Finanzminister Bach war zwar ein ausgezeichneter, mutiger und selbständiger Fachberater, aber als solcher naturgemäß eher ein aufgeklärter Absolutist als ein parlamentarischer Parteiführer und den Wogen eines so verwickelten innerpolitischen Kampfes nicht gewachsen, wo religiöse, nationale und ideologische Fronten sich verwirrend überschnitten. Slawische und reichsdeutsche, bürgerliche und sozialistische Agitatoren überkreuzten sich in ihrer radikalen Propaganda. Palacký, Fröbel, Hecker und sogar Karl Marx waren in diesem Sommer persönlich in Wien, sprachen in den Klubs und hofften, auf dem heißen Wiener Boden die Entscheidungsschlacht für ihre Sache zu gewinnen. Und wie weit gingen ihre Ziele im Konkreten auseinander! Marx hat bekanntlich die Zugehörigkeit Böhmens zu einem künftigen deutschen Kultur- und Machtbereich immer betont, wenn die Tschechen auch »noch ein paar Jahrzehnte« ihre eigene Sprache beibehalten mochten. Palacký dagegen, der bedeutende tschechische Volksführer und Historiker, wollte Österreich in ein föderatives Slawenreich verwandeln, dem ein großer Teil des östlichen Deutschland einverleibt werden müsse; Dresden und Leipzig seien slawische Städte, in welchen die Deutschen sich eingenistet hätten[164]. Julius Fröbel hat schon damals in seiner Flugschrift »Wien und Europa« die Befürchtung ausgesprochen, daß, wenn es nicht gelinge, von dem Mittelpunkt Wien aus den demokratischen Bund der Vereinigten Staaten von Mitteleuropa zu schaffen, dann die russische Grenze an die österreichische Hauptstadt heranrücken werde.

Wer sollte die innere und äußere Verwirrung noch ordnen? Wer war der Mann dazu, um sich gegen die Vielzahl der revolutionären Gewalten, Gruppen, Personen und Tendenzen durchzusetzen, die schon im August und September durcheinander regierten? Die Auseinandersetzungen im Reichstag über die entschädigungslose Abschaffung der Fronen, der Streit zwischen den Erwerbslosen und dem Ministerium über die Löhne bei öffentlichen Arbeiten, die Anwerbung für die italienische Armee und der Nationalkrieg der Serbokroaten gegen die Magyaren boten Anlaß zu tiefgehenden Spaltungen. Weder der Reichstag noch die Nationalgarde noch das Studentenkomitee hatten die Zügel in der Hand, und das Ministerium Bach-Latour trat in geheime Verbindung mit Radetzky, Windischgrätz und Jelačič. Am 6. Oktober brachen alle Bande. Anläßlich des Abmarschs eines Grenadierbataillons nach dem ungarischen Kriegsschauplatz, das dort dem reaktionären Banus von Kroatien zu Hilfe kommen sollte, meuterten die deutschen Regimenter, die sich nicht in diesem Bürgerkrieg mißbrauchen lassen wollten. Das Straßen- und das Landvolk verbrüderte sich mit ihnen. Bewaffnete Bauern zogen vom Marchfeld heran. Der Kriegsminister Latour, dem man die erste Schuld am Blutvergießen dieses Morgens beimaß, wurde in einer Bodenkammer seines Ministeriums aufgestöbert und grausam ermordet. Diese Lynchjustiz ist das Signal zu einem wilden Bürgerkrieg zwischen Zivil und Militär, in dem die »Märzhelden« eine sehr unrühmliche Rolle spielen und die ordentlichen Revolutionsgewalten die Masse nicht mehr zu lenken vermögen. Das Zeughaus wird auf Befehl des Reichstags nach stundenlangem Kampf von den Regierungstruppen geräumt. Der Hof zieht unter militärischer Bedeckung zum zweitenmal nach Olmütz ab, und die Exekutive geht an einen rasch gebildeten Sicherheitsausschuß, später fast ganz an den Wiener Gemeinderat über. Das Bürgertum zittert vor der neugeschaffenen Mobilgarde mit den roten Kokarden, vor der Siegestrunkenheit des Studentenausschusses und dem Terror der Arbeiterbataillone. Eine Zentralausschuß der Demokratenvereine sucht die Rolle des

Jakobinerklubs zu spielen und das Heft in die Hand zu bekommen. Auch der Mann, der schließlich von den verbliebenen Mitgliedern des Reichstages und dem Sicherheitsausschuß zum Oberkommandierenden des revolutionären Wien bestellt wurde, Wenzel Messenhauser, war kein politischer Führer. Sohn eines Bataillonstambours, der immerhin in der kaiserlichen Armee vom gemeinen Soldaten zum Leutnant avanciert war, schien er mehr Literat als Stratege zu sein. Er war arbeiterfreundlich und hatte ein soziales Drama geschrieben, über dessen Aufführung er noch am Tage vor seiner Hinrichtung mit dem Burgtheater verhandelte. Aber er war viel zu weich, um eine revolutionäre Diktatur auszuüben. Der polnische General Bem, ein genialer Landsknecht, der noch aus den napoleonischen Kriegen übriggeblieben war und mit seiner eisenharten Soldatennatur großes Ansehen genoß, sollte die Mauern der rebellischen Stadt gegen die heranziehende Nordarmee verteidigen. Aber die Geldmittel waren von einem verfassungstreuen Finanzminister bewilligt worden, der im Namen des Kaisers regierte und naturgemäß nur mit halbem Herzen zur Abwehr gegen kaiserliche Offiziere rüstete. Am 17. Oktober traf noch eine Abordnung der Frankfurter Linksparteien ein, Robert Blum und Julius Fröbel an der Spitze, um die weltrevolutionäre Bedeutung des Wiener Kampfes zu unterstreichen. Sie wurden jubelnd empfangen, mit Schwertern umgürtet und zu Ehrenmitgliedern der »Akademischen Legion« ernannt. Der fanatische Robert Blum ließ sich in seinen leidenschaftlichen Reden dazu hinreißen, sich ganz auf die Seite der Aufständischen zu stellen und zu erklären, es müßten noch 200 Männer »latourisiert« werden, ehe die Freiheit gesichert sei.

Es war nicht mehr der deutsche Liberalismus, der hier in Wien kämpfte, sondern eine unklare, ihrer politischen Ziele noch kaum recht bewußte demokratisch-sozialistische Internationale, die ein Bündnis von Deutschen, Polen, Ungarn und Italienern schließen wollte gegen alles, was nach altem Staat und altem Glauben roch. Es war der Kampf der permanenten Revolution gegen den Stillstand, gegen die Gesellschaft, gegen das Bestehende überhaupt. Dieser roten Einheitsfront begegnete nun aber nicht bloß der historische Kaiserstaat und die Reaktion, nicht bloß das zögernde Mißtrauen der Bauern von Ober- und Niederösterreich, die sich nicht zum Landsturm aufbieten lassen wollten[165], sondern auch der Instinkt des Wiener Kleinbürgers, soweit er nicht Angehöriger des politisch gewordenen Proletariats war. Alle Beobachter stimmen darin überein, daß die Wiener Bevölkerung in ihrer Mehrheit schwarzgelb gesinnt war und den siegreich einmarschierenden Truppen der Generale Windischgrätz und Jelačič mit einem Begeisterungsjubel ohnegleichen entgegenkam, obwohl es doch ein blutiges Militärregiment war, das mit diesen Männern in Wien einzog. Man wußte genau, daß die wilden Kroaten in rotem Mantel und rotem Fez noch kurz zuvor im Feldlager das blanke Messer gezückt hatten und grinsend dazu bemerkten: »Für Aula!« Von diesen Befreiern war wenig Pardon zu erwarten für die Scharen der aufständischen Jugend von Wien, für die treu gebliebenen Reichstagsmitglieder und den revolutionären Gemeinderat. Trotzdem jubelte man den blutigroten Regimentern der Reaktion zu. In den ausländischen Diplomaten, die damals als unbeteiligte Zuschauer dem ungleichen Kampf zusahen, erweckte der jähe Stimmungsumschlag der Massen eine tiefe Verachtung für die Unbeständigkeit der öffentlichen Meinung. »Die guten Wiener haben sich in ihrer ganzen Erbärmlichkeit gezeigt. Kaum hatte gestern der Fürst Jablonowski das äußere Burgtor erstürmt und die Höhen des Volks- und Paradiesgartens genommen, als die Truppen mit Jubel empfangen und auf offenem Markte von der Nationalgarde, welche wenige Minuten zuvor auf sie geschossen, als Befreier begrüßt und umarmt wurden ... Der Jubel, mit welchem der Banus heute in der ganzen Stadt empfangen wurde, die nicht endenden Hurras, welche die kroatischen Helden begrüßten, sind neue Belege für die Gesinnungslosigkeit der hiesigen Bevölkerung ... Der Gemeinderat kroch auf den Knien, um dem Fürsten Windischgrätz zu danken für die Rettung der Stadt, für die Wiederherstellung der Ordnung und wahren Freiheit und für die Milde und Schonung, welche Seine Durchlaucht dabei zu betätigen geruht haben. Und vor acht Tagen wurde der Feldmarschall in der Proklamation ebendesselben Gemeinderats Herr Windischgrätz genannt, welcher, als ein neuer Brennus, Natur- und Völkerrecht mit Füßen tritt.«[166]

Vielleicht wäre die Verachtung des sächsischen Diplomaten, dem wir diesen Bericht verdanken, nicht so hart ausgefallen, wenn er sich klargemacht hätte, daß das Mißbehagen der Wiener Bevölkerung schon seit mehreren Monaten andauerte und nur von dem revolutionären Terror niedergehalten worden war. Abgesehen davon, daß die faktische Macht auf die Mehrzahl der Menschen einen begeisternden Eindruck zu üben pflegt und Macht und Erfolg eindeutig bei den regulären Truppen lag, so befreite die Einnahme Wiens Hunderttausende aus einem quälenden Zwiespalt, auf welcher Seite das Recht sei und wer wen vor wem eigentlich schütze. Einen Augenblick allerdings schien die Entscheidung an einem Faden zu hängen, als am 30. Oktober im Rücken der Armee Windischgrätz die Ungarn unter Kossuth über die Leitha rückten, um Wien zu entsetzen, das bereits auf Gnade und Ungnade kapituliert hatte. Aber die Hoffnung trog, auch der Bruch der Kapitulation, den die Freischarführer erzwangen, konnte das Schicksal der Hauptstadt nicht wenden. Der ungarische Landsturm wurde geworfen, und am folgenden Tag drang die Belagerungsarmee nach achttägigem erbittertem Kampf in das Herz der Stadt, auf den Stephansplatz, vor. Nach dem Sieg räumte der Feldmarschall hochmütig und streng, aber weder grausam noch rachgierig mit der »Rotzbubenwirtschaft« auf, wie er verächtlich zu sagen pflegte. Der Reichstag wurde, um ihn unabhängig von den hauptstädtischen Suggestionen zu machen, in das mährische Städtchen Kremsier verlegt, wo er noch ein paar Monate ungestört Verfassungspläne schmieden konnte. Das Kriegsgericht arbeitete indessen unauffällig, aber ohne jede Rücksicht auf das Ausland. Selbst die Hinrichtung Robert Blums machte in dem abgestumpften Wien kein besonderes Aufsehen mehr. Sein Begleiter Julius Fröbel wurde begnadigt, weil er in seinen Flugschriften Wien als Mittelpunkt des deutsch-europäischen Föderativsystems gefeiert hatte. Während die Frankfurter Nationalversammlung in aller Form die Auflösung des Kaiserstaates beschloß, betrat Fürst Felix Schwarzenberg als neuer Ministerpräsident die historische Bühne. Die Donaumonarchie stand mit einem Mal wieder als internationale Größe erster Ordnung auf dem Plan und gedachte ihren Großmachtcharakter auch zu beweisen. Der Machthaber Frankreichs General Cavaignac gratulierte Windischgrätz zu seiner glorreichen Tat als »der größten Wohltat für Deutschland und Österreich, die auch Frankreich und ganz Europa einen ausgesprochenen Dienst erwiesen hat«. Der russische Zar schickte das Großkreuz seiner beiden höchsten Orden in Diamanten, und in Wien wurde tage- und wochenlang bei Banketten und im Theater den »Befreiern« eine Ovation nach der andern dargebracht. Selbst in gemäßigten Kreisen war man erleichtert, daß Habsburg seine Autorität aus eigenen Kräften wiederhergestellt hatte, weil man fürchtete, daß sonst vielleicht die Knute des weißen Zaren von außen her das Donaureich zu einer legitimistischen Ordnung zurückführen würde. Vor dieser Schande waren nun doch die Deutschen durch die kaiserliche Armee und ihr dynastisches Staatsgefühl bewahrt worden.

Das Gesetz der Radikalisierung der Flügelgruppen wirkte sich in der deutschen Revolution zugunsten der Reaktion aus. So wie schon im April 1848 der Ausbruch sozialer Unruhen und Empörungen, die mit dem politischen Ideal der Konstitutionalisierung Deutschlands wenig zu tun hatten, den gesamten Mittelstand in die Arme der alten Ordnungsmächte trieb und den Liberalismus zersplitterte, so war die Wiener Oktoberrevolte erst recht geeignet, der Gegenrevolution eine wirksame Parole in die Hand zu spielen. Das chaotische Regiment der Studenten und Arbeiter, der Barrikadenkämpfer und Demokratenklubs gab denen recht, die erklärten: »Wir haben nur die Wahl zwischen Militärdespotismus und Anarchie, zwischen dem Schreckensregiment von oben und dem Schreckensregiment von unten.« Windischgrätz, dessen kluge Mäßigung und Gewissenhaftigkeit nicht zu leugnen war, hatte den Vorteil, daß er die Diktatur und die Legitimität in einem verkörperte, daß er kaiserlicher Offizier und siegreicher Cavaignac zugleich war. Und diese Verbindung machte ihn unwiderstehlich. Die Revolution hatte sich als Chaos und Zuchtlosigkeit, als ohnmächtige Raserei und gesellschaftlicher Umsturz enthüllt. Mochten die Frankfurter Professoren noch an die konstitutionelle Versöhnung der Gegensätze glauben, in Wien hatte man seine Erfahrungen gemacht und war froh, in den sicheren Hafen einer vernünftigen Reaktion eingelaufen zu sein.

In Berlin war man im Begriff, denselben Weg zu gehen, und zwar ohne die Kraftprobe einer rebellierenden Kommune, lediglich mit Hilfe einer militärischen Machtentfaltung des Königtums und auf Grund gewisser psychologischer Gesetzmäßigkeiten.

Bei dem, was wir Reaktion nennen, ist der äußere Vorgang der mehr oder minder gewaltsamen Wiederherstellung des alten Regimes und der innere Vorgang eines Stimmungswandels und Rückschlags der öffentlichen Meinung ziemlich deutlich zu unterscheiden. Das innere Reagieren der Masse auf das Geschehen einer Revolution ist sehr zusammengesetzt. Ermüdung, Abstumpfung und Enttäuschung verbinden sich mit einer gesteigerten Sensationsgier und der Lust nach dem Schon-wieder-Neuen. In der Ernüchterung, Selbstbesinnung und Abkühlung liegt meist ein Stück Beschämung über die eigene Überspanntheit und ein skeptisches Achselzucken, weil sich in den greifbaren Dingen des Lebens ja scheinbar doch nichts geändert hat und die politische Unruhe das wirtschaftliche Leben und den Alltag nur erschwert. Bei allen Gemäßigten und Mitläufern einer Revolution findet dieser Gefühlsumschwung einen besonders günstigen Boden. Man bekommt Angst vor dem Rollen des immer schneller werdenden Rades, vor den sozialen Konsequenzen, den gewerblichen Folgen, den handelspolitischen Nachteilen, man bekommt Angst auch vor dem unheimlichen Sturz der Götter, der selbst solche Bildnisse mitzureißen droht, die man nicht entbehren möchte. Zu denen, welche zuerst für die Ideale der Revolution begeistert waren und dann im Namen von »Bildung und Zivilisation« sehr bald Einhalt geboten, gehörten nicht bloß gesinnungslose Opportunisten und Hörige der Gewalt, sondern auch Männer wie Alexander von Humboldt oder David Friedrich Strauß, die ganz erleichtert waren, als die wirren Feuerköpfe von irgendeiner Seite wieder gezähmt wurden. Zu denen, die der Reaktion Beifall spendeten, zählten nicht bloß die Familienväter, die an Haus und Beruf hingen und nichts riskieren wollten, sondern auch die Gymnasiallehrer und Schulrektoren, die ihre Schüler halb freiwillig, halb gezwungen zu Gedenkfeiern für die gefallenen Barrikadenhelden hatten versammeln müssen und nun erleichtert waren, daß man wieder die alten vaterländischen Helden feiern durfte. Auch die Handwerksmeister und die kleinen Geschäftsinhaber hatten ein Haar in der Suppe gefunden, sie waren der Aufsässigkeit ihrer Gesellen und Laufburschen müde und begrüßten es, daß ein neuer Zuchtmeister kam. Selbst der Mann auf der Straße hatte von dem Rummel genug und ließ sich gerne eine solide Autorität gefallen. Alle, die nicht den Bürgerkrieg wollen und durch eine radikale Ideologie schon zur nächsten abstrakteren Stufe der Revolution fortgerissen werden, bewegen sich instinktiv nach rechts und werden dadurch die natürliche Stütze der Reaktion. Erst die Revolutionen des 20. Jahrhunderts haben Mittel gefunden, um dieses Gesetz des Stimmungsrückfalls auszuschalten. Im Spätjahr 1848 war es in voller Gültigkeit, und es wäre falsch, wenn man allein die »Kamarilla« und eine säbelrasselnde Clique von Militärs, wenn man nur die »Hofpartei« und adlige Interessenpolitiker für den Rücklauf des Geschehens verantwortlich machen wollte. Gewiß gab es, in Potsdam noch entschiedener als in Schönbrunn, eine innerlich unberührte Gruppe von royalistischen Ultras, die in jedem Stadium von der Revolution nur mit tiefem Abscheu sprachen und es mit ihrer Ehre nicht für vereinbar hielten, irgendeinen Gedanken mit ihr zu teilen. Als man einem Herrn von Holtzendorff-Jagow die Nachricht brachte, daß sein Sohn auf der Barrikade gefallen sei, gab er in schneidendem Tone zur Antwort: »Wenn das wahr ist, so ist er mein Sohn nicht mehr!«, und erst, als sich herausstellte, daß sein Sohn nicht als Rebell, sondern durch einen Irrtum getötet worden war, überließ er sich der Trauer und dem Schmerz[167]. Aus dieser Gruppe der Unbedingten, zu denen am Berliner Hofe die Brüder Gerlach, General Rauch, Graf Alvensleben und Edwin von Manteuffel gehörten, ist das Handeln der Reaktion entsprungen. Aber gelingen konnte es nur, weil das Volk schon bereit war, wie in Österreich die schwarzgelbe, so in Preußen die schwarzweiße Fahne wieder aufzuziehen, damit von dem schwarz-rot-goldenen Banner nicht eines Tages allein die rote Farbe übrigbleibe.

Das auslösende Ereignis in Preußen war äußerst bezeichnend. Es ging noch einmal, wie am 18. März, um das unmittelbare Kommandoverhältnis des Königs. Die preußische Nationalversammlung hatte am 9. August 1848 beschlossen, daß das Kriegsministerium einen Erlaß an die Armee herausgeben sollte, in dem es die Offiziere vor reaktionären Bestrebungen warnte. Denjenigen, die sich in den neuen konstitutionellen Rechtszustand nicht hineinfinden konnten, sollte es zur Ehrenpflicht gemacht werden, aus der Armee freiwillig auszuscheiden. Die Regierung zögerte die Ausführung des Kammerbeschlusses hinaus, schließlich erklärte der Kriegsminister am 4. September klipp und klar, daß er diesen Beschluß nicht durchführen werde. Ein Antrag des Abgeordneten Stein in der Nationalversammlung erneuerte den Auftrag für die Königliche Regierung und wurde in der Kammer und auf der Straße mit stürmischem Beifall begrüßt. Berlin schien einer neuen Revolution entgegenzugehen. Aber die Partei des Königs, scharf gemacht durch Briefe des Zaren und vorwärtsgetrieben durch die königstreue Stimmung des Landvolks, hatte sich diesmal besser vorgesehen. 40000–50000 Mann standen unter dem Befehl des Kommandeurs sämtlicher Truppen in den Marken in weitem Bogen um die Hauptstadt verteilt. Vater Wrangel tat in seiner derben und gemacht volkstümlichen Weise allerlei Aussprüche, welche die Berliner teils ergötzten, teils erschreckten. So beklagte er sie, daß ihre schöne Stadt in den paar Monaten der Volksherrschaft so heruntergekommen sei, daß das Gras in den Straßen wachse. Dann hielt er eine Truppenparade in Berlin selbst ab und rühmte das scharf geschliffene Werkzeug der Armee. Das versöhnlich gestimmte Ministerium Pfuel-Eichmann-Bonin-Dönhoff, das ehrlich mit der Volksvertretung eine Verfassung vereinbaren wollte, war nicht stark genug, um sich gegen die schärfere Tonart der geheimen Berater der Krone durchzusetzen. Schritt für Schritt wichen die verfassungsmäßigen Minister vor der schneidenden Willensmeinung des Königs zurück, der bereits anfing, sich mehr auf seine kommandierenden Generale als auf seine gesetzlichen Vertreter zu verlassen. Der Befehlshaber des VI. Armeekorps in Breslau, Graf Brandenburg, hatte bereits auf eigene Verantwortung eine drohende Sprache gegen das »wühlerische Treiben« seiner Provinzhauptstadt geführt. Seit Ende September entwickelte Friedrich Wilhelm eine Auffassung von seinem Königsberuf, die sich weder mit dem Geist noch mit dem Buchstaben einer Konstitution vertrug. Eine Gratulationsabordnung der Nationalversammlung empfing er in Potsdam mit pathetischem Starrsinn und geradezu widergesetzlichen Anschauungen von der Grundlage der Monarchie. Das Ministerium versuchte er mit dem erprobten Mittel des sentimentalen Appells mit sich zu reißen. »Der Wurf ist getan. Ihr König, meine Herrn, geht voran. Er weicht wahrhaftig nicht. Verlassen Sie ihn (doch da sei Gott vor!), so bleibt er auf der Bresche. Friedrich Wilhelm.«[168]

Das war das offene Programm der Gegenrevolution. Die Gegensätze vertieften sich, als die Demonstranten der Straße mit Fackeln, Sprechchören und einem Auftrieb zweifelhafter Gestalten höchst tumultuarisch für die Unterstützung des belagerten Wien warben. Die Massen glitten dabei den parlamentarischen Führern der Linken zusehends aus den Händen. Als der radikale Abgeordnete Berends, ein sehr bekannter Versammlungsredner und bisher der Liebling der Arbeiterschaft, aus dem belagerten Sitzungssaal der Nationalversammlung hinaustrat und zur Mäßigung sprach, wurde ihm eine brennende Fackel ins Gesicht gestoßen und ein wütendes Geheul erhoben. Einige Ausschreitungen, bei denen zuerst zwei Arbeiter, später ein Konstabler nächtlicherweile erschossen wurden, gaben den Bürgern neuen Anlaß, für ihre Sicherheit zu bangen. Einen breiten Anhang hatten die Revolutionäre schon lange nicht mehr. Der Demokratenkongreß im Oktober war schwächlich und ratlos verlaufen; der geistige Führer der Berliner Linken, Franz Benedikt

Waldeck, hatte überhaupt nicht daran teilgenommen. So konnte Friedrich Wilhelm IV. es wagen, den Schritt seines hohen Vetters in Wien nachzuahmen und einen Mann der militärischen Aktion zum Ministerpräsidenten zu ernennen. Der König ging diesmal in die innerpolitische Auseinandersetzung mit einem übersteigerten Selbstgefühl hinein, das sich weder im großen noch im kleinen den göttlichen Herrschaftsanspruch mehr streitig machen ließ. Graf Brandenburg, der schon als Befehlshaber in Breslau einen schneidigen Ton gegenüber den Zivilisten angeschlagen hatte, verlegte die Nationalversammlung in die Provinz hinaus und belehrte sie, daß sie dort in dezenterer Form als bisher über die Formel »Von Gottes Gnaden«, über das Ordensverleihungsrecht des Königs, über die Abschaffung der Todesstrafe und die Aufhebung des Adels zu beraten habe. Wrangels Soldaten hatten ihre Sitzungen in Berlin gesprengt und die Abgeordneten verfolgt, wo sie sie fanden, zuerst im Schauspielhaus, dann im Hôtel de Russie, dann im Schützenhaus, im Stadtverordnetensaal und schließlich im Saalbau Mielentz. Es fehlte den letzten Zuckungen der Revolution jeder Rückhalt an der Festigkeit und dem Mute des Berliner Volkes. Selbst die Arbeiter, die man als Waffenbrüder des verfolgten Parlaments erwartet hatte, blieben aus, und die Losung der Steuerverweigerung, welche die hohe Versammlung ausgab, riß das Volk nicht mehr zur Mittäterschaft hin. Man ließ sich den Belagerungszustand seit dem 12. November widerstandslos gefallen und rühmte sogar die Milde, mit der Wrangel von seinen Vollmachten Gebrauch machte.

Es ist für die unheilvolle persönliche Rolle Friedrich Wilhelms IV. charakteristisch, daß selbst die hochkonservativen Männer seiner nächsten Umgebung weit versöhnlicher dachten als der König selbst. Der pommersche Junker Senfft von Pilsach, auf dessen Meinung der König aus religiösen Gründen viel zu geben pflegte, beschwor noch Ende November den Monarchen, von dem Weg der königlichen Versprechungen nicht abzugehen. Selbst Leopold von Gerlach fand eine Auflösung der Verfassunggebenden Versammlung bedenklich, und Edwin Manteuffel hielt noch immer an der »Vereinbarung« mit einer besser gesinnten Kammer fest, die entweder nach einem exklusiven Wahlrecht gewählt werden oder nach Absplitterung der Opposition als eine Art konservatives Rumpfparlament zurückbleiben sollte. Aber alle diese Ratschläge waren dem rechthaberischen und selbstgefälligen Monarchen zu gemäßigt und zu nachgiebig. Er wünschte seit November »die Märzrevolution entschieden und siegreich zu stürzen«. Er wollte weder eine belgische Verfassung oktroyieren noch eine von Camphausen entworfene Verfassung vereinbaren noch eine neue Kammer wählen lassen. Seine Absichten liefen darauf hinaus, die Versammlung mit Gewalt aufzulösen, die Anführer zu verhaften und dann auf den Vereinigten Landtag und sein Programm einer ständischen

Repräsentation zurückzugreifen. Die Gardetruppen mußten wieder ihre Garnisonen in Berlin beziehen und den alten Wachdienst im Königsschloß übernehmen[169]. War erst einmal die äußere Gewalt und die unumstrittene Verfügung über das Heer wieder in den Händen des Königtums, so konnte der Monarch jede ihm zusagende Verfassungsform, auch eine provinzialständische, im Wege des Gnadengeschenkes verleihen.

Auf den Bahnen der deutschen Politik Preußens herrschte derselbe unausgesprochene Gegensatz zwischen dem schroffen König und seinen konservativen Ratgebern. Der Ministerpräsident der Reaktion, Graf Brandenburg, selber war es, der den König für die Übernahme der kleindeutschen Kaiserwürde vorzubereiten suchte und auf die Sondierungen des Frankfurter Abgesandten F. D. Bassermann ermutigend einging. Graf Brandenburg war sich klar darüber, daß er dann für das preußische Volk eine freisinnige Verfassung erlassen mußte. Und eine Charte von der »allerliberalsten Art« war denn auch in den Plänen der Novemberregierung von Anfang an vorgesehen, wenn man sich auch vornahm, diese liberale Verfassung dann sofort mit Hilfe einer neuen Kammer einer Revision zu unterwerfen. Aber der starre altfürstliche Stolz Friedrich Wilhelms ging auf eine solche Kombination von Kaiserfrage und Verfassungsfrage nicht ein. Sein herrscherliches Interesse nach dem Sieg konzentrierte sich auf die Zeremonien des Ordenskapitels vom Schwarzen Adler, in welchem er mit Samt und Hermelin in einem recht unpreußischen Pomp die Wiedergeburt des borussischen Geistes feiern wollte. Nicht bloß den Vertretern des Volkes gegenüber, sondern auch im Verkehr mit seinen frei ernannten Ministern hat sich Friedrich Wilhelm IV. so verhalten, daß das berühmte Wort des Königsberger Abgeordneten Jacoby eine tiefe Berechtigung erhielt: »Das ist eben das Unglück der Könige, daß sie die Wahrheit nicht hören wollen!«

Die Verfassung, die am 5. Dezember vom König verliehen wurde, war allerdings noch dem belgischen Vorbild nachgearbeitet. Sie enthielt die Grundrechte der freien Person und band die Ausübung der monarchischen Regierungsgewalt an die Mitwirkung verantwortlicher Minister, teilte die Gesetzgebung zwischen Kammer und Regierung und räumte der Volksvertretung die Kontrolle des Staatshaushalts ein. Der Übergang zur konstitutionellen Monarchie war durch diese Verfassung in Preußen vollzogen, auch wenn die theoretische Lehre, daß alle Gewalt vom Volke ausgehe, nicht übernommen wurde und ein besonderes Notverordnungsrecht die königliche Stellung bedeutend verstärkte. Die grundsätzlich dualistische Struktur der Verfassung wurde auch in der endgültigen Gestalt der preußischen Staatsurkunde nicht angetastet, die am 31. Januar 1850 nach mehr als einjährigen Revisionsberatungen verabschiedet wurde. Aber die Tendenz dieser Revisionen, die von der Regierung vorgeschlagen und von einer konservativen Kammermehrheit gutgeheißen wurden, zeigte schon den Weg an, den die Handhabung der Verfassung nehmen würde. Der erste Eingriff war vielleicht der tiefste. Durch Verordnung vom 30. Mai 1849 wurde das allgemeine, gleiche und geheime Wahlrecht, das Friedrich Wilhelm IV. im März und im Dezember 1848 öffentlich zugestanden hatte, diktatorisch aufgehoben zugunsten eines Wahlsystems, das die öffentliche Stimmabgabe und die Einteilung jedes Wahlkreises in drei Klassen nach der Höhe der Steuerleistung vorschrieb. Dieses neue Wahlrecht, das vor allem den Rittergutsbesitzern auf dem Lande ein gesetzliches Übergewicht gab, während die besitzende Bourgeoisie in Berlin zum Teil in der zweiten und dritten Klasse stimmen mußte, war geeignet, eine konservative Parteimehrheit in der zweiten Kammer zu sichern. Während die Demokratie die Parole ausgab, sich der Wahl zu enthalten und sich dadurch vielleicht allzu früh politisch stumm machte, hat die neu zusammengesetzte Kammer alle Erwartungen erfüllt, die man von ihr hegte. Sie genehmigte nachträglich die Wahlordnung, schaffte die Bürgerwehr ab und unterwarf die Pressefreiheit gewissen Kontrollen; sie ließ die Vereidigung des Heeres auf die Verfassung gänzlich fallen und baute die erste Kammer aus einer Wahlkammer in eine Pairskammer um.

So entstand die revidierte Verfassung vom 31. Januar 1850, nach der der preußische Staat im wesentlichen bis 1918 regiert worden ist. Dem Buchstaben nach beschrieb sie noch immer eine konstitutionelle Monarchie, der Sache nach ließ sich das mystisch-militärische Königtum nichts von seiner Würde rauben. Die Ministerverantwortlichkeit wurde in einer Weise gedeutet, die dem belgischen Muster diametral widersprach. Das vom König berufene Staatsministerium war nicht den beiden Häusern des Landtags und auch nicht dem Volke oder der öffentlichen Meinung verantwortlich, sondern ausschließlich dem König, wie es eine Randbemerkung Friedrich Wilhelms IV. schon im Herbst 1848 voll Empörung verlangt hat. In zahlreichen Konflikten behandelte der Souverän seine Minister nicht viel besser als seine Bedienten, und von einem stetigen politischen Kurs konnte unter diesen Umständen nicht die Rede sein. So zerfiel das lange geschonte Werk der preußischen Nationalversammlung Stück um Stück. Der König hatte die sorgfältig durchberatene Verfassung, die im parlamentarischen Ausschuß schon im Juli 1848 fertig geworden war, maliziös die »Charte Waldeck« genannt, aber die Regierung selbst hatte die ausgezeichnete Arbeit dadurch anerkannt, daß sie ihre Grundgedanken in die oktroyierte Verfassungsurkunde vom 5. Dezember aufnahm. Bald genug jedoch bekundete die Kreuzzeitungspartei ihre Vernichtungsabsichten, indem sie am 16. Mai 1849 den berüchtigten Denunziantenprozeß gegen den Urheber der preußischen Grundrechte, den Obertribunalrat Franz Benedikt

Waldeck, eröffnete. Mit den verwerflichsten Mitteln, durch gefälschte Briefe, gekaufte Spitzel, schlecht gespielte Polizeikomödien und eine üble Strohfigur aus dem radikalen Lager, den jüdischen Handlungsgehilfen Ohm, gelang es der reaktionären Clique, den angesehensten Mann der Linken, den streng rechtlichen und aufrichtig monarchistischen Vorkämpfer einer preußischen Habeas-Corpus-Akte, den volkstümlichen westfälischen Bauernkönig und Vorsitzenden des Verfassungsausschusses in einen gefährlichen Hochverratsprozeß zu verwickeln[170]. Das Berliner Schwurgericht hat dem mutigen Oppositionsmann eine glänzende Rechtfertigung zuteil werden lassen, und Waldeck hat sowohl von dem demokratischen Volksverein wie von dem proletarischen Verein der Maschinenbauer eine silberne Bürgerkrone verliehen erhalten, die vielleicht das reinste Symbol der »Achtundvierziger Revolution« darstellt. Aber der Belagerungszustand, gegen den Waldeck mit der äußersten Kraft der Überzeugung protestiert hatte, wurde nicht aufgehoben. Die drei Urrechte, die er mit nie ermüdender Energie verfochten hatte, das Recht der vollfreien Presse, das Recht der freien politischen und sozialen Vereinigung und das Recht, sich durch Urwahlen am Sitz der Regierung vertreten zu lassen, wurden nicht wiederhergestellt. Auch die großen Gesetze zur Reform der Gemeinde- und Kreisverwaltung, zur Beseitigung des Jagdrechts und der gutsherrlichen Justiz, zur Ablösung der bäuerlichen Erbgefälle, wo sie noch bestanden, wurden entweder nicht weiter verfolgt oder rückgängig gemacht oder unehrlich ausgelegt. Erst im Jahrzehnt der Reaktion ist der konstitutionelle Gedanke durch die romantisch-patrimoniale Staatslehre Friedrich Julius Stahls gänzlich verdrängt und aufgesogen worden. Erst seit 1850 hat sich der Gegensatz von Demokratie und Königtum zu einem Prinzipienkampf auf Leben und Tod entwickelt. Auch im österreichischen Kaiserstaat haben nach dem Tode Schwarzenbergs die klerikalen und reaktionären Kräfte überhand genommen und die josephinisch aufgeklärten Tendenzen zurückgedrängt, die mit der Aufhebung der Verfassung durch Schwarzenbergs Sylvesteredikt von 1851 ursprünglich verbunden sein sollten. Seitdem bewegten sich die beiden deutschen Vormächte durch ihre innerstaatlichen Verhältnisse ebenso sehr aufeinander zu, wie sie sich seit den Warschauer und Olmützer Besprechungen (November 1850) in den außenpolitischen Fragen gleichzuschalten bemüht waren.

In der Kleinwelt der deutschen Fürstenstaaten haben die Dinge seit dem Jahr 1850 die gleiche Wendung genommen. Kammern und Wahlgesetze wurden aufgehoben und durch die vormärzlichen Einrichtungen ersetzt, Domänen fielen wieder an die fürstlichen Familien als Privateigentum zurück, und Reformgesetze der Jahre 1848–1850 wurden durch landesherrliche Verordnungen außer Kraft gesetzt. In vielen Fällen waren es erst die Beschlüsse des wieder zusammengetretenen Bundestags, welche eine Verfassungsrevision ermöglichten oder erzwangen. In anderen Ländern war es schon das preußische Vorbild des Novemberstaatsstreichs, das einen Wechsel des Systems veranlaßte. Das Stichwort war in Berlin ausgegeben worden durch einen Reim, der rasch die Runde durch Deutschland machte: »Gegen Demokraten helfen nur Soldaten.« Der Großherzog Georg von Mecklenburg-Strelitz gab in einem Monarchenbrief an den König von Preußen vom 26. Januar 1849 den landesfürstlichen Kommentar zu diesem Grundgesetz der Reaktion: ». . . der beste Vers, der in dieser letzten Zeit in Berlin und, ich möchte sagen, in der Welt gemacht worden ist . . . Goethe hat nichts gedichtet, was mir lieber wäre.«[171] Die Geschichte hat diesen allzu einfachen Leitsatz nicht bestätigt, trotz der erstaunlichen Leistungen des Soldatenstaats im nächsten Menschenalter. Die Gründe dafür hat Bruno Bauer, der geistvolle, hegelianisch geschulte Soziologe, schon 1849 dargelegt. Aus dem geschichtlichen Verhältnis von Masse, Bürgertum und Heer sagt er das Scheitern des gegenrevolutionären Versuches voraus, dem er im übrigen einen bedeutenden Zug nicht abzustreiten scheint. »Die Eroberung der aufgelösten Masse«, so schließt er seine Betrachtungen über die bürgerliche Revolution in Deutschland, »ihre gewaltsame Unterwerfung und Umbildung durch das Heer ist unmöglich. Das Heer in seiner alten Organisation ist nicht mehr erobernd, die Aristokratie seiner Führer keine vorschreitende geschichtliche Macht mehr, denn erobern kann nur derjenige, der seine Beute besser kennt als sie sich selbst und sie durch diese Überlegenheit der Bildung und Kenntnis sich unterwirft.«[172] Wer war diese in Bewegung geratene Masse, die sich nicht mehr imponieren ließ durch historische Mächte? War es das Bürgertum oder die Arbeiterschaft, die Bildungsschicht oder das Proletariat? Oder war es ein Mittelstand, von dem wir auf Grund unserer einseitigen Schulung keinen deutlichen Begriff haben, der aber offenkundig in den nächsten Jahrzehnten den problematischen Kern des deutschen Volkskörpers bildete und ersichtlich ohne Führung war?

XI

Die Märzrevolution und die deutsche Arbeiterbewegung

Es gab in Deutschland im Jahre 1848 noch kein klassenbewußtes Proletariat, aber es gab natürlich einen Arbeiterstand, wenn er auch zahlenmäßig noch weit hinter dem Bauern- und Handwerkerstand zurückblieb. Soziologisch kamen in diesem neu sich bildenden »vierten Stand« verschiedene Elemente zusammen: abgesunkene Handwerksmeister, die ihre wirtschaftliche Selbständigkeit nicht zu bewahren vermochten, Gesellen, die sich verheiratet hatten und von den Zunfthandwerkern nicht mehr eingestellt wurden, Fabrikarbeiter, die schon Ende des 18. Jahrhunderts in den Manufakturbetrieben Beschäftigung gefunden hatten, Handlanger und Tagelöhner, denen der Aufstieg über Lehrling und Geselle zum Handwerksmeister verschlossen geblieben war, schließlich das von Karl Marx so benannte »Lumpenproletariat«, die Unglücklichen, Ausgestoßenen, Vagabunden, die Verwahrlosten, Schwachsinnigen, Asozialen. Es gehört zu den wichtigsten Entdeckungen der späteren revisionistischen Arbeiterbewegung, daß sie sich darüber klar wurde, wie in diesem Proletarierstand eigentlich drei verschiedene Klassen steckten, die sich im weiteren geschichtlichen Prozeß notwendig voneinander scheiden mußten, wenn man die Entwicklung sich selbst überließ. Neben den »vierten Stand« der seßhaften gelernten Arbeiter trat der »fünfte Stand« der ungelernten Arbeiter, die sich zu Massen ballten, wo sich für sie Erwerbsmöglichkeit bot, und der »sechste Stand« der Galgenvögel und armen Teufel, die sich bei Barrikadenkämpfen zwar außerordentlich nützlich erweisen mochten, aber bei wiederkehrender Ordnung auch recht störend und unbequem wurden. Schon diese tiefgehende soziale Differenzierung schloß eigentlich die Idee einer Diktatur des Proletariats aus. Denn wer sollte nun eigentlich diktieren: die seßhaften Werksangehörigen oder die flutende Masse der ungelernten Lohnarbeiter oder die Straße? Es war vorauszusehen, daß hinter dem Sieg des »vierten Standes« alsbald neue soziale Kämpfe sich erhoben, und die Idee von der klassenlosen Gesellschaft, wie sie Karl Marx verkündete, war offenbar eine Utopie, die dem dynamischen Prozeß der Geschichte ein sehr willkürliches Ende setzte.

Aber auch nach der anderen Seite der sozialen Stufenleiter waren die Übergänge durchaus fließend. Die Wirklichkeit sträubte sich gegen das Prinzip von dem unversöhnlichen Klassenkampf zwischen Bourgeoisie und Proletariat. Es gab, streng genommen, in Deutschland weder eine machtvolle Bourgeoisie noch einen machtvollen »vierten Stand«, sondern nur ein gewerbliches Kleinbürgertum, das nach oben und nach unten gewisse Gruppen aus sich zu entlassen begann. Die Achtundvierziger Revolution fällt in einen wichtigen Knotenpunkt der Entwicklung des Handwerkerstandes[173]. Nach einer siebzigjährigen langsamen Aufwärtsbewegung, in deren Verlauf sich der Handwerkerstand überhaupt erst seiner bürgerlichen Ebene ganz bemächtigt hat und in den »Tiers Etat« hineingewachsen ist, beginnt sich dieser III-b-Stand (so möchte man ihn nennen) an den oberen und unteren Rändern aufzulösen. Nach unten fällt eine wachsende Zahl von Handwerkern und Gesellen der Fabrik und damit dem neu sich bildenden Arbeiterstand anheim. Noch wehren sich die Handwerksgesellen und gelernten Jungarbeiter, die durch Vereine und Bruderschaften, durch gemeinsame Wandersitten und politische Aufklärung in sich gesellschaftlich zusammengehalten werden, mit bemerkenswerter Energie dagegen, mit dem Fabrikvolk einfach zusammengeworfen zu werden. An manchen Orten verlangt ihr Ehrbegriff noch, daß sie von den eigentlichen Lohnarbeitern getrennte Arbeitsplätze und gesonderte Arbeitsbedingungen erhalten. Aber ihre Loslösung vom gewerblichen Mittelstand ist schon abzusehen, und sie werden im nächsten Menschenalter mit den Proletariern verschmelzen.

Nach oben gliedert sich seit den zwanziger Jahren auch in Deutschland aus dem Handwerkertum der Fabrikunternehmer aus, der mit der kalten Rechenhaftigkeit des Manchestermannes die Rentabilität zur alleinigen Richtschnur seines Betriebes macht. Begünstigt von den leichten Kreditmöglichkeiten, angeregt durch den Massenkonsum und unterstützt durch die staatliche Gewerbepolitik und Verkehrsbesserung, schwingt sich der rührige Handwerker aus seiner seit Jahrhunderten stationären Lage heraus. Was wir an erfolgreichen Unternehmern in Deutschland um 1848 antreffen, sind großenteils talentierte Handwerker, die durch kaufmännische Umsicht und Reklamegeschick, durch glückliche Häuserspekulation oder günstige Darlehen ihren Betrieb auf Großabsatz umzustellen gewußt haben, Maschinen aus England kommen lassen und neben den Gesellen auch »Gehülfen«, d. h. Arbeiter, einstellen. Oft sind sie noch selber mit ihrer Hände Arbeit im Betrieb tätig, haben dem Werk ein patriarchalisches Gepräge erhalten und sitzen noch in Hemdsärmeln am gemeinsamen Mittagstisch, wie es von dem reichen Hamburger Stockfabrikanten Meyer, dem berühmten »Stockmeyer«, geschildert wird. Sie sind politisch naturgemäß liberal und Anhänger der völligen Gewerbefreiheit, dabei nicht ohne Sinn für kommunale Selbstverwaltung, aber in erster Linie Geschäftsleute und dann erst Politiker. Mit den älteren Schichten der kaufmännischen und liberalen Bourgeoisie gemeinsam ist ihnen ein starker bürgerlicher Besitzinstinkt und ein ausgesprochenes Sekuritätsbedürfnis. Mit der Schicht, aus der sie stammen, verbindet sie ein lebhafter sozialer Aufwärtsdrang, wie er auch jene unruhigen Gesellen erfüllt, die zwischen Handwerk und Fabrik eingeklemmt sind und nicht mehr vor und zurück können. Auch diese Abkömmlinge des Kleingewerbes, die sozialen Unruhestifter und Auswanderungskandidaten des Vormärz, wollen ja emporkommen, ein Häuschen besitzen, einen eigenen Betrieb eröffnen und finanziell vorwärts schaffen, ganz so, wie sie es in Amerika drüben versuchen werden, wenn sie das Geld für eine Schiffsfahrkarte gespart haben und ihnen der Absprung von der in Not geratenen Alten Welt gelingt.

Der arme Geselle, der keine Werkstatt mehr gründen kann und in die Fabrik abwandern muß, und der schnellreiche Fabrikant, der sich den deutschen Markt oder gar den Weltmarkt erobert, stammen aus demselben historischen Stand des Kleinbürgertums und sind Produkte derselben Krise des Handwerkertums. War es so verwunderlich, daß zwischen ihnen kein echter Klassenkampf entstehen konnte, mindestens solange der eine noch kein vollgültiger Bourgeois und der andere noch kein ganzer Proletarier war? Man muß in den Vereinigten Staaten von Nordamerika beobachten, wie die gescheiterten und die reüssierenden Handwerker, d. h. der Arbeiter und der Fabrikant, sich trotz der schreienden Gegensätze zwischen arm und reich zu demselben Wirtschaftsprinzip bekennen[174], um zu begreifen, daß der Klassenkampfgedanke im Jahre 1848 eine ungeheure Überfremdung und Verfrühung war, die selbst von den revolutionären Führern der Gesellenschaft nicht recht verstanden wurde und erst durch eine langdauernde systematische Werbearbeit beim »fünften Stand« allmählich Eingang finden konnte in Deutschland. Gewiß, die Gesellenfrage rief nach einer Lösung. Nach rückwärts in die Zunftverfassung war durch die wachsende Bevölkerungszahl und die Entwicklung der Technik der Ausweg versperrt, so lebendig und echt auch die Kräfte des deutschen Mittelstandes noch waren. Man mußte also einen Weg nach vorwärts in der Linie der Industrialisierung suchen, wie die einsichtigen Nationalökonomen, etwa der Statistiker Hoffmann, schon um die Jahrhundertwende geraten hatten[175]. Aber bestand nicht die größte Chance, daß die Entwicklung in Deutschland denselben Weg nehmen würde wie in Nordamerika, daß die aufsteigende soziale Frage in einer Riesenwelle von Prosperität erstickt wurde? Die Voraussetzung dafür wäre allerdings wahrscheinlich ein klarer politischer Sieg der bürgerlichen Revolution und eine durchgreifende Demokratisierung des öffentlichen Lebens gewesen. In diesem Fall hätte die sozialistische Agitation in Deutschland möglicherweise denselben Stillstand erlebt wie in Nordamerika, wo die ursprünglich lebhaften Ansätze der aus England stammenden Chartistenbewegung, die Geheimbünde der Fourieristen und der Owenisten, die Ableger des deutschen Kommunismus unter Kriege und Weitling um das Jahr 1850 völlig zum Erliegen kamen und höchstens als eine verborgene Nuance innerhalb der Demokratischen Partei weiterlebten[176].

Wie man diese Möglichkeit auch beurteilen mag, jedenfalls ist die Idee des Klassenkampfs nicht aus den realsoziologischen Verhältnissen in Deutschland erwachsen. Sie ist von Intellektuellen hereingetragen worden, die in der abstrakten Philosophie der Junghegelianer groß geworden sind und ihre großen geschichtsphilosophischen Konzeptionen von den Zuständen in England und dem Verlauf der Französischen Revolution abstrahiert haben. Im Deutschland der achtundvierziger Zeit fand sie nur mühsam Eingang und lange fast keine Gefolgschaft. Die Vertreter des älteren deutschen Kommunismus, der sektiererische Schneidergeselle Wilhelm Weitling und der grobschlächtige Terrorist Karl Heinzen, wußten nichts damit anzufangen, und wo die überlegene marxistische Dialektik ein Echo fand, da fehlten fast gänzlich die Arbeiter. Der Kölner Kommunistenbund, der wichtigste Umschlagplatz der Marxschen Ideen, enthielt wohl Ärzte, entlassene Offiziere, Journalisten und Lehrer, aber unter seinen drei Dutzend Mitgliedern waren nur sehr wenige Proletarier. Der einzige Arbeiterführer, der 1848 in Deutschland eine feste Organisation zustande gebracht hat, Stephan Born, hat sich in der praktischen Arbeit sehr rasch entfernt von der orthodoxen Theorie, obwohl er in Paris und Brüssel zum engsten Kreis von Engels und Marx gehört hatte. In seinen aufschlußreichen Erinnerungen gibt er unumwunden zu, daß er unter der Macht der Verhältnisse gezwungen gewesen sei, sich von der Spekulation loszusagen, die ihn bisher erfüllt hatte, und vieles in Kauf zu nehmen, was die Meister als einen bösen Abfall von der Idee vermerkten. »Man hätte mich ausgelacht oder bemitleidet, hätte ich mich als Kommunist gegeben. Das war ich auch nicht mehr. Was kümmerten mich entfernte Jahrhunderte, wo jede Stunde mir dringende Aufgaben und Arbeit in Fülle darbot.«[177] Man durfte selbst dem geweckten Berliner Arbeiter nicht mit dem kommunistischen Manifest und der Lehre vom Klassenkampf kommen, das wußte der Schriftsetzer Stephan Born, der selbst in einer Berliner Druckerei gearbeitet hatte, besser als der geniale Schreibtischgelehrte in Brüssel und der elegante Fabrikantensohn aus Barmen, der die deutschen Arbeiter in Paris durch seine großbürgerliche Lebensform vor den Kopf gestoßen hatte und bei seiner Agitation in der Heimat die Brücke zum Denken des einfachen Mannes nicht fand. Dabei waren Köln und Berlin noch immer die aussichtsreichsten Plätze für die von London aus geleitete marxistische Agitation. In den übrigen deutschen Großstädten ist der Kreis der Interessierten noch viel kleiner, die Bereitschaft zur Weltrevolution und zum proletarischen Klassenbewußtsein noch viel geringer gewesen. Aus Stuttgart werden von dem gut informierten Polizeidirektor dem Innenminister nur zwei Aktivisten bezeichnet, die möglicherweise in die Bestrebungen der Londoner Zentralbehörde des Kommunistenbundes eingeweiht sein konnten: ein Schustergeselle Birk und ein Schlossergeselle Mannes[178]. Man mag aus diesem Beispiel ermessen, wie grotesk übertrieben die Furcht der deutschen Regierungen, auch der Märzregierungen noch, vor der internationalen Organisation des Kommunistenbundes gewesen ist.

Das hindert nicht, daß wirklich ein geheimes Netz der revolutionären Umtriebe von der Londoner Zentrale aus gesponnen worden ist. Die Geheimorganisation war planmäßig aufgebaut nach »Gemeinden« und »leitenden Kreisen«, das heißt, nach Ortsgruppen und Provinzen, und wurde ständig überwacht und zusammengehalten durch »Emissäre«, die von England oder der Schweiz aus nach Deutschland entsandt wurden. Diese geheimen Boten und Visitatoren hatten nicht bloß den Zusammenhang unter den einzelnen Gliedern aufrechtzuerhalten, sondern auch die Zuverlässigkeit zu prüfen und Reinigungsaktionen durchzuführen. Es ist höchst bezeichnend für den Charakter der Märzrevolution, daß diese geheime Agitation unter den Arbeitervereinen vor 1848 und nach 1850 zuverlässiger funktionierte als in den beiden Revolutionsjahren selbst, wo die Deutschen so viel mit ihren liberalen und bürgerlichen Anliegen zu tun hatten, daß selbst die Arbeiter den kommunistischen Zielen keine Aufmerksamkeit mehr schenken wollten. Im Sommer 1849 ist die Agitation auch aus äußeren Gründen zum völligen Erliegen gekommen. Erst seit dem Herbst 1849 werden die Fäden wieder vorsichtig angeknüpft, und die »leitenden Kreise« und »Gemeinden« erhalten von der Londoner Internationale erneut Anweisungen, in ihren regelmäßigen Briefen zu berichten, was geschehen sei, um auf die bestehenden Arbeitervereine, Turnvereine und ländlichen Tagelöhnervereinigungen Einfluß zu gewinnen. Die Stützpunkte der unterirdischen marxistischen Organisation sind bekannt. Köln, Hamburg, Breslau und Nürnberg erscheinen als wichtigste »Kreise«. In Mecklenburg ist man an die Landarbeiter herangekommen, in Schleswig-Holstein hat man sogar Verbindungen mit der Armee angeknüpft. Daneben werden Frankfurt, Hanau, Mainz, Wiesbaden, Berlin, Leipzig, Liegnitz, Glogau, München, Bamberg, Würzburg, Stuttgart, Mannheim und Göttingen als Sitze des Bundes bezeichnet. In Württemberg, Baden, Hannover und Ostpreußen ist es zu keiner Bezirksleitung gekommen. Die Kosten für die Agentenreisen hat schon all die Jahre über der Londoner Kreis aufgebracht. Auf ganz internationaler Basis trifft er unentwegt seine Vorbereitungen für die Weltrevolution. In Frankreich, in Ungarn, in England selbst erwartet Marx in nächster Zukunft eine neue Krise und schickt dafür seine Instruktionen aus. Einige Rundschreiben der Zentralbehörde in London an den Kommunistenbund in Deutschland sind der Leipziger Polizei in die Hände gefallen und von dem sächsischen Ministerium des Auswärtigen an die befreundeten Regierungen zur Warnung übersandt worden[179]. Aus diesen Dokumenten geht hervor, daß es wirklich geheime Drahtzieher außerhalb des Landes gegeben hat, wenn auch ihr Einfluß unendlich beschränkt gewesen ist und sich wohl nur auf ein paar Dutzend Eingeweihte in ganz Deutschland beschränkt hat. Nach dem Zusammenbruch der Februarrevolution in allen Ländern ist der Bund der Kommunisten entschlossen, neue blutige Ereignisse nicht bloß zu nützen, sondern mit allen Mitteln herbeizuführen. »Weit entfernt, den sogenannten Exzessen, den Exempeln der Volksrache an verhaßten Individuen oder öffentlichen Gebäuden, an die sich nur gehässige Erinnerungen knüpfen, entgegenzutreten, muß man diese Exempel nicht nur dulden, sondern ihre Leitung selbst in die Hand nehmen.« So beginnt die geheime Direktive zur Vorbereitung von Terrorakten in Deutschland, die in London im März 1850 redigiert ist und den Zweck verfolgt, die Revolution in Permanenz zu erklären. Ausdrücklich bemerkt das Rundschreiben, für den nächsten Waffengang müsse sich die proletarische Bewegung noch mehr gegen die kleinbürgerliche Demokratie als gegen die Reaktion wappnen. Das eigentliche Geheimnis der Internationale ist ihr System der Auslese, ihr hierarchischer Aufbau und die straffe Lenkung des Verbandes durch eine geheime Zentrale. »Der Emissär hat ... überall nur die zuverlässigsten Leute in den Bund aufgenommen ... Es wird von den lokalen Verhältnissen abhängen, ob die verschiedenen revolutionären Leute direkt in den Bund aufgenommen werden können. Wo dieses nicht möglich ist, muß aus den Leuten, welche revolutionär brauchbar und zuverlässig sind, welche aber noch nicht die kommunistischen Konsequenzen der jetzigen Bewegung verstehen, eine zweite Klasse von Bundesmitgliedern gebildet werden. Diese zweite Klasse, der die Verbindung als eine bloß lokale oder provinzielle darzustellen ist, muß fortwährend unter der Leitung der eigentlichen Bundesmitglieder und Bundesbehörden bleiben.« Selbst unter diesen ausgewählten Aktivisten also muß man noch mit einer Mehrheit von Arbeitern rechnen, welche »die kommunistischen Konsequenzen« keineswegs zu ziehen bereit sind.

Der Zweifel an der Zuverlässigkeit selbst dieser ausgewählten Gruppe von Revolutionären zeigt, wie schwach das Echo der Londoner Botschaft des wissenschaftlichen Sozialismus in der deutschen Arbeiterwelt noch gewesen ist. Die zuverlässigen Marxisten können nach diesen Angaben nicht einmal hundert Menschen gezählt haben. Die große, übergroße Mehrheit der in Vereinen organisierten Arbeiterschaft empfand schon die Lehren der französischen Sozialisten, eines St. Simon, Proudhon, Cabet und Fourier als übertrieben und gefährlich. Der deutsche Schüler der französischen Utopisten, Wilhelm Weitling, der eine Zeitlang unter den deutschen Handwerksgesellen in Frankreich, der Schweiz und einigen deutschen Landschaften ein gewisses Ansehen genossen hatte, besaß 1848 keine starke Anziehungskraft mehr und kam im Revolutionsjahr nirgends zum Zug. Als Weitling im Frühsommer 1848 nach

Berlin kam, wurden seine Anregungen vom Berliner Arbeiterkongreß fast unwillig abgelehnt, obwohl sein Programm eines »Befreiungsbundes« so unvernünftig nicht war und sich von einer schroffen Kampfansage an das Bürgertum und einem Angriff auf das Eigentum bewußt fernhielt. Aber schon seine Idee eines Staatssozialismus, der den Arbeiter in eine Art von gesichertem Staatsbeamten mit Pensionsrecht und Rente verwandeln wollte, ging weit über das hinaus, was der Gewerbestand in Deutschland als Segnungen der Revolution erwartete. Weitlings Zeitungsorgan »Der Urwähler« brachte es in Berlin und Umgebung kaum auf 150 Abonnenten und ging nach wenigen Nummern wieder ein[180].

Mehr Aussicht auf einen Massenerfolg hatte der junge sozialistische Agitator Gustav Adolf Schlöffel, Student und Sohn eines freisinnigen Fabrikanten aus Schlesien, leidenschaftlicher Barrikadenkämpfer und Volksredner und wohl stärker politisch interessiert als irgendein anderer Arbeiterführer der Zeit. Als deutscher Camille Desmoulins mit großen Hoffnungen begrüßt, hätte er vielleicht der Begründer einer deutschen Bergpartei werden können, wenn er durch die temperamentvolle Verknüpfung von ökonomischen und politischen Forderungen eine wirklich sozial-demokratische Partei ins Leben rief. Aber auch Schlöffel wurde von den im Grunde ordnungswilligen und konservativen Instinkten der Berliner Arbeiterschaft im Stich gelassen. Als er versuchte, durch eine Riesenkundgebung vor dem Schloß das direkte Wahlrecht zu erzwingen, blieb die erwartete Masse aus, und bald wurde er durch eine Festungsstrafe den Blicken entzogen. Als aufrechter Kämpfer für die Sache der Freiheit hat er dann in Ungarn mitgefochten und im badischen Aufstand sein Leben gelassen[181]. Eine andere Note der politischen Taktik und der Massenpsychologie vertrat Friedrich Wilhelm Held, der vorübergehend ein ungewöhnliches Echo in den breiten Schichten des Berliner Kleinbürgertums fand. Ehemaliger preußischer Leutnant, Schauspieler und Literat, entdeckte er, unmittelbar aus der Festungshaft kommend und auf die Woge der Revolution gehoben, plötzlich sein demagogisches Talent. Durch eine den Berlinern sehr eingängige Mischung von Witz, Hohn, Bitterkeit und drastischen Drohungen, die an sehr moderne Beispiele der Massenbeeinflussung erinnert, verfügte er über eine rasch wachsende Gefolgschaft in den »Zelten« und über einen festen Anhang im Verein der Maschinenbauer, für den er die Zeitschrift »Die Lokomotive« herausgab. Der Gedanke eines unmittelbaren Bündnisses zwischen Massenbewegung und monarchischer Gewalt, zwischen Militärherrschaft und Straßensozialismus, nahm in manchem die innerpolitischen Parolen Napoleons III. vorweg und war nicht ohne Originalität. Aber als bekannt wurde, daß der volkstümliche Redner in der Wohnung eines adligen Fräuleins eine geheime Unterredung mit Herrn von Katte, dem Präsidenten des »Preußenvereins«, gehabt hatte, fühlten sich die Arbeitermassen an die Gegenrevolution verraten, und alle Verrenkungen, Ausreden und Effekthaschereien halfen dem Agitator nicht mehr zu einer führenden Rolle[182].

Schließlich blieb von den Berliner Arbeiterführern nur Stephan Born übrig. Man darf in ihm den frühen Typus eines Gewerkschaftlers sehen, der auf dem Weg über Berufsverbände und Lohnkartelle einen Einfluß auf den Gang der Revolution zu gewinnen sucht. Obwohl er Anregungen vom Kommunistenbund aufgenommen hat, hält Born seine Organisation unabhängig von den Weisungen der Londoner Internationale. Seinen wichtigsten Rückhalt gewann der in Lissa in Posen unter dem Namen Simon Buttermilch geborene Organisator an den Berliner Buchdruckern, die ihn als einen der Ihren anerkannten und ihn zum Vorsitzenden des Verbandes wählten. Als solcher führte er in Berlin den ersten Kampf um Lohnerhöhung durch, der mit dem uralten, aber jetzt erst wieder gesetzlich erlaubten Mittel der solidarischen Streikandrohung geführt wurde. Da ein Berliner Setzer bei siebzehnstündiger Arbeitszeit durchschnittlich nur dreieinhalb Taler in der Woche verdiente, während in Frankreich bei zehnstündiger Arbeitszeit der Lohn schon seit Jahren mehr als das Doppelte betrug, so waren die Erhöhung des Tarifs und die Verminderung der Arbeitszeit längst fällige Forderungen, die denn auch ohne viel Mühe gegen das Wehklagen der Druckereibesitzer durchgesetzt wurden. Der erfolgreich durchgeführte Lohnkampf schloß die Buchdrucker stärker zusammen, der neue Tarif verbreitete sich über ganz Deutschland, und einige Zeit später entstand folgerichtig die Gewerkschaft, die Born angestrebt hatte, der Deutsche Buchdruckerverein. Die Zigarrenarbeiter und andere Gewerke gingen ähnliche Wege.

Wichtiger war Borns Plan, die Arbeiter insgesamt zu einer geschlossenen politischen Organisation zusammenzuführen. Welche wirtschaftlichen Ziele die Arbeiterpartei verfolgen sollte, stand noch nicht fest. Born selbst neigte zu der Idee der Produktivgenossenschaften, die sich mit staatlicher Unterstützung bilden und eigene rentable Betriebe eröffnen sollten. Sein Vorbild war dabei wohl ebenso sehr Louis Blanc wie die Dorfbäckereien, Molkereigenossenschaften und Gemeindekäsereien, die er in der Schweiz gesehen hatte. Born ging unverzüglich ans Werk. Schon im April wurde eine Berliner Arbeiterversammlung einberufen, ein zentrales Komitee gebildet, Born und der Goldschmied Bisky zu Vorsitzenden gewählt und die Vorbereitungen zu einem allgemeinen deutschen Arbeiterkongreß getroffen[183]. Die utopisch gefärbte Richtung unter Weitling und Lüchow sowie der Volksverein der »Rehberger« (die an den Rehbergen zu Erdarbeiten eingesetzten Arbeitslosen unter Führung des Studenten Schlöffel) wurden in den Hintergrund gespielt. Mit Stolz erklärte Born im Namen der Proletarier: »Wir nehmen unsere Angelegenheiten selbst in unsere Hände, und niemand soll sie uns wieder entreißen.« Im praktischen Verhalten hat die Berliner Arbeiterbewegung unter Borns Leitung keinen radikal proletarischen Kurs eingehalten, sondern ist überraschend stark mit zünftlerischen Vorstellungen behaftet gewesen, wie das ja auch der soziologischen Zusammensetzung dieser »Arbeitervereine« entsprach, in denen die Kleinhandwerker und Gesellen durchaus das Übergewicht besaßen.

Das wirtschafts- und sozialpolitische Programm des Berliner Zentralkomitees ist erhalten[184]. In 25 Punkten enthält es Forderungen, die nicht bloß im Interesse des Arbeiters, sondern auch im Interesse des Handwerkers und selbst des Fabrikanten liegen. Der Staat soll für Erleichterung der Ausfuhr sorgen, er soll durch Exportprämien und die zollfreie Einfuhr von Rohstoffen die Wirtschaft beleben, er soll durch seine Staatsbanken das Kreditwesen neu ordnen und ein klares Patentrecht schaffen, damit die Erfinder und die Industrien vor unlauterem Wettbewerb geschützt werden. Staatliche Aufträge an kleinere Betriebe, Darlehen der öffentlichen Hand zur Anschaffung von Maschinen sollen das Handwerk wettbewerbsfähig erhalten. An Stelle der verhaßten Verbrauchssteuern auf verschiedene Genußmittel soll eine progressive Einkommensteuer treten. Eine unentgeltliche Erziehung der Jugend auf allen Schulen, Volksbibliotheken und Erwachsenenbildung werden den Aufstieg des Arbeiters und Kleinbürgers ermöglichen. Der Staat soll Freizügigkeit schaffen, in erster Linie für reisende Handwerksburschen, die sich in der Ausbildung befinden. Schließlich mündet das Verlangen nach Invalidenversorgung und Arbeitsbeschaffung in den allgemeinen Satz, daß die Gemeinschaft auch dem Ärmsten eine »angemessene Existenz« als Mensch und Bürger zu sichern die Pflicht habe. Lohnkämpfe zwischen Arbeitnehmern und Arbeitgebern sollen in der Weise ausgetragen werden, daß gemischte Kommissionen sowohl die Arbeitszeit wie den Mindestlohn festsetzen, wobei den Arbeitern selbstverständlich das Koalitionsrecht als Waffe im Lohnkampf erhalten bleiben muß. Auch die Zahl der Lehrlinge, die ein Meister halten darf, wird durch gemeinschaftliche Kommissionen festgesetzt, in denen »Gehülfen« und Meister zu gleichen Teilen vertreten sind.

Dieses Programm zeigt klar die Umrisse einer maßvollen Sozialpolitik, die einige wichtige Elemente der französischen Arbeiterbewegung aufgenommen hat, aber in erster Linie Rücksicht auf die Belange des Handwerks und seines Nachwuchses zu nehmen hat und keinen Gegensatz zwischen gewerblichem Mittelstand und Fabrikarbeiterschaft aufkommen läßt. Das Recht auf Bildung und das Recht auf Arbeit wird scharf herausgestellt, und man wird nicht fehlgehen, wenn man darin das französische Vorbild und die französischen Lehren wirksam werden sieht. Aber der privatwirtschaftliche Aufbau von Fabrik und Werkstatt wird nirgends angetastet, die staatlichen Eingriffe auf Förderung des Gewerbes durch zollpolitische Maßnahmen beschränkt und die Lohnfragen einem gemischten Schiedsgericht überlassen. Der Abstand zu dem kommunistischen Revolutionsprogramm ist nicht zu verkennen. In 17 Punkten ist es einst zu Beginn der Märzrevolution vom Pariser Komitee nach Deutschland geschickt worden. Unteilbare Republik, Bewaffnung der Arbeiter, Verwandlung der feudalen Landgüter in Staatseigentum und radikale Beschränkung des Erbrechts, Ablösung aller Privatbanken durch eine einzige Staatsbank, Einebnung der Beamtengehälter und Abstufung nicht nach dem Rang, sondern ausschließlich nach dem Familienstand, das sind einige der charakteristischen Forderungen der kommunistischen Agitation, die aber von der deutschen Arbeiterbewegung nicht aufgenommen worden sind[185].

Das Sozialprogramm des Berliner Komitees war zur Vorlage auf einem Kongreß der Handwerker und Arbeiter vorgesehen. An verschiedenen Orten haben solche Zusammenkünfte seit dem Juli 1848 stattgefunden. In Hamburg, Berlin und Frankfurt sind sie zu eindrucksvollen Kundgebungen der deutschen Handarbeiter geworden. In einer eigenartigen Gegenbewegung wird der politische Durchbruch des Liberalismus begleitet von einer sozialökonomischen Mittelstandsbewegung, die im Grundsatz der freien Konkurrenz und in der industriefreundlichen Gewerbepolitik des Staates die Hauptursache für den Niedergang und die Nöte des Handwerkerstandes erblickt. Man ist sich einig im Protest gegen die Gewerbefreiheit und möchte dem eigenen Elend halb durch zünftlerische, halb durch staatssozialistische Mittel abhelfen. Nationalökonomisch mag diese kontraliberale Haltung des Kleinbürgertums nicht sehr tiefschauend und weitsichtig gewesen sein, sozialpolitisch ist das Aufbäumen des Mittelstandes gegen die Proletarisierung eines der bedeutendsten Phänomene der »Achtundvierziger Revolution«. Wenn die Handwerker in allen Teilen Deutschlands, gleichgültig unter welchen Gewerbegesetzen sie örtlich standen, fast einstimmig die Rückkehr in die Gebundenheit vergangener Zeiten befürworteten und das »französische« Prinzip der Entfesselung der freien Wirtschaft verwarfen, so drückte sich darin nicht eine reaktionäre, halbfeudale und mittelalterliche Gesinnung aus, sondern ein verzweifelter Protest gegen die Deklassierung und die Entbürgerlichung des Kleingewerbestandes, der nicht dem Schicksal seiner englischen und französischen Standesgenossen ausgeliefert werden wollte.

Auch die jungen Gesellen der aufgeklärten Handwerker- und Turnvereine, in denen wir ein tragendes Element der politischen Linken erblicken dürfen und welche auf allen Barrikaden die standhaftesten Kämpfer gestellt haben, schlossen sich unter dem sozialökonomischen Gesichtspunkt weitgehend der Mittelstandsbewegung an und ließen sich trotz mannigfacher innerer Streitpunkte von den Meistern nicht trennen. Als sie auf dem Frankfurter Handwerkerkongreß nicht rechtzeitig Sitz und Stimme erlangen konnten, traten sie am 20. Juli 1848 zu einem selbständigen Gesellenkongreß zusammen, der neben den Meistern in Frankfurt tagte. In ihrem Kreis war der Gedanke der Solidarität aller Handarbeiter durchaus lebendig, sie forderten dazu auf, in jeder Stadt einen »Arbeiter- und Gesellenverein« zu gründen und einen Abgeordneten nach Frankfurt zu entsenden. Mit diesem Plan kam ihnen nun freilich das Berliner Zentralkomitee zuvor, und der Frankfurter Gesellentag, der sich bis zum 20. September hinzog und zuletzt den Namen »Allgemeiner deutscher Arbeiterkongreß« annahm, hatte einen schweren Stand, da er nicht ordnungsgemäß autorisiert schien und sich im Dickicht der Sozialpolitik aus eigenen Kräften offenbar nicht zurechtfand. Trotzdem ist hier vielleicht ein verborgener Mittelpunkt der deutschen Revolution zu suchen. Die gesellschaftliche Problematik des Jahres 1848 ist nirgends so unmittelbar zu studieren wie in den mühseligen und fruchtlosen Verhandlungen dieser Wochen und Monate, die in der Sprache der Zeit den »Föderalismus« begründen wollten und durch eine planvolle »Organisation der Arbeit« einen Weg zwischen Liberalismus und Kommunismus suchten, welcher der Monopolherrschaft des Kapitals und dem rücksichtslosen Kampf aller gegen alle ein Ende setzen könnte. Die eigentümliche Verbindung von sozialistischen und zünftlerischen Motiven, die man in der Formulierung weitgehend auf die führende Rolle des Kasseler Gewerbelehrers Karl Georg Winkelblech, genannt Marlo, zurückführen darf, ist in ihrem Ansatz nicht professoraler Konfusion entsprungen, sondern ein genauer Ausdruck der wirtschaftlichen und geistigen Übergangssituation, in der sich die Gesellschaft in Deutschland befand[186].

Im Grunde herrscht dieselbe Verbindung von unverstandenen proletarischen und instinktiv innungsmäßigen Anliegen auch auf dem Berliner Arbeiterkongreß vor, der unter günstigeren Vorzeichen auf Stephan Borns Betreiben am 23. August 1848 in der preußischen Hauptstadt zusammentrat, um eine »Volkscharta« zu beraten. Das Ziel war, eine Verfassungsurkunde für die gewerbliche Wirtschaft und ihre besonderen Menschenrechte zu entwerfen. Aus allen Teilen Preußens und Sachsens, aus München und Hamburg hatten die Arbeitervereine ihre Sendboten geschickt; auch der Frankfurter Gesellentag hatte einen Vertreter abgeordnet. Obwohl sicherlich nicht mehrere Millionen, wie sich der Kongreß rühmte, sondern wahrscheinlich nur 12000 organisierte Arbeiter hinter diesen Abordnungen standen[187], so trat hier doch zum erstenmal in der Geschichte der Revolution eine anerkannte Zentralinstanz der Arbeiter auf, die für ganz Deutschland das Wort ergreifen konnte. 25 Städte mit 31 Vereinen waren vertreten, die Zahl der Delegierten betrug etwa 40. In vielem erscheint der Berliner Kongreß wie der Vollstrecker der Bemühungen der in Frankfurt versammelten Gesellen. Wie die Frankfurter eine Adresse an die Nationalversammlung gerichtet hatten, so leitete auch die Berliner Versammlung den Antrag an die Paulskirche, neben dem politischen Parlament eine soziale Kammer zu berufen, in welcher sämtliche sozialen Stände und Berufsgruppen nach einem besonderen Wahlmodus vertreten wären, um über die wirtschaftliche und soziale Gesetzgebung gutachtend zu beraten und ihre Beschlüsse dann der Nationalversammlung zu unterbreiten.

Das wichtigste Ergebnis war der Aufbau einer ganz Deutschland umfassenden, zentral geleiteten Organisation, die »Verbrüderung«, die ihren Sitz in Leipzig erhielt. Stephan Born wurde zum ersten Vorsitzenden gewählt, und ihm wurde auch die Redaktion der Bundeszeitschrift übertragen[188]. Der Plan war, in 27 deutschen Großstädten, von Hamburg und Kiel bis Wien, Prag und Brünn ohne Rücksicht auf Landesgrenzen und politische Spannungen, Bezirkskomitees einzurichten und diesen die Lokalkomitees zu unterstellen, welche die Arbeiterschaft der verschiedenen Gewerke sammeln und sich bei Lohnverhandlungen zwischen Arbeitgebern und Arbeitnehmern einschalten sollten. Ja, die Beschlüsse des Berliner Kongresses, die in zehntägiger Beratung gefaßt wurden, gingen so weit, daß das Lokalkomitee als örtliche Gewerkschaftsleitung befugt werden sollte, die Lohngelder in Empfang zu nehmen und sieben bis zehn Prozent vom Lohn für eine Assoziationskasse zurückzubehalten, welche mit diesen Geldern Grundstücke für Arbeiterwohnungen ankaufen und Kreditkassen für Baulustige einrichten sollte[189]. Die Beschlüsse trugen im übrigen eine Reihe von Forderungen zusammen, die sich an die Adresse des Staates richteten und von den sozialistischen Theorien der verschiedenen Richtungen einiges aufgriffen und mit Grundforderungen der Demokratie vermischten. Neben der zehnstündigen Arbeitszeit und der Wahl der Werkführer »mit Zustimmung« der Arbeiter begegnet als Forderung die Aufhebung der indirekten Steuern, die Herabsetzung des Wahlalters, die Aufteilung großer Güter und die Unentgeltlichkeit des Unterrichts. Immer wieder schlagen die spezifischen Sorgen des Handwerks durch. So soll die Zahl der Lehrlinge durch gemischte Kommissionen festgesetzt und die Konkurrenz der Zuchthausarbeit eingeschränkt werden. Noch deutlicher wird der kleingewerbliche Charakter der Bewegung, wenn wir von der Zentrale in die Provinz hinaustreten. In seltenen Fällen werden »Ankaufsgesellschaften« gegründet und der genossenschaftliche Gedanke weiterentwickelt. Es kommt auch vor, daß man gemeinschaftlich Rohstoffe einkauft, um sie in eigenen Werkstätten verarbeiten zu lassen. In Berlin hat die »Verbrüderung« eine eigene Krankenkasse gegründet, die schließlich die stattliche Mitgliederzahl von 20000 Köpfen aufweisen konnte. Aber in weitaus den meisten Fällen begnügten sich die Bezirksvereine damit, daß sie ihre Monatsgelder ablieferten, die Verbandszeitschrift hielten, eine Unterstützungskasse für reisende Gesellen einrichteten und Forderungen an ihre Länderkammern und Regierungen stellten. Vor allem in Süddeutschland sind die Zwecke der Organisation bald zusammengeschrumpft auf die Einrichtung von Arbeitsvermittlungsstellen und Hilfskassen für reisende Handwerksburschen, ein deutlicher Hinweis, daß die Arbeitervereine dort einsetzten, wo die Zünfte versagten.

Die Dichte des Netzes der Bezirks- und Ortsvereine darf man sich nicht allzu groß vorstellen. Sachsen und die preußischen Städte blieben der Mittelpunkt der Bewegung. In Bayern wurden im Lauf der Zeit 35 Vereine gegründet, in Württemberg, wo die Verhältnisse auf Grund von beschlagnahmten Protokollbüchern besonders gut zu verfolgen sind, mögen es auf dem Höhepunkt der Entwicklung etwa 20 Vereine gewesen sein[190]. Vorort war hier zuerst Ulm, später Göppingen, und der Zusammenhang mit den demokratischen Volksvereinen besonders lebhaft. Eine eigene Tageszeitung in Stuttgart, die »Deutsche Volkswehr«, diente der Orientierung über die Ideen und Erfolge des französischen Sozialismus, »soweit er sich als praktisch brauchbar für Deutschland darstellt«. Vielfach übten Journalisten der linksgerichteten bürgerlichen Zeitungen einen leitenden Einfluß aus. Da und dort sind es auch begabte Arbeiter, die auf diesem Weg in die Politik eintreten. So ist der jüdische Metalldreher August Hochberger, der eine Zeitlang das bekannte »Neckardampfschiff« in Heilbronn redigiert hatte, als Vorstand des Eßlinger Arbeitervereins eine der aktivsten Persönlichkeiten der süddeutschen Arbeiterbewegung geworden.

Das handwerkliche Element verhielt sich passiv, wog aber durchaus vor. In Eßlingen sind unter 71 Mitgliedern nur 15 Arbeiter der Maschinenfabrik verzeichnet. In Ulm fanden sich unter den 400 Mitgliedern, die sich im Lauf der Zeit eingetragen haben, außer zwei Intellektuellen, einem Rechtskonsulent und einem Privatlehrer, zwei demokratischen Kaufleuten und zwei Gastwirten, nur eingesessene oder zugewanderte Handwerker: Schuhmacher, Kürschner, Spengler, Gerber und Drechsler. Ihr Horizont ist beschränkt auf das Lehrlings- und Gesellenwesen, ihre Forderungen äußerst bescheiden. Auf einer Generalversammlung der württembergischen Arbeitervereine in Reutlingen im September 1849 wird ausdrücklich anerkannt, daß Klagen über das Verhalten der Polizei gegen reisende Handwerksburschen in Württemberg nicht begründet seien! Von einem Verbot der Sonntagsarbeit will die Versammlung nichts wissen. Was in allen Eingaben und Resolutionen dagegen ständig wiederkehrt, ist die Bitte um Sonntagsschulen und gewerbliche Fortbildungsmöglichkeiten. Wo der Staat versagt, setzt die Selbsthilfe ein, und viele Vereine bezeichnen sich sinngemäß als Arbeiterbildungsvereine, nicht bloß zur Tarnung. Das Erziehungsprogramm erstreckt sich fast mehr auf wissenschaftliche als auf politische Gegenstände. In Ludwigsburg wird der Dekan der Stadt um Vorträge über religiös-moralische Themen gebeten. In einem anderen Ort unterrichtet der Rechtsanwalt Gwinner vom Volksverein über die Französische Revolution. Im Ulmer Arbeiterverein wird darüber debattiert, ob für die geographischen Kurse ein Globus angeschafft werden soll, um einen besseren Besuch der Lehrgänge zu erzielen. In Stuttgart hat der Schriftsetzer Hirsch aus Lists System der politischen Ökonomie vorgetragen und ist deshalb im Frühjahr 1852 aus der Stadt verwiesen worden.

Diese Einzelheiten bezeichnen den Umkreis der Arbeiterbildung. Ein bestimmtes soziales Programm ist in der Aufklärungsarbeit der »Verbrüderung« nicht zu erkennen. Gottfried Kinkels Broschüre »Handwerk, errette Dich« findet sich neben Lists großdeutschen Zollunionsplänen und Berichten über die Pariser Nationalwerkstätten als Schulungsmaterial. In Nürnberg wird der Saal bei Revolutionsgedenkfeiern mit den Büsten von Blum und Hecker, von Franklin und Washington, aber auch von Louis Blanc und Professor Winkelblech ausgeschmückt[191]. Auf eine politische Ausrichtung der Vereinsangehörigen wird mehr und mehr verzichtet. Grundsätzlich wird jedem Mitglied die Zugehörigkeit zu einer beliebigen politischen Vereinigung freigestellt.

Seit den Ereignissen des Sommers 1849 und der Niederwerfung der Maiaufstände ist auch die Arbeiterbewegung überall im Rückgang. In einem Brief an das Zentralkomitee der »Verbrüderung« in Leipzig klagt der Schriftführer Engel aus Göppingen am 5. Oktober 1849 im Namen der schwäbischen Vereine, »daß leider auch bei uns in Württemberg eine Lauigkeit an den Tag tritt«, die sich aus der »Niederlage unserer Partei in Sachsen und der Pfalz, im Rheinland und in Baden genugsam erklärt«. Die Beteiligung von Arbeitern und Gesellen an den Volkserhebungen dieses Jahres gab den siegreichen Regierungen überall Veranlassung, die Vereine schärfer zu überwachen, und die neue politische Luft nahm den Leuten den Mut, sich durch Mitgliedschaft bei einem anrüchigen Verband zu belasten. Die Arbeitervereine schrumpften rasch. Der Ulmer Verein fiel von 400 auf 62 Mitglieder zurück. Die Zeitschrift »Verbrüderung« zählte im Herbst 1849 in einer Großstadt wie Berlin mit ihren 400000 Einwohnern nur noch 67 Abonnenten. Der Arbeiterverein in Schwerin, der noch im Oktober 1848 die stattliche Zahl von 873 Köpfen aufgewiesen hatte, war ein Jahr später auf 183, also ein Fünftel seines Bestandes, zurückgefallen[192]. Zur gewaltsamen Auflösung entschloß man sich trotzdem von seiten der Behörden nur sehr zögernd. Sachsen und Bayern unternahmen im Sommer 1850 die entscheidenden Schritte. In Preußen zählte man damals immer noch 62 bestehende neben 32 aufgelösten Vereinen. In Württemberg erhielten die Oberamtleute im November 1852 den Auftrag, die letzten Arbeitervereine zu liquidieren, und erst am 13. Juli 1854 machte ein Beschluß des wiederhergestellten Frankfurter Bundestags allem ein Ende. Danach sollten

Die politische Wagschale.

Abb. 7

Abb. 8 Ausfall der badischen Freischaren aus der Festung Rastatt am 8. Juli 1849

die Bundesregierungen verpflichtet sein, etwa noch in ihren Staaten vorhandene Arbeitervereine mit politischen, sozialen und kommunistischen Zielen binnen zwei Monaten aufzuheben.

Politisch war die Arbeiterbewegung längst tot. Ein entscheidender eigener Faktor der Revolution war sie wohl nie gewesen. Den Straßenkampf hat der deutsche Arbeitergeselle nur im Verband des radikalen Bürgertums durchgekämpft, den Klassenkampf hat er abgelehnt, und den sozialen Kampf hat er im Bund mit dem Handwerker ausgefochten. Dieser wirtschaftliche Protest des Handarbeiters war mehr gegen die Fabrik als gegen den Lohnherrn, mehr gegen die Maschine als gegen den Kapitalismus gerichtet, und nur in den Tariffragen hat er aus eigener Kraft einige Erfolge erzielt. Eine Gewerkschaftsbewegung, wie sie einst am Ende des 18. Jahrhunderts in England entstanden war, hätte auch in Deutschland ein organischer Bestandteil der siegreichen Revolution werden können. In den übrigen sozialen Bereichen haben die Resolutionen der Gesellentage und die Eingaben der Arbeitervereine nur auf dem Weg über einsichtige Regierungsverordnungen und durch den Ausbau der Gewerbegesetze etwas erreicht. Es waren in der Hauptsache vier Anliegen, welche von seiten der Arbeitergesellen und ihren »Zentralausschüssen« an die Behörden herangetragen wurden: Verbesserung des gewerblichen Fortbildungswesens; Erleichterungen für »wandernde Arbeiter« in Gestalt von ermäßigten Eisenbahntarifen, staatlichen Unterstützungskassen und Arbeitsnachweisen; Einrichtung von Gewerbegerichten, die von Meistern und Gesellen je hälftig besetzt und von einem Fachjuristen geleitet werden sollten; schließlich Beschränkung der Arbeitszeit und Verbot der Kinderarbeit. Dieser letzte Punkt war bezeichnenderweise unter den Beteiligten selbst strittig, jedenfalls die gesetzliche Behinderung der Sonntagsarbeit wurde von den Handwerkern zum großen Teil selbst abgelehnt.

Es ist nicht die rote Fahne, sondern das grüne Banner mit dem goldenen Eichenkranz, um das sich die Abgesandten der Gesellenschaft in Frankfurt scharen. Die große Arbeitervereinigung, die ihnen vorschwebt, die neue Sozialordnung des Föderalismus, auf die sie abzielen, soll auch Künstler, Gelehrte, Kaufleute und sogar Fabrikanten als Mitglieder aufnehmen, wenn sie sich an dem Kampf gegen die mörderische Gewerbefreiheit beteiligen. Die am weitesten ins Grundsätzliche vorstoßende Forderung der Arbeitervereine, der Gewerberat, ist durch die preußische Gewerbeordnung vom 9. Februar 1849 probeweise verwirklicht worden[193]. Der Handelsminister von der Heydt hat sich mit großer Wärme dafür eingesetzt und die Ratschläge von Meistern und Gesellen gründlich vorher eingeholt. Man hatte im Januar 1849 eine Reihe von Handwerkern nach Berlin berufen und verwertete ihre Anregungen zusammen mit den Beschlüssen des Frankfurter Handwerkerkongresses und den

Arbeiten der Gewerbekommission der preußischen Nationalversammlung mit ihren 1600 Petitionen gewissenhaft bei der Vorbereitung des Gesetzes. Die neue Gewerbeordnung hat denn auch in Handwerkerkreisen freudige Aufnahme gefunden. Sie schlug einen vorsichtigen Mittelweg zwischen Innungszwang und Patentfreiheit ein und gab dem zünftigen Handwerker den nötigen Schutz, ohne die Unternehmerfreiheit allzu sehr einzuschränken. Im ganzen erhielten die Innungen das Prüfungsrecht für ihre Lehrlinge zurück und wurden vor den Warenmagazinen geschützt, welche die Preisarbeit des Handwerks zerstörten. Daß die Gesellen in der Prüfungskommission mit gleicher Anzahl wie die Meister vertreten waren, erscheint als ein bedeutendes Zugeständnis an die Gesellenbewegung. Auch zugunsten der Fabrikarbeiter fanden sich einschlägige Bestimmungen, die gegenüber den gesetzlichen Zuständen in Frankreich und England auf gewissen Gebieten sogar einen Fortschritt bedeuteten. So wurden die Arbeitgeber zu den Krankenkassenbeiträgen herangezogen und die Kommunen mit der Aufsicht über die örtlichen Hilfskassen betraut. Das verderbliche Truck-System wurde abgeschafft durch die gesetzliche Vorschrift, daß die Arbeiter ohne Ausnahme in Geld entlohnt werden müssen. In anderen Fragen, wie der Sonntagsarbeit, Kinderarbeit, Altersversorgung und Erwerbslosenfürsorge, waren die Bemühungen der Regierung, die sich bis in die fünfziger Jahre hinzogen, weniger durchgreifend. Die staatliche Fürsorgepflicht wurde aber in den ersten Jahren der Reaktion noch lebhaft empfunden, während die demokratischen Bestandteile der Gewerbeordnung, vor allem das Wahlrecht der Gesellen für den Gewerberat und ihr Anteil an den Prüfungskommissionen, durch Gesetz vom 15. Mai 1854 wieder aufgehoben wurden.

Eine einheitliche Mittelstandspolitik für Kleingewerbe und Fabrikangehörige, vielleicht im Zusammenhang mit einer großzügigen Agrarreform zugunsten des bäuerlichen Mittelstandes und einer Bodenreform für Arbeitersiedlungen, wäre damals in der Stunde der Märzrevolution nicht außer Reichweite gewesen. Wenn man die Entwicklung des Sozialismus in England betrachtet, wo aus dem christlich-humanitären Boden Kräfte der Versöhnung aufwuchsen und die Ausdehnung der politischen Rechte des Arbeiters den Gedanken des Klassenkampfes nicht aufkommen ließ, wird man die Zwangsläufigkeit der Entwicklung der deutschen Arbeiterbewegung zum Marxismus hin nicht anerkennen können. Indem die Reaktionszeit eine zügige Fortführung der Gesellenbewegung verhinderte und die Kluft zwischen Proletarier und Handwerker sich unbemerkt vertiefen ließ, hat sie selbst dazu beigetragen, daß die Selbsthilfe des Arbeiterstandes in den sechziger Jahren aufs neue organisiert werden mußte, durch Lassalle zuerst und dann seit 1868 durch den unwiderstehlichen Siegeszug von Liebknecht und Bebel, welche in wenigen Jahren eine streng marxistische Arbeiterpartei aufgebaut haben. Immerhin hat es noch zwanzig Jahre gedauert, bis der Klassenkampfgedanke im deutschen Proletariat Fuß zu fassen vermochte, und auch jetzt mußte sich das welthistorische Ungestüm, das Marx und Engels in der Stunde der Märzrevolution vorausgesagt hatten, eine entscheidende Verlangsamung und eine weitgehende Verbürgerlichung gefallen lassen. Nichts war ja eingetroffen von den dramatischen Vorhersagen, die vor allem Friedrich Engels verschwenderisch ausgestreut hatte. Weder war der Weltkampf zwischen Zarenadler und roter Fahne auf deutschem Boden ausgefochten worden, noch war der riesige Festlandskrieg der befreiten europäischen Völker gegen den Tyrannen des Weltmarkts, England, entbrannt, der doch nach Marx und Engels die notwendige Voraussetzung für eine erfolgreiche Erhebung der Arbeiterpartei gegen ihre Unterdrükker war. Die Flamme des ungarischen Aufstandes war nicht zusammengeschlagen mit einem neuen Auflodern der sozialen Kämpfe in Frankreich, wie die Führer der Internationale noch im Sommer 1849 geglaubt hatten. Die breiten Schichten des arbeitenden Volkes hatten andere Sorgen und Freuden als ihre weltrevolutionären Führer in London. Ein bißchen mehr Brot, ein bißchen mehr Recht, und ein bißchen mehr Menschlichkeit, das war es, was die Massen ersehnten, nicht blutige Weltkriege und der Dunst von weltgeschichtlichen Schlachten, aus denen die Umrisse einer unerprobten neuen Gesellschaftsordnung auftauchen sollten.

Die Enttäuschung über diese gemäßigte Haltung des Arbeiters hat die Verfasser des Kommunistischen Manifests zu bitteren Ausfällen gegen ihre Gefolgschaft veranlaßt. Wenn die europäische Arbeiterschaft nicht auf der Höhe ihrer revolutionären Aufgabe stand, dann mochte sie wohl zugrunde gehen. Es ist ein Gespräch mit Marx und Engels überliefert, wonach die beiden Freunde im August 1850 ihre Absicht kundgegeben haben, spätestens im November nach Amerika auszuwandern, nachdem sich in allen Ländern die Alte Welt zur sozialen Revolution unfähig erwiesen habe; es sei ihnen ganz gleichgültig, ob dieses erbärmliche Europa zugrunde gehe[194]. Konnte die Arbeiterschaft, die mit allen Fasern ihres Bewußtseins an der bürgerlichen Welt festhielt und sich gegen die Proletarisierung sträubte, Vertrauen haben zu Männern, die so verächtlich den Staub der alten Kulturwelt von den Schuhen schüttelten, die um ihrer Idee willen der ganzen Welt einen glühenden Tod wünschten? Der deutsche Arbeiter war in der Krise von 1848 noch viel mehr allein und verlassen, als es die bürgerliche und die marxistische Geschichtsschreibung wahrhaben will, und die unklaren Gedanken und Gefühle dieser großenteils ohne geschichtliche Namen gebliebenen Teilnehmer an den Gesellen- und Arbeiterkongressen der Revolutionszeit gehören zu den ergreifendsten Zeugnissen der deutschen Ständegeschichte. Nur einige christliche Sozialpolitiker und einige verantwortungsbewußte Berufsbeamte haben Verständnis für die eigentümlichen Nöte des deutschen Handarbeiters empfunden. Das Gros des liberalen Bürgertums ist darüber ebenso gedankenlos hinweggegangen wie die beiden Propheten der Weltrevolution, die nichts als Verachtung dafür übrig hatten.

XII

Der Bürgerkrieg im Mai 1849

Schon während des Winters 1848/49 bahnte sich auf seiten der Linken eine Sammelbewegung an, die in der Organisation des »Zentralmärzvereins« einen imponierenden Mittelpunkt aufzuweisen hatte. Ende November von einigen Abgeordneten des »Donnersbergs« begründet, verzweigte sich der Verein unter einer straffen zentralistischen Leitung, über Provinzausschüsse zu Ortsvereinen herabsteigend, nahezu über ganz Deutschland. Er verteilte Mitteilungen, Schriften und Waffen und umfaßte schließlich fast tausend Zweigvereine und eine halbe Million Mitglieder. Ob Deutschland zu einer Vereinigten Republik werden oder in einem Volkskaisertum seine Verfassung finden sollte, war in den Richtlinien der Märzvereine nicht festgelegt. Wachsam war man nur gegen die opportunistische Reformgruppe des liberalen Zentrums in der Paulskirche, gegen die hartnäckig widerstrebenden Einzelstaaten und vor allem gegen die Eigensucht Preußens. Republikanische Umsturzbestrebungen stiegen in dieser Linken eigentlich erst empor, als durch die Unzuverlässigkeit der deutschen Höfe und durch die Winkelzüge des preußischen Königs klar wurde, daß Deutschland von der Seite der Throne und ihrer Regierungen offenbar eine einheitliche Verfassung nicht erhalten würde. Noch im April 1849 wäre es ein leichtes für die Fürsten gewesen, eine Versöhnung mit der Revolution herzustellen, wenn sie ehrlich und ohne Ausweichen den Frankfurter Verfassungsentwurf angenommen hätten. Die Nation hätte sich sogar noch weitere Änderungen der Reichsverfassung im monarchischen Sinn gefallen lassen, wenn sie nur überhaupt zustande kam[195].

Annahme oder Preisgabe des Verfassungsentwurfs der Paulskirche wurde der eigentliche Prüfstein der Revolution. Darum vereinigten sich in der letzten Phase der Beratungen Konstitutionelle und Demokraten in Frankfurt zum gemeinsamen Vorgehen und waren bereit, in den Einzelheiten sich bedeutende Zugeständnisse zu machen. Aber eben aus dieser Erkenntnis lehnte Friedrich Wilhelm IV. mit einer fast bösartigen Entschiedenheit ab, um sich und der Idee des Königtums nicht grundsätzlich etwas zu vergeben. Obwohl der Entwurf der Frankfurter Verfassung nur wenige radikale Züge enthielt, wurde er zum Feldzeichen der Revolution. Er führte Gagern und Fröbel, aber er führte auch Süddeutsche und Norddeutsche einander zu. Die Königreiche wurden allesamt partikularistisch, und die Frankfurter Abgeordneten bis weit nach rechts hin wurden unitarisch. Selbst die äußerste Linke trägt sich zuletzt äußerst preußenfromm, damit nur die nationale Staatsbildung zustande komme und der ganze Anlauf der Revolution nicht umsonst gewesen sei. »Mit deutschem Gruß« unterzeichnen sogar die süddeutschen Demokratenvereine ihren internen Schriftwechsel und bekennen sich zu einem erbkaiserlichen Deutschland mit einem Hohenzollernfürsten an der Spitze[196].

Aber alle kluge Taktik und alle politische Vernunft auf seiten der Paulskirche und des Reichsministeriums nutzten nichts. Friedrich Wilhelm IV. lehnte ab und erklärte dem Vertreter des Reichskabinetts, Herrn von Beckerath, noch im April mit zynischem Stolz: »Selbst wenn die Verfassung brauchbar wäre, nähme ich sie nicht an, denn ich will König von Preußen bleiben.«[197] Gagern und Bassermann haben das Äußerste versucht und Preußen fast angefleht, doch die Artikel zu nennen, die ihm nicht gefallen und die Annahme der Oberhauptswürde verhindern. Es ist umsonst. Friedrich Wilhelm IV. will die Verfassung des Reiches nicht verbessern, sondern annullieren durch seine ablehnende Haltung. Alles Verhandeln ist zwecklos, und die Vorhersage Gagerns geht in Erfüllung: Das ganze nichtpreußische Mitteldeutschland und der lebendigere Teil von Süddeutschland stehen im Aufruhr, als der Zusammenbruch des liberalen Verfassungswerks nicht mehr zu verschleiern ist. In Baden und der Rheinpfalz, in Sachsen und im westfälischen Industriegebiet entsteht eine kurze, aber heftige Dünung, die schon fühlbar stärker als die Märzbewegung vom Vorjahr durch soziale Unterströmungen mit getragen wird. Den Anlaß zu den Aufständen liefert überall die Frage der Reichsverfassung. Aber die Teilnahme von Männern wie Michael Bakunin, Stephan Born, Friedrich Engels, Hermann Becker und August von Willich gibt der demokratisch-reichszentralistischen Aufwallung den sozialrevolutionären Unterton, den die Regierungen für den Rest des Jahrhunderts nicht mehr vergessen haben und der auch dem gesamten Kleinbürgertum einen unüberwindlichen Schreck eingejagt hat. Gewiß ist das Symbol der roten Fahne, welches jetzt nach Pariser Vorbild überall auftaucht und das Reichsbanner Schwarz-Rot-Gold zu verdrängen beginnt, nicht von allen Mitkämpfern der Maiaufstände in seiner vollen Bedeutung verstanden worden. Die reichen Hanauer Bauern, die auf sechsspännigen Leiterwagen zu der Volksversammlung nach Offenburg fuhren und ihre Pferde mit roten Nelkensträußen schmückten, wollten sich gewiß nicht zum Kommunismus bekennen. Aber Rot war jetzt die Farbe der weiterkämpfenden Revolution geworden und leuchtete als das Fanal des Bürgerkriegs über das Land. Der demokratische Gedanke wurde auf lange hinaus in Deutschland belastet durch das Odium der kommunistischen Gefahr, die mit ihm verbunden schien.

In der preußischen Monarchie selbst war die Meinung gespalten. Während die zweite Kammer aufgelöst wurde, weil sie sich für den Frankfurter Entwurf erklärte, übten Wrangel und der Polizeipräsident Hinckeldey das Recht des

Belagerungszustandes aus. Der Innenminister von Manteuffel sammelte die königstreuen Vereine der Kurmark und Pommerns um sich und verstand Stimmung zu machen durch erfundene oder übertriebene Enthüllungen über angebliche Proskriptionslisten der Persönlichkeiten, welche die Demokraten über die Klinge springen lassen wollten. Inzwischen baute man in Breslau schon Barrikaden und stürmte im Westen der Monarchie die Landwehrzeughäuser. Eine Generalversammlung der Landwehrleute in Elberfeld faßte am 3. Mai den Beschluß, daß jedermann »mit seiner Person und Ehre« für die Einführung der deutschen Verfassung einstehen wolle. Das kam einer Meuterei im Schoße des preußischen Volksheeres gleich. In Köln und Königsberg wurden Städtetage abgehalten, die sich geschlossen auf den Boden der Reichsverfassung stellten und die ratlose Versammlung in Frankfurt aufforderten, von ihrem deutschen Werk nicht abzustehen. Diese patriotische Stimmung war in den Kreisen des Bürgertums einhellig sowohl innerhalb wie außerhalb der preußischen Grenzen. In Kassel war die Bürgergarde bereit, sich für ein preußisches Kaisertum gegen ein preußisches Königtum zu schlagen. In Dresden brach am Nachmittag des 3. Mai der offene Straßenkampf aus, und selbst in den drei fränkischen Regierungsbezirken des Königreiches Bayern griff die unitarische Volksbewegung machtvoll um sich[198]. Die Adressen zugunsten der Reichsverfassung häuften sich, der landschaftliche Gegensatz gegen Altbayern und die Oberpfalz nahm dramatische Formen an, und am 2. Mai wurde unter ungeheurer Beteiligung eine riesige Volksversammlung der demokratischen Vereinigungen, der Bürgergarden und Landwehrformationen der fränkischen Provinzen auf dem Maxfeld bei Nürnberg abgehalten, welche die Resolution faßte, das Ministerium Pfordten müsse sofort zurücktreten und die Regierung zur Annahme der Reichsverfassung gezwungen werden, andernfalls werde sich Franken von Bayern loslösen. Am Sonntag, dem 13. Mai, fand eine zweite Massenversammlung statt, bei der die Zahl der Teilnehmer auf 25 000 geschätzt wird. Unter dem Eindruck des sächsischen und pfälzischen Aufstandes und angestachelt durch württembergische Vorbilder entwikkelte sich auch in Bayern eine Bürgerkriegsstimmung, die sich gegen den blauweißen Partikularismus der Münchner Regierung empörte und mit der preußischen Spitze in Deutschland zugleich die Errungenschaften der Revolution verteidigte. Ein radikaler Bauernverein rückte aus, der sich nach polnischem Mutter mit 400 gerade geschmiedeten Sensen bewaffnet hatte. Ein Nürnberger Arbeiterverein schaffte sich einen Waffenvorrat an und bereitete sich auf das Äußerste vor. In Erlangen trugen Urlauber des fünften Regiments mit Studenten zusammen eine rote Fahne durch die Straßen und sangen das Heckerlied. In der Eisenbahn konnte man von Soldaten die kecke Rede hören, »daß sie eher ihre Offiziere vor der Front niederschießen würden, als auf einen Bürger anschlagen«. Als in der Nähe von Königshofen ein katholischer Pfarrer von der Kanzel herunter verkündigte: »Lieber bayrisch gestorben als frankfurterisch verdorben!«, da wurde sein Haus überfallen und demoliert. Die Stimmung der örtlichen Verwaltungsbeamten war äußerst kleinlaut, solange die Entscheidung in Landau, Rastatt und Dresden nicht gefallen war. Die Münchener Regierung freilich ließ sich nicht aus dem Konzept bringen. Sie zog ein riesiges Truppenlager in der Nähe von Nürnberg zusammen, und Pfordten löste im Juni die widerspenstige Kammer auf. Zusammenstöße, auch blutiger Art, zwischen Regierungstruppen und radikalen Gesellen gehörten in Nürnberg und Erlangen bis in den November hinein nicht zu den Seltenheiten, aber die Hoffnung auf einen revolutionären Anschluß des Landes an die Frankfurter Führung mußte spätestens mit dem 18. Juni, mit der Zersprengung des Stuttgarter Rumpfparlaments, begraben werden. Die Wahlen im Juli ergaben einen überwältigenden Ruck nach rechts; die Radikalen schmolzen auf ein Drittel zusammen, und das rechte Zentrum der bayerischen Abgeordnetenkammer machte seinen Frieden mit der Münchener Sonderstaatspolitik. Der Rückhalt an der Paulskirche war ohnehin seltsam gering gewesen. Karl Vogt als Abgesandter des Zentralparlaments gab der fränkischen Erhebung auf der Nürnberger Massenversammlung den matten Rat, nach Hause zu gehen und mit gesetzlichen Waffen zu kämpfen. Wenn die Frankfurter Versammlung damals im Mai 1849 noch einmal eine Chance gehabt hat, zum Nationalkonvent zu werden, so hat sie sie nicht genutzt. Auch in Baden, am Rhein und in Württemberg hat man unverwandt auf sie geblickt. Aber jede Landschaft und fast jede Stadt mußte dann doch ihren Gang in den Bürgerkrieg allein antreten. Die Übermacht des regulären Militärs war an allen Brennpunkten des Kampfes freilich überwältigend und hätte auch durch eine straffere Führung der Aufständischen nicht wettgemacht werden können. Vielleicht genügte ein Bruchteil der bereitstehenden Formationen, um den Aufstand niederzuhalten. Nur dort, wo die Truppen unzuverlässig waren, gab es ernstlich zweifelhafte Situationen.

In Württemberg ist dieser Fall eingetreten. Die Offiziere und Soldaten der württembergischen Regimenter waren zwar nicht so stark von revolutionären Ideen erfaßt wie in Baden, aber sie fühlten sich auf die Reichsverfassung verpflichtet. Die Volksmeinung und die Kammer, das Ministerium Römer und die Gemeindebehörden der größeren Städte erzwangen am 24. April von König Wilhelm die feierliche Anerkennung der Frankfurter Verfassung. Die Truppen hielten eigenmächtig Versammlungen ab, in denen sie über ihre Pflichten gegenüber der Verfassungsidee sprachen und auch ihre dienstlichen Verhältnisse einer Kritik unterzogen. Der demokratische Landesausschuß schrieb nach Reutlingen einen Volkstag aus, welcher dem Vorbild der Offenburger Versammlung nachgebildet war. Unter gewaltigem Zudrang der Massen fand er in den Pfingstfeiertagen statt. Die 20000 Versammelten ließen sich von dem badischen Radikalen Joseph Fickler, dem einstigen Redakteur der Konstanzer Seeblätter und Miturheber des Heckeraufstandes, zu einem revolutionären Programm fortreißen. Man beschloß das Bündnis mit den aufständischen Ländern, die Vereidigung von Militär und Zivil auf die Reichsverfassung und die Abwehr jedes feindlichen Durchmarsches durch Württemberg. Im eigenen Land sollte eine neue verfassunggebende Versammlung gewählt, die Feudallasten entschädigungslos abgeschafft, eine Einkommensteuer erhoben und das stehende Heer beseitigt werden. Fragen der Wehrverfassung wie Volksbewaffnung, Wahl der Offiziere bis zum Hauptmann, Beseitigung der Militärgerichtsbarkeit spielten eine besondere Rolle. Aber die Bewaffnung des Volkes war jetzt kein doktrinärer Programmpunkt mehr, sondern eine sehr reale Kampfvorbereitung. Vertrauensmänner aus allen Oberämtern sollten am folgenden Tag in Stuttgart die Forderungen des Volkes unterbreiten und bei einer ablehnenden Haltung der Regierungsstellen die vorbereiteten Holzstöße auf den Stuttgarter Bergen in Brand setzen zum Zeichen für das Land, daß es sich erheben müsse, um Ministerium, Kammer und König auf den rechten Weg zu zwingen. Es kam freilich nicht zum Entzünden der Flammenzeichen, denn der Landesausschuß der Volksvereine fand in Stuttgart die Stimmung äußerst regierungsfreundlich, und der Minister Römer hatte auf den Fildern Truppen postiert. Als man erfuhr, daß die Restgruppe der Frankfurter Paulskirche nach Stuttgart übersiedeln wollte, beschloß man in Schwaben mit der eigenen Revolution zu warten und sich dieser Führung anzuvertrauen. Wie die Kräfteverhältnisse lagen, bedeutete das, daß die Stuttgarter Regierung in wenigen Tagen wieder völlig Herr der Situation wurde und diejenigen Schwaben, die für die deutsche Einheit etwas tun wollten, als Freischärler den badischen Brüdern zu Hilfe eilen mußten. Es kam zwar noch an einigen Stellen, in Riedlingen, Heilbronn, Kirchheim und Calw, zu spontanen Bürgeraufzügen oder einer Selbstbewaffnung der Jugend, als das böse Schicksal bekannt wurde, welches der Minister Römer seinen ehemaligen Frankfurter Kollegen in Stuttgart bereitete. Aber auch eine schwäbische Bürgerwehr vermochte dem Rumpfparlament nicht mehr zu aktionsfähigen Gliedmaßen zu verhelfen. Die tapferen Revolutionsmänner in den württembergischen Oberamtsstädten wurden entwaffnet, die Grenze gegen Baden gesperrt, und ein preußisches Hilfsangebot konnte mit Dank von König Wilhelm abgelehnt werden. Das Königreich war mit der Bürgerkriegsstimmung des Landes aus eigener Kraft fertig geworden. Aber es verdient festgehalten zu werden, daß unter den »Wühlern und Schreiern«, die sich damals aufgebäumt haben, sehr ehrenwerte Leute, Schultheißen und Gastwirte, Zimmerleute und

Rechtsanwälte, gewesen sind und daß es mancherorten die Stadtvorstände selber waren, die durch Trommelschlag die Bürger zusammenriefen und sich für die geschändete Reichsverfassung in letzter Stunde zu schlagen bereit waren[199].

Nicht so unblutig und harmlos ist der Maiaufstand des Jahres 1849 in Dresden verlaufen. Auch er war nicht von langer Hand vorbereitet, sondern nach dem Wort eines radikalen Arbeiters, der auf der Barrikade mitkämpfte, »nichts anderes als ein Zornesausbruch aufgeregter Gemüter«[200]. Gegen den Druck der Kammern, der Kommunalgarden und der demokratischen Klubs, welche von Regierung und Königshaus die Anerkennung der Reichsverfassung verlangten, rief der Minister Beust vorbeugend am Vormittag des 3. Mai auf diplomatischem Wege ein preußisches Bataillon zu Hilfe, weil die meisten sächsischen Truppen auf dem schleswig-holsteinischen Kriegsschauplatz standen. Die Dresdener Stadtverordneten riefen dagegen einen Sicherheitsausschuß ins Leben, in dessen Leitung sich auch der genialisch unruhige russische Anarchist Bakunin einmischte, der dem Ganzen einen Anhauch von revolutionärer Internationale verlieh. Turner, Arbeiter, Bergleute, auch enthusiastische Künstler, Schauspieler und Musiker, stellten sich in den Dienst der Sache. Der Architekt Gottfried Semper, der Hofkapellmeister Richard Wagner, der Musikdirektor Röckel und die berühmte Schauspielerin Schröder-Devrient traten auf die Seite der Aufständischen. Vier Tage und Nächte wurde erbittert aus Türen und Häusern, an über hundert Barrikaden gekämpft. Schon am zweiten Tage floh der König auf einem Elbdampfschiff nach der Festung Königstein, am dritten griff ein preußisches Gardebataillon unter Graf Waldersee ein und stärkte die dünnen Linien der Sachsen, die nicht ganz zuverlässig waren, sich aber jetzt in einen Blutrausch hineinreißen ließen, der sich selbst gegen wehrlose Gefangene austobte. Über 250 Tote wurden auf seiten der Bürger gezählt, das Opernhaus und eine Naturaliensammlung im Zwinger niedergebrannt. Am Abend des vierten Tages, als noch zwei weitere Bataillone aus Preußen kamen, war die Lage bereits entschieden. Der Oberkommandierende der Straßenschlacht, Oberstleutnant Heinze, ließ sich in seiner farbigen griechischen Uniform absichtlich gefangennehmen, und Stephan Born, der Arbeiterführer, an den jetzt der Befehl überging, konnte nur noch einen geordneten Rückzug der verbliebenen Barrikadenkämpfer auf den Straßen nach Freiberg i. S. in Gang bringen. Wer von den Anführern des Aufstands nicht mit Hilfe der Landeseinwohner über die böhmische Grenze entkam, wurde nach langen Prozessen in dem berüchtigten sächsischen Zuchthaus Waldheim für sein Leben zerbrochen.

Allgemein wird darüber geklagt, daß sich das seßhafte Bürgertum in diesem Kampf, bei dem es doch eigentlich um bürgerliche Ideale ging, in gewohnter

Vorsicht zurückgehalten und den Platz auf den Barrikaden den Arbeitern, Künstlern und Studenten überlassen habe. Eine ähnliche Beobachtung machte Friedrich Engels im rechtsrheinischen Industriegebiet, wo die fromm-pietistischen Fabrikstädte des Wuppertals seit Anfang Mai in Aufruhr standen. Im selben Augenblick, als in Dresden der Aufstand sich noch zu behaupten schien, aus Breslau Barrikadenkämpfe gemeldet wurden, in Karlsruhe der Großherzog die Flucht ergriffen hatte und der ungarische Aufstand im Begriff war, die Leitha zu überschreiten, wurden in Elberfeld die Gefängnisse gestürmt, Barrikaden gebaut und das Düsseldorfer Militär an der Stadtgrenze aufgehalten. Der Zeichenlehrer Körner, der später in Nordamerika noch eine Rolle spielen sollte, und der Redakteur Engels von der »Neuen Rheinischen Zeitung« entwarfen Insurrektionspläne und überlegten, wie man mit Hilfe der Landwehrorganisation das links- und rechtsrheinische Gebiet in den Bürgerkrieg reißen und für die Frankfurter Zentralgewalt eine bewaffnete Macht schaffen könnte. Trotz aller Bedenken warfen sich in diesem Moment sogar die Kommunisten in die kleinbürgerliche Revolution und waren bereit, für die Reichsgewalt und die schwarzrotgoldene Verfassung zu kämpfen. Aber die bürgerliche Linke war über den Zuzug nur mäßig erbaut, und der revolutionäre Sicherheitsausschuß von Elberfeld erließ am 14. Mai eine Bekanntmachung, die dem unnatürlichen Bündnis ein rasches Ende bereitete. »Der Bürger Friedrich Engels von Barmen wird unter voller Anerkennung seiner bisherigen, in hiesiger Stadt bewiesenen Tätigkeit ersucht, das Weichbild der städtischen Gemeinde noch heute zu verlassen, da seine Anwesenheit zu Mißverständnissen über den Charakter der Bewegung Anlaß geben könnte.«[201] Da Engels bereits die Entwaffnung der Bürgerwehr und die Verteilung der vorhandenen Waffen unter die aufständischen Arbeiter verlangt hatte, war die Befürchtung nicht so fernliegend, daß der Stratege der Weltrevolution den Aufstand zu einem Generalumsturz benutzen wollte, bei dem von Paris bis Budapest der Arbeiter gegen die Bourgeois antreten sollte. In Wahrheit zeigt auch der Bürgerkrieg im Bergischen Land, der mit klingendem Geld, mit vernünftigem Zureden und mit den Mitteln des Belagerungszustandes sehr rasch niedergeschlagen wurde, daß für eine proletarische Revolution in Deutschland kein Raum und nicht das Geringste vorbereitet war. Die Mai-Aufstände lagen überall fest in der Hand der Reichsverfassungsmänner, und die Bassermannschen Gestalten der Straße verkauften ihre Gewehre an die Bürgerwehr für ein paar Liter Schnaps[202].

Im Südwesten des Deutschen Bundes war die Bewegung ohne Zweifel am bodenständigsten und am meisten von den breiten Schichten des Volkes getragen. Man konnte hier an den Heckermythos und die Erinnerungen des ersten badischen Aufstandes anknüpfen. Die sozialen und demokratischen Parolen waren wie damals ungeschieden: Freiheit, Wohlstand und Bildung für alle! Für die provisorische Regierung hielt man sich nach Möglichkeit an dieselben Persönlichkeiten wie im April 1848. Die Volksvereine waren überall in Blüte und sammelten Bürgermeister, Gastwirte, Bauern und Weingärtner in ihren Reihen. In Offenburg tagte wieder die große Volksversammlung, zu der die Demokraten aus dem Odenwald, dem Taubergrund, dem Hanauer Land und dem südlichen Schwarzwald in Scharen strömten. Das Neue war, daß auch die Garnisonen dieses Mal mit den Aufständischen sympathisierten. Die jungen Rekruten hatten zum Teil an den Unruhen des Vorjahres teilgenommen, und das neue Versammlungsrecht hatte die Disziplin gelockert. Aus Rastatt zuerst, dann auch aus Bruchsal, Freiburg, Lörrach und Karlsruhe kam die Nachricht, daß die Soldaten ihre Offiziere in Schach hielten und auf die Ankunft der Delegierten des Landesausschusses warteten. Der Kriegsminister selbst hatte die Ruhe in der Bundesfestung nicht herstellen können und war durch ein heimliches Ausfalltor mit knapper Mühe entronnen. Auf dem Protzkasten einer Kanone mußte der Großherzog von Baden nach Germersheim in Sicherheit gebracht werden. Eine Exekutivkommission, in welcher der Advokat Brentano den Vorsitz und der ehemalige Konstanzer Statthalter Peter das Amt der Justiz innehatte, regierte von Karlsruhe aus das aufständische Land.

Es war viel Wechsel in der provisorischen Regierung, und die Lage wurde Anfang Juni bereits bedenklich, weil der nach Frankfurt geflüchtete Großherzog dem Dreikönigsbündnis beigetreten war und daraufhin zwei preußische Armeekorps an der pfälzischen Grenze aufmarschierten. Auch Mecklenburger und Hessen standen bereit, um den vertriebenen Dynasten zurückzuführen. Dafür verstärkten sich die Aufständischen durch Zuzug von Schweizern, Polen und Franzosen. Eine Fremdenlegion von 600 Mann strömte zusammen. Militärisch waren die Generale Hirschfeld und Gröben natürlich weit überlegen. Allein ihre Kavallerie war fast so stark wie die badischen Blusenmänner zusammen, und die Aufständischen hatten außer ein paar polnischen Revolutionären, welche die höheren Führerposten bekleideten, keine Offiziere. Die preußische Operationsarmee arbeitete sich kämpfend von Norden her vor und erzwang gegen Mieroslawski bei Heidelberg den Neckarübergang. Wie erbittert dort gekämpft wurde, hat Gottfried Keller in den Briefen an seine Mutter und Schwester erzählt. Die badischen Kanoniere schossen ihre eigenen Verwundeten tot, damit sie nicht den Preußen in die Hände fielen. Aber strategisch war die Situation nicht zu halten. Die Revolutionsarmee wurde durch die Rheinpfalz im Westen umgangen, und von Germersheim aus standen die Preußen rasch in ihrem Rücken. Schon am 25. Juni mußte die provisorische Regierung von Karlsruhe nach Freiburg fliehen, und am 11. Juli war ganz

Baden von den Invasionstruppen besetzt. Nur die Festung Rastatt hat sich noch vierzehn Tage gehalten, dann begannen die Standgerichte in Mannheim, Rastatt und Freiburg ihre blutige Arbeit. Sie waren aus Angehörigen der preußischen Armee zusammengesetzt, urteilten aber auf Antrag eines badischen Staatsanwalts und im Namen des badischen Landesherrn. Siebenundzwanzig Märtyrer der Freiheit und des Reichsgedankens, meist Soldaten, wurden erschossen. Das harte Vorgehen des preußischen Sondergerichts machte mit Recht böses Blut, und die zweieinhalbjährige kostspielige Besetzung des Landes durch die siegreiche Militärmacht ließ keine guten Erinnerungen zurück. Bis in die Schweiz hinein fürchtete man eine kriegerische Abrechnung mit allen, die den badischen Aufstand unterstützt hatten. Das badische Wiegenlied, das nach einem berühmten Vorbild aus dem Dreißigjährigen Krieg gedichtet worden ist, hat dem Preußenhaß ein unvergeßliches Denkmal gesetzt:

»Schlaf, mein Kind, schlaf leis,
Dort draußen geht der Preuß . . .
Wir alle müssen stille sein
Als wie dein Vater unterm Stein.«

Aber man wird auch die andere Seite nicht übersehen dürfen. Henriette Feuerbach, die Stiefmutter des Malers, hat den Einzug der Preußen in Freiburg geschildert[203]. Sie hatte sich wie viele Professorenfamilien nach Breisach in Sicherheit gebracht und den Flüchtlingsstrom mit angesehen, der sich zu Tausenden und Abertausenden an dieser einzig offenen Rheinbrücke nach Frankreich hinein ergoß. Zuerst waren es »Aristokraten« gewesen, die vor der Provisorischen Regierung flohen, dann waren Demokraten gekommen, die vor der Reaktion das Weite suchten, zuletzt waren es ruhige Bürger, die aus panischer Preußenangst auf und davon gingen. Wie die freiheitsliebende Frau nach der Besetzung Freiburgs zitternd in ihre Stadtwohnung zurückkehrt und die preußischen Vorposten passiert, hat sie »vor Freude weinen« müssen, wie sie schreibt, obwohl sie doch als Freundin der beiden Herweghs und als Verwandte des radikalen Philosophen Ludwig Feuerbach innerlich auf der Gegenseite stand. Aber der Terror und die Unsicherheit von Leben und Eigentum, die barbarische Roheit und die Hilflosigkeit der Revolutionäre, das Wüten der entfesselten jakobinischen Gewalten waren so unausstehlich gewesen, daß man den preußischen Belagerungszustand wie eine Erlösung empfand. »Er hat uns eine so übergroße Freiheit gebracht, daß wir gar nicht wissen, wie wir uns dabei benehmen.« Eine große Zahl, Frau Henriette behauptet: drei Viertel der jugendlichen Kämpfer, war gezwungen mitgegangen oder durch »Advokatenkniffe« und gräßliche Lügen über die preußischen Massacres mitgezogen worden. Und nun erlebte die Freiburger Bevölkerung eine ganz andere Wirklichkeit. Die unabhängige, freiheitsbegeisterte Süddeutsche entwirft von den Preußen sicherlich kein gefärbtes Bild. Trotzdem ist sie des Lobes über sie voll. »Sie betragen sich sehr human und zeigen großes Mitleid gegen unser armes Volksheer, das so planlos und unverantwortlich ins Feuer geführt, doch so brav sei.« Die Briefschreiberin wird nicht müde, die Artigkeit und Manierlichkeit der gemeinen Soldaten, die Bescheidenheit der einquartierten Offiziere, die Rücksicht der preußischen Besatzungsbehörden zu rühmen. Die Ordnung und Disziplin, die militärische Haltung und innere Überlegenheit standen in wohltuendem Gegensatz zu den unheimlichen Methoden des Aufruhrs und zu den zerlumpten und theatralischen Figuren der Freischärler. Frau Jette Feuerbach erinnerte sich mit Schaudern an die Tochter Robert Blums und die andern reitenden Amazonen, die mit Heckerhut und roter Feder, mit Schleppsäbel und Dragonerordonnanz im schwarzen Samtkostüm vor der Legion herritten und eine blutrote Kompaniefahne trugen mit der Aufschrift »Rache für Robert Blum«. Den schrecklichsten Eindruck aber hatten ihr die erzfarbenen Gesichter der Fremdenlegionäre gemacht mit dem fremden Klang ihrer südeuropäischen Sprachen, mit den roten Schärpen und langen Bärten, mit dem unheimlichen Wahrzeichen ihrer schwarzen Fahne, auf der ein weißer Totenkopf gemalt war. In der klaren Luft des wiederhergestellten Obrigkeitsstaates war es wie ein Spuk, was Baden in den kurzen Wochen des Staatsstreiches erlebt hatte. Die Aufdeckung der unzureichenden Mittel, die Streitereien im Lager der Aufständischen selbst, die literarischen Fehden über die Schuld an der Niederlage waren so unerquicklich, daß selbst die, welche ihr Blut für die Sache des Volkes geopfert hatten, von Zeit zu Zeit irre wurden, ob sie nicht ihr Leben für »Tribünenhanswurste und Maulhelden« eingesetzt hätten.

Die nicht abreißende Kette der Hochverratsprozesse und politischen Strafurteile, die sich an die Niederwerfung der Maiaufstände überall anschlossen, war freilich das beste Mittel, um die Erinnerung nicht verblassen zu lassen. Diese Verfahren haben durch ihre Massenhaftigkeit und ihren mangelnden Großmut auch in solchen Ländern eine tiefe Empörung erregt, wo keine Todesurteile vollstreckt wurden, wie in Sachsen und Pfalzbayern. Der Abgrund, der durch die Zuchthausmethoden der Reaktion aufgerissen wurde, hat einer inneren Befriedung mehr geschadet als alle Verfassungsrevisionen und Beschränkungen des Wahlrechtes, welche diese Jahre mit sich brachten. Dieser Abgrund zwischen Volksmeinung und Polizeiregierung ist erst zugeschüttet worden, als in den Jahren zwischen 1866 und 1871 sich Staatsautorität und Revolutionsmythos von neuem aufeinander zubewegten und die Verurteilten von 1848/49, Männer wie Gottfried Kinkel, Lothar Bucher, Karl Schurz und hundert andere, dem Werk der Reichsgründung und ihrem Schöpfer sich zuwandten. Erst auf dem Boden eines gemeinsamen deutschen Staatswesens konnten die weltanschaulichen und seelischen Fronten zu gegenseitiger Duldung und Achtung erzogen werden, indem sie eine Chance erhielten, an derselben Aufgabe, wenn auch als gegensätzliche politische Parteien, zu arbeiten. Ein schönes Zeugnis dieser Versöhnung ist der ritterliche Brief, den Bismarck auf ein erstes Zeichen der Annäherung am 21. Juli 1869 an Gottfried Kinkel geschrieben hat. »Wenn ich an die schroffe Stellung zurückdenke, welche vor 20 Jahren unsere Parteien gegeneinander einnahmen, so glaube ich es als einen wesentlichen Fortschritt auf dem Wege politischer Bildung bezeichnen zu dürfen, wenn heute wenigstens die politischen Parteien in Deutschland dem Gefühle landsmannschaftlicher Zusammengehörigkeit den Einfluß auf ihre gegenseitige Beurteilung nicht mehr versagen.«[204]

XIII

Die Bilanz der Revolution

Ist das überhaupt eine Revolution gewesen, was sich vom März 1848 bis zum Juni 1849 in Deutschland abgespielt hat und aus den Bahnen der Loyalität nie herausgefunden, den Weg der Gewalt weder innerlich noch äußerlich gewagt hat? War das eine Revolution, die den Inhabern der Waffenläden, aus denen sie ihre Flinten und Säbel entnimmt, das Versprechen gibt, daß die Sachen nach beendigtem Kampf wieder redlich zurückerstattet würden, und dieses Versprechen auch fast ohne Ausnahme gehalten hat?[205] War das eine Revolution, die überall Polizei und Autoritätspersonen aufstellt, damit kein Unfug geschieht und alles seine rechtliche Form behält? Wahrhaftig, es ist eine Revolution des Herrn Piepmeyer gewesen, wie sie der Hannoversche Abgeordnete Johann Hermann Detmold beschrieben und der Düsseldorfer Maler Adolf Schrödter in seinen Zeichnungen festgehalten hat. Diese Revolution des pustenden und schwitzenden Spießbürgers, der sich mit Schärpen und Dolchen behängt und seine Stammtischbegeisterung auf die Straße trägt, dieser Aufstand des kleinen Mannes, der seine angeborene Unterwürfigkeit und Devotion nicht ablegen und seine tiefe Unkenntnis des Wesens der Macht nicht verbergen kann, entbehrt der leidenschaftlichen Größe und schicksalhaften Unwiderstehlichkeit eines historischen Gewitters. Es ist kaum Zufall, daß sich die gleichzeitige deutsche Philosophie, mit der einen Ausnahme von Arnold Ruge, so wenig um die Ereignisse gekümmert hat. Denn diese Ereignisse haben weder aus einem neuen Menschenbild noch aus einem neuen Geschichtsbild ihre Kraft geschöpft. Es hat selbst französische Beobachter verächtlich gestimmt, wie sehr die Bewegung von 1848 ihre Sprache und ihre Symbole, ihre Ideale und ihre Argumente den schon etwas verstaubten Erinnerungen von 1789 und dem Vorbild der Pariser Februarrevolution entlehnt hat. Die Barrikade und die Kokarde sind französischen Ursprungs. Das Bündnis von Student und Arbeiter entspricht der Verbrüderung von Quartier Latin und Faubourg St. Antoine. Die gerade geschmiedeten Sensen der Landbevölkerung sind den polnischen Aufständen nachgemacht. Die Offiziere des Bürgerkriegs haben griechische Uniformen getragen. Die Bürgergarden sind eine Errungenschaft von 1789. Die Schwurgerichte sind eine Einrichtung des französischen Strafprozesses. Für die Geschäftsordnung der Paulskirche lernt man aus der parlamentarischen Fibel Jeffersons. Die Grundrechte setzen sich weithin aus einer rechtsstaatlichen Auslegung der Habeas-Corpus-Akte zusammen, und die englische Verfassungsgeschichte ist die unvergeßliche Schule der deutschen Politiker geblieben. Das alles scheint weder elementar noch aus erster Hand, weder schöpferisch noch imponierend.

Und doch ist die Krise von 1848/49 eine Epoche der deutschen Geschichte und psychologisch eine wirkliche Revolution gewesen. Zwischen Stein und Bismarck in der Mitte stehend, ist sie ein vollgültiger Versuch, aus den Kräften der liberalen Idee einen deutschen Staat aufzubauen. Sie hat es unternommen, den Steinschen Selbstverwaltungsgedanken aus dem Bäuerlichen ins Bürgerliche zu übersetzen und an Stelle des freien Grundeigentümers einen mündig gewordenen städtischen Mittelstand zur Säule des Staates zu machen. Sie hat versucht, das Fürstentum von seiner militärischen und feudalen Basis loszulösen und durch die Formen des bürgerlichen Parlamentarismus mit der sozialen und wirtschaftlichen Entwicklung des Jahrhunderts zu versöhnen. Bevor Bismarck das Problem des deutschen Staates vom Boden der alten preußischen Monarchie aus und mit den konservativen Mitteln der überlieferten europäischen Kabinettspolitik in Angriff nimmt, machen die deutschen Juristen, Schriftsteller und Handwerker einen Anlauf, um den liberalen Nationalstaat zu schaffen, wie er dem Einheitswillen der bürgerlichen Mehrheit entspricht. Sie wollen die absolute Militärmonarchie und den bürokratischen Wohlfahrtsstaat mit dem bürgerlichen Rechtsstaat versöhnen und den Feudalstaat durch gesetzliche Reformen unschädlich machen. Der Versuch wäre vielleicht gelungen, wenn er eine feste Form erlangt hätte in einem Stadium, da die Fürsten in ihrem innersten Gewissen erschüttert waren und die habsburgische Monarchie durch das Nationalitätenproblem auseinandergesprengt wurde. Wenn auf dem preußischen Thron damals ein »koburgischer Prinz« gesessen hätte, wie ihn der Prinzgemahl Albert von England sich wünschte oder auch die Prinzessin Wilhelm von Preußen erträumen mochte, wäre wahrscheinlich der Ansturm der öffentlichen Meinung aus Preußen und dem gesamten Deutschland nicht vergeblich gewesen. Denken wir uns im März oder April 1848 in Berlin ein ehrlich liberales und entschlossen deutschgesinntes Ministerium unter Dönhoff, Eichmann, Arnim oder Bonin, vom König innerlich anerkannt und gegen alle Einflüsse geschützt, so hätte Berlin vielleicht trotz des unaufhebbaren Mangels an führenden politischen Köpfen in den Reihen des Bürgertums die Revolution ihrem doppelten Ziel der Freiheit und Einheit ein großes Stück näherbringen können. Der Wunsch der deutschen Abgeordneten, welchen Johann Gustav Droysen in seiner aufschlußreichen Aprildenkschrift aus Frankfurt a. M. niedergelegt hat, wäre dann in Erfüllung gegangen, ohne daß die Befürchtungen, die er daran knüpfte, sich hätten bewahrheiten müssen[206]. Die Revolution wäre an einen »Ort zentraler Administration«, an ein Zentrum der Macht gezogen worden, und die Nationalversammlung hätte in einer Stadt getagt, welche als einzige die Rolle von Paris für Deutschland übernehmen konnte. Bei einem offenen Mitgehen des preußischen Königshauses ist es nicht wahrscheinlich, daß aus dieser Situation ein »furchtbarer Bürgerkrieg« oder eine »Zerreißung Deutschlands« entlang der Mainlinie entstanden wäre. Die Schrecksekunde, in welcher die alten Gewalten auch in Süddeutschland bis in die fürstlichen Familien, die Armee und die Beamtenschaft hinein zu einem deutschen revolutionären Enthusiasmus bereit waren, hätte ausgenutzt werden müssen – am besten schon vor dem 21. März, bevor der »widerlich lächerliche« Kaiserumzug in Berlin weitum in Deutschland das Vertrauen in die Freiheit und Kraft der Berliner Entschlüsse erschütterte[207]. Daß die meisten Märzregierungen bereit gewesen wären, sich einer preußisch-deutschen Verfassungsparole anzuschließen, darüber lassen die Zeugnisse aus den einzelnen deutschen Bundesländern kaum einen Zweifel. Nur die Option der deutschen Provinzen Österreichs war wohl auch damals schon ungewiß.

Durch das Entgegenkommen der Fürsten und der neuen Länderregierungen, durch die Einsicht des Königs von Preußen und einen entschieden liberalen Kurs der Berliner Stellen hätte der Revolution sofort die Spitze abgebrochen und ein evolutionärer Weg eingeschlagen werden können, der früher oder später zu einem viktorianischen Verfassungsstaat führen mußte. Vielleicht hat man Grund zu einigem Zweifel, ob die Umerziehung der Deutschen vom Untertanen zum Staatsbürger auf diesem Weg nennenswerte Fortschritte gemacht hätte. Auch die wohlwollenden Landesfürsten, die sich beeilten, mit Pressefreiheit, Schwurgerichten und Ablösung der Feudallasten der öffentlichen Meinung entgegenzukommen, waren unverbesserliche Patriarchen, die sich in eine Wolke von allerhöchstem Wohlwollen und monarchischer Selbstgefälligkeit hüllten und tief innerlich davon überzeugt waren, daß sie das Äußerste und Beste getan hätten, wenn sie vor Jahren bereits in ihrem Ländchen das Recht eingeführt hätten, »daß jeder Untertan Sonntags und Sonnabends Mich sprechen kann«[208]. All die Wohltaten, die sie jetzt in den Märzedikten ausschütteten, waren nach ihrer Auffassung im Grunde nichts anderes als Maßnahmen eines aufgeklärten Despoten, wie es all die bisherigen Reformen auch gewesen waren: die Abschaffung der Fronen, die Verbesserung des Schulwesens, der Anschluß an den Zollverein, die Einführung der Gewerbefreiheit, die liberalen Gemeindeordnungen und die ausgedehnten Straßenbauten. Wenn die Forderungen der Revolution in diesem landesväterlichen Sinn ausgelegt und erfüllt wurden, dann wurde an der Grundverfassung des deutschen Staates nicht allzu viel geändert. Dann schlossen alle Umtriebe des verheißungsvollen Frühlings mit biederen Böllerschüssen von seiten der Untertanen und hoheitsvollen Ermahnungen von seiten der Landesfürsten. Eine Proklamation des wackeren Heinrich LXII., Fürsten von Reuß-Lobenstein-Ebersdorf, vom 11. März 1848 zeigt, in welchem Geist die Revolution überwunden werden sollte: »Ich trau' auf Euch, Ihr Reußen! Ich verlasse mich auf Euch und sage nur: Ordnung! Gehorsam dem Gesetz! ... Schließt Euch mit Freundschaft und Liebe an Euren Landesfürsten, Eure Mituntertanen, und macht den vorgestrigen, Euch nicht ehrenden Arbeiterkrawall dadurch gut!«[209]

Es war aber nun doch die eigentlich deutsche Wurzel der Märzbewegung, daß sie die Nation aus diesem Untertanenverhältnis herausreißen wollte. Die Ansätze der Reformzeit des Freiherrn vom Stein waren noch durchaus lebendig, sowohl in der Selbstverwaltungsidee wie in der Agrarreform und in der Forderung nach einem volkstümlichen Heerwesen. Der kantische Liberalismus in Ostpreußen und der westdeutsche Liberalismus in den Gebieten zu beiden Seiten des Rheins haben neue Motive hinzugetragen. Die konstitutionelle Erfahrung der deutschen Mittelstaaten und die gesamtdeutsche Zielsetzung der vierziger Jahre haben ihren Beitrag zur Revolution geleistet. Vor allem haben die Kräfte der beiden burschenschaftlichen Flügel, des nationalliberalen und des radikal-demokratischen, weithin die Parteibildung bestimmt. Die Hegelsche Philosophie hat mit ihren geschichtsdialektischen und ihren staatsrechtlichen Konstruktionen den geistigen Hintergrund für die extremen Pole der Revolution geliefert: für die Idee des Klassenkampfs hier und für das Prinzip des christlichen Ständestaats dort. Die alten landständischen Überlieferungen sind in manchen Territorien noch nicht erloschen gewesen und erst durch den Anruf der Revolution wieder zu einer öffentlichen Macht geworden. All das bezeugt eine tiefe Verflechtung der Ereignisse von 1848 mit der deutschen Geschichte und stempelt sie zu etwas Notwendigem, von langher Vorbereitetem. Die Märzereignisse in Deutschland waren mehr als bloße Ausläufer einer europäischen Sturmflut.

Aber sie waren auch weniger als eine Krönung der verfassungsgeschichtlichen Entwicklung des deutschen Staates. Wenn die breit angelegte und aus machtvollen geistigen Traditionen gespeiste liberale Bewegung in Deutschland 1848 zum Sieg gekommen wäre, hätte sie den Anschluß Deutschlands an die westeuropäische Entwicklung bedeuten können und vielleicht jene ideologische Gemeinschaft mit England herbeigeführt, die, politisch gesehen, wahrscheinlich die einzige Chance unserer Entwicklung als Nationalstaat gewesen wäre. Da der Schwung der liberalen Opposition nicht ausgereicht hat, den Sieg zu erringen, waren die Folgen von 1848 eher zerstörend für die außen- und innenpolitische Zukunft des Reiches. Ohne feste innere Anlehnung an eine europäische Macht mußte die Nation den Weg zum modernen Großstaat zurücklegen, und ohne sicheren Zusammenhang mit der eigenen verfassungsgeschichtlichen Vergangenheit wurden die Deutschen den wirtschaftlichen und sozialen Problemen des Hochkapitalismus gegenübergestellt. Man wird nicht leugnen können, daß Deutschland am Ende des 18. Jahrhunderts dabei war, einen eigenen Staatstypus auszubilden: den aufgeklärten Beamtenstaat. Dieser vernünftig geleitete monarchische Wohlfahrtsstaat war gewiß immer wieder reformbedürftig, aber das Vertrauensverhältnis von Regierung und öffentlicher Meinung ertrug keine revolutionäre Erschütterung. Nachdem die Entzweiung einmal eingetreten und die Regierung zu einer reaktionären Größe, die öffentliche Meinung zu einer umstürzlerischen Gefahr geworden war, fanden die Hauptfaktoren des aufgeklärten Fürstenstaates, Beamtenschaft und Bürgertum, nicht mehr unbefangen zueinander. Die Bürokratie wurde verstockt, schroff, volksfern, kampflustig und reaktionär, die bürgerliche Gesellschaft, soweit sie überhaupt politisch empfand, wurde gereizt, aufsässig, feindselig, zur steten Kritik geneigt und an einen bösartigen Dualismus gewöhnt. Der Typus des fortschrittlichen, ja freisinnigen patriarchalischen Verwaltungsbeamten, der sich zu den bürgerlichen Idealen der Aufklärung bekannte, ihrer Bildungswelt führend angehörte und an der Spitze der geschichtlichen Entwicklung zu marschieren bestrebt war, starb nach 1850 immer mehr aus und machte dem starr konservativen Regierungsmann Platz, der den Kontakt mit dem lebendigen Gesellschaftsprozeß verlor und seine Aufgabe in der Unterdrückung volkstümlicher Strömungen sah. Im Vormärz war das noch anders gewesen. Als im Jahr 1844 Friedrich Engels sein erschütterndes Buch über die Lage der arbeitenden Klassen in England veröffentlichte, da wurde dieses Buch nicht bloß in den bürgerlichen Wochenblättern des Mittelstandes beachtet, sondern auch von den adligen Oberamtleuten in seinem vollen Gewicht erfaßt. Aus einem thüringischen Kleinstaat ist der Bericht eines vorbildlichen Verwaltungsbeamten von 1845 erhalten, in welchem er auf Grund der Lektüre von Engels bei seinem vorgesetzten Minister darauf dringt, daß man die hier ausgebreiteten Erfahrungen einer großen Nation nützen und einer Entwicklung des Arbeiterstandes vorbeugen müsse, für welche die Keime auch in Deutschland vorhanden seien[210]. Wo besitzt der deutsche Beamtenstaat nach dem tiefen Einschnitt von 1848 noch die Unbefangenheit und die Vorurteilslosigkeit, das soziale Verantwortungsbewußtsein und den Glauben an sich selbst, wie sie aus einer solchen Vorstellung sprechen? Die gescheiterte Revolution hat im Deutschen das Vertrauen in seinen Staat zerstört und bei den Regierungskreisen die naive Übereinstimmung mit dem Volk aufgehoben. Die schroffen Parteiungen der Reaktionszeit haben erst das harmonische Dasein und den Wohlklang des aufgeklärten Gemeinwesens in Frage gestellt und den Stolz des Deutschen auf eine eigene Verfassungsform untergraben. Bei dem schwankenden politischen Selbstgefühl Mitteleuropas war das eine verhängnisvolle Wirkung der unausgetragenen Krise von 1848, die weder die Atmosphäre gereinigt noch Alterndes und Absterbendes revolutionär ersetzt hat.

Wenn wir die Geschehnisse dieses Jahres trotz vieler Einschränkungen eine Revolution nennen, so sind wir dazu ermächtigt durch das Auftreten aller Züge eines typischen revolutionären Verlaufs. Die Krise beginnt als Stunde der Erhebung und wundersames Erlebnis der gesamten Nation. Vom einfachen Bürger und Bauern bis hinauf zum Diplomaten und Minister ist das Gefühl lebendig, daß es sich um »ungeheure Ereignisse« handelt[211], daß sich ganz neue seelische Kräfte regen und große Zeiten beginnen. Selbst der König erklärt, daß sich »eine Wiedergeburt« vollzieht. Niemand will sich ausschließen von diesem Erlebnis der Gemeinschaft. Nur ein verschwindend kleiner Teil der Hofgesellschaft, der alten Bürokratie und des Heeres ist schon im Moment der Entstehung der Revolution dagegen und verabscheut die »Emeute«[212]. Alle andern lehnen es mit Entrüstung ab, daß diese »tiefgehende Äußerung des deutschen Idealismus« als ein bloßer Aufruhr der Straße, als eine Machenschaft französischer und polnischer Emissäre oder als ein Exzeß der »Kanaille« abgetan werden dürfe[213]. Studenten, Gelehrte, Künstler, Handwerker, Straßenarbeiter, Apotheker, Droschkenkutscher und Kammerherren ergreifen die Waffen, um das heilige Feuer der Begeisterung zu schützen gegen die Einmischung des Auslands, gegen übelgesinnte Reaktionäre, gegen den Mißbrauch der Revolution durch katilinarische Existenzen. Aber die zweite Stufe der Revolution steht unmittelbar bevor. Neben die begeisterten Jünglinge und liberalen Idealisten, welche ein einheitliches Deutschland, eine freie öffentliche Meinung und eine ehrliche Gewaltenteilung im Staate wollen, schieben sich die sozialen Motive der unteren Klassen. Bauern und Arbeiter rühren sich, um das feudale Besitzrecht anzufechten und dem Staat eine bisher nie von ihm getragene soziale Verantwortung aufzubürden. Auf allerlei Kanälen dringen versprengte Splitter eines »kommunistischen« Programms in die liberale Revolution ein. Manche dieser Forderungen sind ohne weiteres mit dem Reformziel der bürgerlichen Mehrheit übereinzubringen und fügen sich leicht in die liberale Ideenwelt ein. Volksbewaffnung, Laienstaat, Unterrichtsfreiheit, Volksrichter, progressive Einkommensteuer, deutscher Einheitsstaat sind ebenso gut liberale wie sozial-demokratische Forderungen, wenn sie auch in der Ausführung hier und dort ein anderes Gesicht bekommen mögen. Eine zweite Gruppe von sozialen Forderungen mochte dem Mittelstand ungewohnt klingen, wurde aber kaum in ihrer grundsätzlichen Bedeutung erkannt. Das Recht auf Arbeit, die staatliche Garantie eines Existenzminimums, eine ausgedehnte Fabrikgesetzgebung, die Unentgeltlichkeit aller Erziehungsanstalten konnte idealistisch verstanden werden und erschien so lange unbedenklich, als man die grundsätzlichen Veränderungen in der Aufgabenstellung für den Staat nicht voll begriff. Eine dritte Gruppe von sozialistischen Programmpunkten war dagegen in den Augen des biedermeierlichen Deutschland von vornherein geeignet, die Fundamente der bürgerlichen Gesellschaftsordnung und die individualistischen Freiheitsideale zu bedrohen. Dazu gehörte die Verstaatlichung der Verkehrs- und Kreditinstitute, die Gleichstellung aller Beamtenkategorien im Gehalt, die Beeinträchtigung des Erbrechts, die Enteignung großer Landgüter. Solche Programmpunkte waren dazu angetan, das gesamte Bürgertum bis zu den kleinen Handwerkern und Bauern herab in die Arme der alten Ordnungsmächte zurückzutreiben. Das geschah denn auch sichtbar in den Sommer- und Herbstmonaten 1848, in denen sich bereits die Thermidorstimmung des 31. Oktobers vorbereitete. Die allmählich zur Besinnung kommenden historischen Autoritäten Staat und Heer, Kirche und Krone vermochten in dieser Atmosphäre der Angst ihr neues konterrevolutionäres Bündnis mit der Volksmeinung zu schließen. Indem die Reaktion auf die theoretische Ebene des Gegners übertrat und selbst doktrinär wurde, entwikkelte sie eine äußerst wirksame konservative Propaganda und schaffte sich mit allen Mitteln der Presse, des Vereinslebens, des Regierungsdruckes und der persönlichen Werbung eine starke Reaktionspartei in breiten Schichten des Volkes. Die Revolution wurde mit ihren eigenen Waffen in die Defensive getrieben und schließlich in allen Wahlschlachten entscheidend geschlagen.

Nur die nationalistische und die von der deutschen Einheitsidee beherrschte Strömung ist zunächst noch im Zunehmen begriffen und ruft im September 1848 bei ihrer jähen Enttäuschung durch den kriegerischen Rückschlag in Schleswig-Holstein eine zweite Welle der Gärung hervor, die freilich an dem Gesamtschicksal der gescheiterten Revolution nichts mehr ändern kann. Daß es die Linke ist, welche damals eine »Levée en masse« fordert und einen revolutionären Imperialismus vertritt, kann nicht wundernehmen. Auch in der englischen Revolution der Cromwellzeit und im französischen Revolutionskrieg von 1793 waren es die radikalen Elemente, welche den kriegerischen Zusammenstoß mit auswärtigen Mächten nicht scheuten und expansive Ziele ins Auge faßten. Die leidenschaftlichsten Wortführer eines deutschen Nationalkriegs bei dem Rednerkampf des 5. September in der Paulskirche sind Angehörige der extremen Demokratie. Eine pangermanische Note schwingt überhaupt in der Märzrevolution verborgen mit. Sie klingt im großdeutschen Lager anders als im Schwarzenbergischen Siebzigmillionenplan, anders bei den Kieler Professoren als bei Karl Marx, wenn er etwa dagegen protestiert, daß sich das Deutschtum politisch und kulturell aus Böhmen zurückziehen könnte. Aber spürbar ist sie überall, wo außenpolitische Themen berührt werden, und dieses gesteigerte nationale Selbstbewußtsein ist noch in jedem Volk beobachtet worden, das sich in der Exaltation einer revolutionären Krise befunden hat.

In der letzten Phase der Enttäuschung und Erbitterung über das Mißlingen des Aufruhrs wird dann die Idee der Weltrevolution verkündet, und damit kehrt die Revolution zum Internationalismus des Anfangsstadiums zurück. Der vertriebene Sozialrevolutionär Karl Heinzen hat sich in einer aufschlußreichen Broschüre »Die Lehren der Revolution« (London 1850) zu dem Gedanken bekannt, daß eine Revolution überhaupt nur durch eine ins Innerste und Letzte eingreifende Diktatur zu vollziehen sei und niemals auf dem nationalstaatlichen, sondern nur auf dem europäischen Schauplatz ausgefochten werden könne. Die wahre revolutionäre »Kur« stehe Europa noch bevor und werde wahrscheinlich ein paar Millionen Köpfe kosten; aber das sei nicht zu viel, wenn es sich um das Glück von 200 Millionen Menschen handele, zumal da die Opfer, wie er meint, doch nur aus einigen Millionen »Schurken« bestehen würden[214].

Bei den Deutschen, die in der Alten Welt und in der hergebrachten Umgebung zurückblieben, setzte sich das Erlebnis der gescheiterten Revolution sehr bald in eine allgemeine Skepsis und einen erstaunlichen politischen Realismus um. Metternich hatte einst den Liberalismus die verlernte Regierungskunst genannt. Nun wollte man zur gekonnten Regierungskunst um jeden Preis zurück. Es gibt dafür kein eindrucksvolleres Zeugnis als den Brief, in dem David Friedrich Strauß im Jahre 1852 das Fazit der Revolution zieht. Der Grund für das Scheitern der von ihm selbst mit so großen Erwartungen begleiteten Bewegung liegt nach seiner Deutung nicht in der Schlechtigkeit und Verkehrtheit irgendeines Standes oder einer einzelnen Persönlichkeit, sie liegt weder bei den Junkern und den Offizieren noch bei den Demokraten und Frankfurter Abgeordneten, auch nicht bei Friedrich Wilhelm IV. oder bei Schwarzenberg, sondern in der Tatsache, daß Deutschland zwei Staatenkomplexe in sich birgt, die mit historischem Recht, und das heißt mit historischer Macht, gegeneinanderstehen: Österreich und Preußen. Wenn je ein deutscher Staat entstehen soll, so muß er sich aus dieser Zerklüftung der beiden Machtkerne herausarbeiten, und nur der Mann, der dazu einen Weg zeigt, kann eigentlich den Anspruch erheben, ein Revolutionär zu heißen. »Neben dieser Einheitsfrage betrachte ich das Mehr oder Weniger von Despotismus oder Konstitutionalismus, Junker- oder Demokratentum in den einzelnen deutschen Ländern als sehr gleichgültig.«[215] Eine schärfere Folgerung hat kein bürgerlicher Zeitgenosse aus der Niederlage gezogen. Aber viele haben sich seit dem traurigen Ausgang des Erfurter Unionsparlaments und dem Scheitern der letzten Hoffnungen der liberalen Partei zu dieser resignierten Einsicht bekehrt. In den Worten von Strauß tritt uns die weltgeschichtliche Erwartung entgegen, auf die Bismarck antworten wird und die seinen Weg, selbst gegen seinen ursprünglichen Willen, bestimmen wird. Es ist darum nicht bloß eine Verbeugung vor dem Erfolg und dem gelungenen Gewaltstreich gewesen, wenn sich 1866 die deutschen Professoren und die übrigen Nachfahren der Paulskirche zu Bismarcks Meisterschaft bekannt haben. Und es war nicht bloß Bismarcksche Erziehung, wenn der enttäuschte deutsche Mittelstand sich einem machtpolitischen Realismus zuwandte, der auf die idealistischen Träume der Väter mitleidig herabsah. Zu schwer war das Bürgertum in seinem Selbstbewußtsein erschüttert, um sich noch selber eine Lösung des deutschen Reichs- und Staatsproblems zuzutrauen. Bismarck wurde fast notwendig der Held jener bürgerlichen Schichten, die sich 1848/49 vergeblich an denselben Fragen versucht hatten. In den Stuben des einfachen Handwerkers wird man nach 1870 Bismarcks mächtigen Kopf an derselben Stelle hängen sehen, wo einst ein billiger Steindruck mit Heckers Bildnis oder die Grundrechte des deutschen Volkes in schwarz-rot-goldenem Rahmen geprangt haben. Der politische Weg, den das verängstigte Bürgertum in Deutschland einschlug, war nicht grundsätzlich schlechter als die Bahn, welche die französische Bourgeoisie nach den Junischlachten betrat. Um der Diktatur des Proletariats zu entgehen, hat sich das Bürgertum in Frankreich mit riesiger Majorität der illegitimen Gewalt Louis Napoleons, seiner Armee und seiner erfolgreichen Außenpolitik unterworfen. Die Ordnung konnte hier nur noch in der Form des Cäsarismus, einer demokratisch gewählten Tyrannis, in Erscheinung treten, denn die legitime Monarchie war vom Bürgertum selbst beseitigt worden. In Deutschland hat sich die Ordnungspartei, als sie von linksradikalen Strömungen bedroht schien, den Gewalten des legitimen Obrigkeitsstaates, den Fürsten, ihren Ministern und ihrem Offizierkorps, in die Arme geworfen. Und sie hat sich mit ihnen noch einmal ausgesöhnt, als sie von ihrer erfolgreichen Außenpolitik wenigstens den nationalen Staat beschert erhielt. So ist die Märzrevolution durch das, was sie an Hoffnungen geweckt, und durch das, was sie an Verwirklichung verweigert hat, gleichermaßen die Vorstufe für 1871 geworden.

Aber man würde der Bewegung des Jahres 1848 unrecht tun, wenn man sie bloß nach ihren Mängeln, Rückschlägen und indirekten Folgen beurteilen wollte. Erst wenn man die Geschichte der Sitten und Gebräuche, der Institutionen und sozialen Gruppen, der rechtlichen Zustände und gesellschaftlichen Achtung verfolgt, kann man ermessen, wie tief sie doch in das deutsche Leben eingegriffen hat und selbst durch die Reaktion nicht auf allen Gebieten wieder getilgt worden ist. Die Berliner haben wohl gespottet, die einzig verbliebene Errungenschaft der Revolution sei die Erlaubnis für jedermann, auf offener Straße Tabak zu rauchen. Solcher Polizei- und Etiketteschranken sind in der Tat viele niedergelegt worden, solche Siege des bürgerlichen Selbstgefühls sind zahlreiche errungen worden. Ob nun in der Armee zum Schutze der Menschenwürde die Anrede »Sie« eingeführt wurde oder die Unterscheidung von Demoiselle und Fräulein inskünftig wegfiel, ob in Hamburg eine Hochschule für Frauen eröffnet werden konnte oder in Österreich von nun an die protestantischen Kirchen auch einen Glockenturm haben durften – ähnliche Forderungen der Toleranz und der sittlichen Gleichheit haben weder vorher noch nachher in Deutschland so rasche und dauerhafte Erfüllung gefunden wie im Revolutionsjahr 1848. Wohl sind die Verfassungen rückwärts revidiert worden, und in Österreich ist die Verfassung sogar am 31. Dezember 1851 ganz aufgehoben worden, aber in jedem Land sind unlöschbare Spuren einer neuen Rechtsordnung zurückgeblieben, welche die Jahre 1848 bis 1850 gebracht hatten. Selbst die habsburgische Monarchie hat mit dem Werk der Bauernbefreiung einen nie widerrufenen Schritt auf dem Weg zu gerechteren Eigentumsverhältnissen und staatlicher Lastenregelung getan. Durch seine Robotgesetze von 1849 hat der absolutistische Donaustaat sogar ausgeglichenere und haltbarere ländliche Zustände geschaffen, als selbst Preußen einst durch die Steinschen Reformen erhalten hatte, und das Verdienst daran kommt dem letzten wirksamen Beschluß des Revolutionsreichstags vom 7. September 1848 zu.

Wenn wir in Norddeutschland die Geschichte der Reaktion verfolgen, so haben zwar Friedrich Wilhelm IV. und die Junkerpartei eine Reihe wohltätiger Gesetze der Spätzeit der Revolution seit 1852 wieder rückgängig gemacht, aber auf dem Gebiet der Gerichtsverfassung, der Prozeßordnung und des materiellen Rechts sind die Jahre des Umbruchs richtungweisend geblieben für die ganze Folgezeit. Das eigentliche Palladium der feudalen Epoche, die gutsherrliche Gerichtsbarkeit, ist nicht wieder erstanden, obwohl die Polizeigewalt der Rittergutsbesitzer 1856 wieder ihren Einzug hielt. Die Fideikommisse und die standesherrlichen Privilegien sind in der alten Form wiederhergestellt worden, aber das junkerliche Jagdrecht auf fremdem Boden ist nicht wieder aufgelebt, nachdem es 1850 durch ein Jagdrecht des Eigentums ersetzt worden war. Die sehr überlegte und für den ganzen Osten einschneidende Landgemeindeordnung von 1850 ist einige Zeit später unverzeihlicherweise wieder aufgehoben worden. Die Selbstverwaltungskörper für Kreis- und Regierungsbezirk sind nach zwei Jahren der Annullierung verfallen. Aber es blieb doch eine dauernde Errungenschaft des preußischen Gemeinwesens, daß durch das Gesetz von 1849 eine neue Strafgerichtsordnung für den gesamten Staat eingeführt wurde und seit dieser Zeit das mündliche Verfahren, die Anklage durch eine besondere Behörde und die Urteilsfindung durch eine Geschworenenbank zu den unverlierbaren Bestandteilen des preußischen Rechtsstaats gehörten. Im Strafgesetzbuch von 1851 haben sich viele Grundzüge des französischen Code Pénal durchzusetzen vermocht, ohne daß seine eigentümliche Härte übernommen wurde. Die körperliche Züchtigung wurde preisgegeben, die Todesstrafe auf wenige Verbrechen beschränkt, der Strafvollzug in neue, mildere Bahnen gelenkt und die altmodischen Strafen der Deportation, Konfiskation und des bürgerlichen Todes dem preußischen Strafgesetzbuch ferngehalten[216]. Rechnet man hinzu, daß das langwierige Werk der Bauernbefreiung in Preußen erst durch das Gesetz vom 2. März 1850 zum Abschluß gekommen ist und die Einrichtung von Rentenbanken den Staat als Mittler in das Ablösungsgeschäft zwischen Grundherrn und Bauern eingeschaltet hat, betrachtet man weiter, daß auch auf dem Gebiet des Gewerbes der Staat eine heilsame Politik beibehielt und seit 1850 zahlreiche Kreditvereine, Produktivgenossenschaften und Konsumvereine dem kleinen Gewerbe zu Hilfe kamen, so wird man sagen müssen, daß die machtvolle Bauern- und Handwerkerbewegung des Revolutionsjahres nicht ganz vergeblich gewesen ist.

Aber die materiellen Wohltaten und die politischen Folgewirkungen der Revolution erschöpfen ihre geschichtliche Bedeutung nicht. Was immer daran klein und kleinbürgerlich gewesen sein mag, das Bleibende und Unvergängliche war doch der Opfermut und die Hingabe, der Enthusiasmus und die Vaterlandsliebe, die in jedem Revolutionskämpfer lebendig waren. Karl Schurz hat später in seinen Lebenserinnerungen diese Bedeutung der Märzrevolution für die Nachlebenden in Worte gefaßt, die den Stempel des echten Erlebnisses an sich tragen[217]. »Was dem deutschen Volk die Erinnerung an den Frühling 1848 besonders wert machen sollte, ist die begeisterte Opferwilligkeit für die große Sache, die damals mit seltener Allgemeinheit fast alle Gesellschaftsklassen durchdrang . . . Ich kannte in meiner Umgebung viele redliche Männer, Gelehrte, Studierende, Bürger, Bauern, Arbeiter, mit oder ohne Vermögen, mehr oder minder auf ihre tägliche Arbeit angewiesen, um sich und ihren Angehörigen einen anständigen Lebensunterhalt zu sichern; ihrem Beruf ergeben nicht allein aus Interesse, sondern auch aus Neigung; aber damals jeden Augenblick bereit, Stellung, Besitz, Aussichten, Leben, alles in die Schanze zu schlagen für die Freiheit des Volkes und für die Ehre und Größe des Vaterlandes. Man respektierte den, der bereit war, sich für eine gute und große Idee totschlagen zu lassen. Und wer immer, sei es als Individuum oder als Volk, Momente solcher opferwilliger Begeisterung in seinem Leben gehabt hat, der halte die Erinnerung in Ehren.«

Anmerkungen

1 Einen sehr interessanten Versuch, geschichtliche Wandlungen auf diese Weise zu erklären, macht Max Wundt, Aufstieg und Niedergang der Völker, München o. J.

2 Vergleiche meine Studie »Deutschland und die westeuropäischen Revolutionen« in dem Essayband: Rudolf Stadelmann, Deutschland und Westeuropa, Laupheim 1948.

3 Auszug aus der Saulgauer Pfarrchronik, Saulgau 1851, S. 57.

4 Vergleiche Karl Biedermann, Deutschland im 18. Jahrhundert, Leipzig 1880[2], I, 230ff.

5 Selbst der überzeugte Republikaner Joseph Fickler aus Konstanz errechnet im Jahre 1848 auf die vierunddreißig »fleischfressenden Ungeheuer« der deutschen regierenden Fürsten nur etwa 1300 weitere Schmarotzer, die sich vom Schweiß und Blut der Untertanen nähren; das ergibt im Durchschnitt noch nicht vierzig Höflinge auf einen Fürstenthron. F. Lautenschlager, Volksstaat und Einherrschaft, Konstanz 1920, S. 95.

6 Karl Biedermann, Deutschland im 18. Jahrhundert, Leipzig 1880, II, 1153.

7 Die Zahlen nach den Tabellen von Gustav Schmoller, Zur Geschichte des deutschen Kleingewerbes, Halle 1870, S. 65 und 71.

8 Karl Biedermann, Deutschland im 18. Jahrhundert, Leipzig 1880, I, 384f.

9 Interessante Auszüge aus dieser Broschürenliteratur bei Jürgen Kuczynski, Die Geschichte der Lage der Arbeiter in Deutschland von 1800 bis zur Gegenwart, Berlin 1947, I, 54f., 79ff. Besonders eindrucksvoll sind die Angaben des Mainzer Kreisrichters Friedrich Dael über die Arbeitslöhne der handarbeitenden Volksklassen in Rheinhessen, Zeitschrift des Vereins für deutsche Statistik I (1847), 840ff., der einen Jahresverdienst des Mannes von 220fl. und für 1846 einen jährlichen Abmangel von 112fl. für einen Familienhaushalt errechnet. Ein ungenannter schwäbischer Statistiker errechnet für Württemberg, daß fast ein Drittel der werktätigen Bevölkerung, alle Weingärtner und der dritte Teil der Kleinbauern und gewerblich Tätigen, das Existenzminimum von 300fl. im Jahr nicht erreichen, sondern mit einem Durchschnittseinkommen von 200fl. ihr Leben fristen müssen. Zeitschrift des Vereins für deutsche Statistik I (1847), S. 1077. Dagegen gibt Reden für Hamburg, Bremen, Lübeck und Frankfurt ein sehr viel günstigeres Bild von dem Verhältnis der Preise und Löhne: ebd. I, S. 1046. Die Zahlen sind sehr unterschiedlich, manchmal bei demselben Verfasser! Vgl. Zeitschrift für deutsche Statistik I, 568f.; 840ff.; 1038ff.; 1076ff. Der Einnahmeüberschuß für unvor-

hergesehene Ausgaben, der 1787 in Berlin noch rund 1/4 des Lohnes betrug, ist 1846 allerdings restlos verschwunden (ebd. S. 569), aber die Lebenshaltung ist entsprechend besser geworden.

10 Die Lohndaten aus Württemberg und Sachsen, welche Kuczynski a.a.O., S. 81, anführt, bezeugen, daß der Lohnanstieg kontinuierlich war. Ein schwäbischer Schneider, der 1820 einen Stundenlohn von 1,11 M. verdiente, stellte sich 1850 auf 1,34 M., und ein Druckereiarbeiter verbesserte sich von 1820 bis 1840 von 1,89 auf 2,14 M. Einen lebhafteren Anstieg weisen die Bergarbeiterlöhne auf, die im Saargebiet 1820: 1,23; 1830: 1,57; 1840: 1,75 und 1850: 2,00 M. erreicht haben.

11 Reuter, Verhältnisse und Lage der landarbeitenden Volksklassen in den deutschen Gegenden des mittleren Rhein- und unteren Main- und Neckargebietes. Zeitschrift für deutsche Statistik I (1847), S. 378.

12 Neue Zeit, Band III (1885). Danach Gustav Schmoller, Grundriß der allgemeinen Volkswirtschaftslehre, und Veit Valentin, Geschichte der Deutschen Revolution von 1848, Berlin 1930/31.

13 Die Zahl scheint mir stark übertrieben, wie folgende Erwägung ergibt. Für Berlin wird die Zahl der Arbeiter für 1847 auf 10000 angegeben. Das sind 1/40 der Gesamtbevölkerung der Stadt. Wie soll in der Gesamtmonarchie das Verhältnis 550000 : 16000000 betragen, also 1/30 der Gesamtbevölkerung aus Arbeitern bestehen, wenn dieser Durchschnittssatz nicht einmal in der größten Industriestadt des Landes erreicht wird! Und die Zahl für Berlin ist gewiß nicht zu niedrig, denn sie geht auf den Sozialisten Dronke zurück, der ein Interesse daran hat, den proletarischen Charakter Berlins zu erweisen. Vergleiche Heinz Pflaume, Organisation und Vertretung der Arbeitnehmer 1848/49. Diss. Jena 1934, S. 18f.

14 Wilhelm Kaiser, Anfänge der fabrikmäßig organisierten Industrie in Baden, Zeitschrift für Geschichte des Oberrheins, 46 (1933), S. 626ff. Bis 1850 ist die Zahl nur auf 12800 Fabrik- und 4400 Heimarbeiter gestiegen, obwohl es in Baden um diese Zeit schon größere Betriebe wie die Spinnerei Ettlingen und die Maschinenfabrik Karlsruhe gibt, die jeweils 1150 bzw. 600 Arbeiter beschäftigen. Die Zahlen für die Handwerker nach Gustav Schmoller, Zur Geschichte des deutschen Kleingewerbes, Halle 1870, S. 104.

15 Johann Daniel Georg von Memminger, Beschreibung von Württemberg, Stuttgart 1841, S. 419: Auf 150000 Meister und Gesellen kommen 10000 Arbeiter. Das ergibt (ohne Heimarbeiter, die bei der badischen Statistik hinzugezählt sind) ein Verhältnis von 15 : 1 zugunsten der Handwerker.

16 Staats- und sozialwissenschaftliche Forschungen, herausgegeben von Gustav Schmoller und Max Sering, Band II, Heft 2 und 3, Leipzig 1880.

17 Ebd. Bd. II, H. 3, S. 55.

18 Ebd. Bd. II, H. 3, S. 153.

19 Ebd. Bd. II, H. 2, S. 115.

20 Ernst Dronke, Berlin, 2 Bände, Berlin 1846; Ernst Violand, Die soziale Geschichte der Revolution in Österreich, Leipzig 1850; Bettina von Arnim, Dies Buch gehört dem König, Berlin 1857.

21 H. Wollheim, Versuch einer medizinischen Topographie und Statistik von Berlin, Berlin 1844.

22 Lehrreich handelt darüber die Arbeit von Siegfried Kuhn, Der Aufstand der Kleineisenindustriearbeiter in Solingen am 16. und 17. März 1848. Diss. München 1938 (auch Zeitschrift des Bergischen Geschichtsvereins 1938). In derselben Zeitschrift Band 20 (1913) und Band 54 (1923/24) Arbeiten über die soziale Frage im Wuppertal.

23 Clara Wittenstein, Die Entstehung der sozialen Frage im Wuppertal, Zeitschrift des Bergischen Geschichtsvereins, 54 (1923/24), S. 177.

24 Oldwig Leopold Anton von Natzmer, Unter den Hohenzollern, Gotha 1889, IV, 281.

25 Wilhelm Wolff, Gesammelte Schriften, herausgegeben von Franz Mehring, Berlin 1909, S. 44.

26 Friedrich Harkort, Bemerkungen über die Hindernisse in der Zivilisation und Emanzipation der unteren Klassen, Elberfeld 1844, S. 8.

27 Über diesen Zusammenhang von politischer und sozialer Problematik handelt sehr aufschlußreich Johanna Köster, Der rheinische Frühliberalismus und die soziale Frage, Berlin 1938 (Historische Studien H. 342).

28 Georg Friedrich Knapp, Die Bauernbefreiung und der Ursprung der Landarbeiter, Leipzig 1887, I, 149ff.

29 Das Ergebnis dieser Umfrage aus sämtlichen preußischen Provinzen ist mitgeteilt in der Veröffentlichung von Alexander von Lengerke, Die ländliche Arbeiterfrage, Berlin 1849. Der Standpunkt des ostelbischen Grundbesitzers, der nur allzu gerne geneigt ist, für soziales Elend die »sittlichen Zustände«, Prunksucht, Luxus, Branntweingenuß und Untüchtigkeit der Leute verantwortlich zu machen, ist in den Berichten der landwirtschaftlichen Vereine überall durchzuspüren. Trotzdem entsteht ein ziemlich objektives Bild der Lebensbedingungen der ländlichen Arbeiter und ein Zeugnis für den zersplitterten, ganz entgegengesetzte Wege einschlagenden Reformwillen der beteiligten Kreise. Der Ruf nach staatlicher Hilfe findet sich ebenso wie die Abwehr aller Eingriffe der öffentlichen Hand, die Forderung nach Erweiterung des Volksschulunterrichts neben dem Ruf nach seiner Vereinfachung und Rückbildung.

30 Erich Jordan, Die Konservative Partei, Berlin 1914, S. 60. Dasselbe Verhältnis wird aus dem Lippeschen berichtet. Wo im Jahre 1772 nur 5–6 Einlieger

vorhanden waren, hat man 1846 deren 110 gezählt. Die Anzahl der Grundbesitzer mit etwa 40 ist dagegen konstant geblieben. Bis zur Mitte des 18. Jahrhunderts haben sich die nachgeborenen Bauernsöhne noch auf unbebauten Stellen, auf Allmenden und »Heiden« ansiedeln können. Vgl. Georg Funke, Über die Verhältnisse der Einlieger in den Fürstentümern Lippe-Detmold und Schaumburg-Lippe, Zeitschrift des Vereins für deutsche Statistik II (1848), S. 1104ff.

31 Karl Reis, Agrarfrage und Agrarbewegung in Schlesien im Jahre 1848, Breslau 1910 (Darstellungen und Quellen zur schlesischen Geschichte, Band 12), S. 12, 26, 138. Außerdem Johannes Ziekursch, Hundert Jahre schlesischer Agrargeschichte, Breslau 1912 (Darstellungen und Quellen zur schlesischen Geschichte, Band 20), S. 372.

32 Georg Friedrich Knapp, Die Bauernbefreiung, Leipzig 1887, I, 268.

33 Eine anschauliche Schilderung der bäuerlichen Verhältnisse im außerpreußischen Deutschland enthält die Arbeit von Wilhelm Engel, Wirtschaftliche und soziale Kämpfe in Thüringen vor dem Jahr 1848, Jena 1927 (Zeitschrift des Vereins für Thüringische Geschichte, Beiheft 11), S. 20ff.

34 Freiherr von Wöllwarthsches Privatarchiv Essingen, Kreis Aalen (Württemberg).

35 Wilhelm Wolff, Gesammelte Schriften, herausgegeben von Franz Mehring, Berlin 1909, S. 113.

36 Elli Lehmann, Die Spiegelung der deutschen revolutionären Ereignisse von 1848/49 in der schweizerischen Presse, Diss. Bern 1935, S. 23.

37 Seit Treitschke hat niemand mehr diese Leistungen zusammenfassend dargestellt. Einzelne biographische Studien: F. und P. Goldschmidt. Das Leben des Staatsrates Kunth, Berlin 1890[2]; Paul Wentzcke, Justus Gruner, Heidelberg 1913; G. Hasse, Theodor von Schön, Leipzig 1915; H. von Petersdorff, Friedrich von Motz, 2 Bände, Berlin 1913.

38 Vergleiche die lebendige Schilderung von liberaler Seite »Das Königreich Württemberg bis zum März 1848«: Die Gegenwart IV (1850).

39 Das ist die Grundthese von Otto Bähr, Das frühere Kurhessen, Kassel 1895[2].

40 Karl Biedermann, Deutschland im 18. Jh., Leipzig 1880[2], I, 158.

41 Adolf Rapp, Uhland im politischen Leben, Württembergische Vierteljahreshefte für Landesgeschichte, 33 (1927), S. 58f.

42 Ludwig Uhland, Briefwechsel, herausgegeben von Julius Hartmann, Stuttgart 1914, III, 368f.

43 Friedrich Harkort, Bemerkungen über die Hindernisse der Zivilisation und Emancipation der untern Klassen, Elberfeld 1844, S. 27.

44 Vergleiche den Brief Stüves vom 6. Juli 1842: Gustav Stüve, Johann

Karl Bertram Stüve nach Briefen und persönlichen Erinnerungen, Hannover 1900, I, 323.

45 Ein höchst charakteristisches Zeugnis für dieses altbürgerliche Selbstgefühl enthält ein Brief des Bremer Bürgermeisters Smidt. Als man ihm eine beabsichtigte Verlobung seiner Tochter mit dem badischen Diplomaten Freiherrn von Blittersdorff hinterbringt, schreibt er aus Frankfurt, dem Treffpunkt der deutschen Bundestagsgesandten: »Wir würden nur im äußersten Falle unsere Zustimmung zu einer Verlobung mit einem Nichtbremer geben, am wenigsten mit einem Adligen. Jeder Krämer in Bremen wäre mir lieber. Ein freier Bürger in unseren Städten, und wäre er auch nur ein guter Handwerksmann, ist zehnmal besser dran als ein preußischer Beamter vom ersten Rang. Ich gehe hier täglich mit den vertrautesten und geachtetsten Dienern von Kaisern, Königen und Fürsten um, aber sie sind und bleiben alle mehr oder minder Diener, und ich tausche mit keinem.« Hermann Entholt, Bürgermeister Smidt und seine Korrespondenten, Bremisches Jahrbuch 42 (1942), S. 15f.

46 Die Denkschrift von 1830 ist veröffentlicht bei David Hansemann, Das preußische und deutsche Verfassungswerk, Berlin 1850, besonders S. 14, 33.

47 Otto Wagner, Mitteleuropäische Gedanken und Bestrebungen in den vierziger Jahren (1840–48), Diss. Marburg 1935.

48 Rudolf Stadelmann, Moltke und der Staat, Krefeld 1948, S. 102.

49 Vergleiche Werner Hallgarten, Studien zur deutschen Polenfreundschaft, Berlin 1928, und Eberhard Maier, Die außenpolitischen Ideen der Achtundvierziger, Berlin 1938 (Historische Studien, H. 337), S. 17ff., 63ff.

50 Rudolf Haym, Aus meinem Leben, Berlin 1902, S. 166.

51 L. B. Namier, 1848. The Revolution of the Intellectuals, London 1944.

52 Als Friedrich Harkort in Brüssel die Nachricht von der Abdankung Louis Philippes erfuhr und sein Gastgeber eine Andeutung machte, daß sich die Revolution auch auf Deutschland ausdehnen könne, fuhr der westfälische Liberale in höchster Erregung empor und erwiderte mit ungewöhnlicher Schärfe: »Wir Revolution? Wir in Preußen? Das ist ganz unmöglich. Wir wollen in Preußen friedliche volkstümliche Reform und eine liberale Verfassung, aber unter keinen Umständen Revolution!« Ludwig Berger, Der alte Harkort, Leipzig 1902[4], S. 335f.

53 Es scheint für eine sozialgeschichtliche Erklärung der Revolution nicht uninteressant, daß die Teuerung 1846 und 1847 bei weitem nicht die Höhe der Teuerung von 1817 erreichte. Die Getreidepreise sind vergleichsweise für ein Simmeri Korn 1817: 11 Gulden, 1847: 4 Gulden. Auszug aus der Saulgauer Pfarrchronik, Saulgau 1851, S. 54 und 58.

54 A. Bernstein, Revolutions- und Reaktionsgeschichte in Preußen und Deutschland, Berlin 1882, II, 79.

55 Leopold von Ranke, Aus dem Briefwechsel Friedrich Wilhelms IV. mit Bunsen, Sämtliche Werke, Bd. 50, Leipzig 1887, S. 462.

56 »Das deutsche Vorparlament«: Die Gegenwart II (1849), S. 686.

57 Egon Caesar Conte Corti, Anonyme Briefe an drei Kaiser, Leipzig 1939, S. 118f. – Die Polizeiberichte, die Julius Marx, Die Wirtschaftslage im deutschen Österreich vor Ausbruch der Revolution 1848, Vierteljahresschrift für Sozial- und Wirtschaftsgeschichte, 31 (1938), S. 242ff., verwertet hat, bezeugen, daß materielle Ursachen auch in der Habsburgmonarchie nicht entscheidend ins Gewicht gefallen sind. Wo eine soziale Erbitterung sich regt, wendet sie sich gegen jüdische Fabrikanten, nicht gegen den Metternichschen Staat.

58 Die anschaulichste Quelle über die Flucht Metternichs sind die Briefe seines Begleiters, des Grafen J. B. Rechberg: Edgar Stern-Rubarth, Sturz und Flucht Metternichs. Deutsche Rundschau, 199 (1924), S. 286ff. – Besonders charakteristisch für Metternichs innere Resignation vor den Zeitereignissen ist sein Schreiben an Zar Nikolaus I. vom 14. 3. 1848: Aus Metternichs nachgelassenen Papieren, Wien 1883, VII, 605.

59 Ausspruch des Tübinger Kanzlers von Wächter, der selbst Mitglied der Fünfziger war: Die Gegenwart IV (1850), S. 423.

60 Paul Boerner, Erinnerungen eines Revolutionärs, Leipzig 1920, I, 82.

61 »Berlin in der Bewegung von 1848«: Die Gegenwart II (1849), S. 545.

62 Nach einer Quelle, die Max Lenz, Geschichte der Universität Berlin II, 2 (1918), S. 208, aus der Handschrift zitiert, war es kein demonstrierender Straßenhaufe, sondern vielfach Leute, die eigens nach Hause gelaufen waren, um für diese feierliche Gelegenheit den Frack anzuziehen.

63 Karl Gutzkow, Rückblicke auf mein Leben, o. J., S. 336.

64 Unveröffentlichtes Tagebuch des Freiherrn von Hiller, Aufzeichnungen zum 18. März (Familienarchiv des Freiherrn Hiller von Gärtringen). – Ein besonders treues Bild von den Vorgängen am 18. März zeichnet M. Schasler in seinen »Tagebucherinnerungen eines alten Achtundvierzigers«, Vossische Zeitung 1892, Sonntagsbeilage Nr. 638. Verwertet im Wortlaut bei Wilhelm Liebknecht, Robert Blum und seine Zeit, Nürnberg 1889², S. 297ff.

65 Ein aufschlußreiches Zeugnis über die Beliebtheit des vorromantischen preußischen Beamtenstaats bis 1840 gibt der revolutionäre Medizinstudent Paul Boerner, Erinnerungen eines Revolutionärs, I, 99: »Der verstorbene König war dem Volke ehrwürdig und lieb, trotz des knöchernen Mechanismus seiner bürokratisch-militärischen Regierung.«

66 Ludwig Bergsträßer, Neue Beiträge zur Geschichte der Berliner Märztage, Historische Vierteljahrsschrift, 17 (1914), S. 79f.

67 Karl Haenchen, Flucht und Rückkehr des Prinzen von Preußen im Jahre 1848, Historische Zeitschrift, 154 (1936), S. 32ff.

68 Ein besonders anschauliches Bild von der Zusammensetzung der Volksmenge hat der Bericht eines Premierleutnants von Reibnitz entworfen, der mit einem Wachkommando die Aufgabe hatte, am Nachmittag des 18. III. und in der darauffolgenden Nacht das Schloß Monbijou zu schützen. Er verhandelte kaltblütig mit den Anführern der Volkshaufen, welche von ihm wie von allen Wachhabenden in Berlin die Herausgabe von Waffen verlangten. Das erste Mal ist es ein junger Arbeiter mit einem Beil und einem großen eisernen Nagel in der Hand, der ihm entgegentritt, dann sind es fast immer Studenten, mit denen er zu unterhandeln hat. Es gibt merkwürdig vernünftige und langwierige Wechselreden. Die Studenten sind leicht beim Ehrenstandpunkt zu packen und lenken dann ein. Der Volksmenge, unter der nicht wenige ehemalige Landwehrsoldaten sind, imponiert der Schneid und die Pflichttreue des Offiziers, der ja schließlich auch nur seinen Dienst erfüllt. Der einzige Gesichtspunkt, der die Menge fanatisiert, ist die Solidarität mit den angegriffenen Volksgenossen. »Die Soldaten morden meine Brüder, ich muß hineilen, sie zu retten, oder mit ihnen sterben, und dazu müssen wir Waffen haben«, ist die in höchster Aufregung vorgebrachte Begründung des jungen Arbeiters, der dem Haufen vorangeht. Als der klug unterhandelnde Offizier seine Wache in die Kaserne schickt, ohne die Waffen herauszugeben, bringen die Studenten ein donnerndes Hoch auf ihn aus, und die Menge stimmt frenetisch ein, als Reibnitz das Hoch auf den König weiterleitet. Nur einer ist unter den Wortführern, der einen polnischen Akzent spricht, und am härtesten gerät Reibnitz mit einem jungen Westfalen zusammen, den er ebenfalls für einen Studenten hält. Das ist etwa der soziologische Befund, der sich bei allen unvoreingenommenen Zeugnissen wiederholt. Massenpsychologische Gesetzmäßigkeiten übertönen jede politische Motivierung oder soziale Besonderheiten. Der Bericht ist veröffentlicht von Karl Haenchen, Neue Briefe und Berichte aus den Berliner Märztagen, Forschungen zur brandenburgischen und preußischen Geschichte, 49 (1937), S. 271 ff. Die reichhaltigsten Augenzeugenberichte enthält Adolf Wolff, Berliner Revolutionschronik, 3 Bände, Berlin 1849/54, und Dr. Würth, Album der Geschichte des Jahres 1848 in Europa, o. O. u. J.

69 Aus dem Moskauer Zentralarchiv mitgeteilt von Veit Valentin, Geschichte der Deutschen Revolution 1848/49, Berlin 1930, I, 435.

70 Eduard Bernstein, Geschichte der Deutschen Schneiderbewegung, Berlin 1913, I, 68 f.

71 Das wichtige Schreiben Friedrich Wilhelms IV. an Camphausen vom 13. Mai 1848 bei Karl Haenchen, Revolutionsbriefe 1848, Berlin 1930, S. 97 f.

72 Sehr bezeichnend für die Volksstimmung in Berlin ist ein Ausspruch, den Paul Boerner, Erinnerungen eines Revolutionärs, Leipzig 1920, I, 218,

überliefert hat. Bei dem Umritt des Königs am 21. März wurde auch der Bruder des Monarchen, Prinz Albrecht von Preußen, im Volksstrom mitgezogen. Ein Arbeiter hatte ihn zur Linken, ein bekannter Satirenschreiber zur Rechten untergefaßt, und der Proletarier zur Linken sprach sich höchst freimütig aus: »Is man jut, daß Ihr Bruder Friede jemacht hat, Königliche Hoheit! Ick sag Ihnen, et wäre sonst eklig, äußerst eklig jeworden. Wir waren alle für die Republik, wenn det Schießen nicht ufgehört hädde. Na, nu is ja allens jut, und wir denken, et wird ja woll jeder sein Wort halten, denn wer'n wir janz jemütlich bleiben.«

73 Immerhin kommt die Revolution in Karlsruhe auch bei schlechtestem Wetter in Gang. Als am 1. März ein regengrauer nasser Tag heraufzieht, bleiben zwar die 20000 Menschen, die zur Demonstration in der Hauptstadt erwartet wurden, in dieser Zahl aus. Aber die Mannheimer, Heidelberger und Offenburger reisen doch in Scharen herbei und werden von einer tausendköpfigen Menge am Bahnhof Karlsruhe empfangen. Auf dem Schloßplatz steht dann freilich die Schützengarde mißmutig und verdrossen, den Regenschirm in der einen, das Gewehr in der anderen Hand, und läßt es nicht zu einem stürmischen Verlauf kommen. Vgl. Wilhelm Zimmermann, Die deutsche Revolution, Karlsruhe 1851[2], S. 32 und 35.

74 Von Tarde und Le Bon bis zu Grabowsky und Baschwitz ist zu diesem Problem schon allerlei zusammengetragen worden, freilich nicht in erster Linie vom historischen Blickpunkt aus. Wertvolle Anregungen bietet eine Übersicht von Paul Reinwald, Vom Geist der Massen, Zürich 1946[2]. Das Buch von Theodor Geiger, Die Masse und ihre Aktion, Stuttgart 1926, enthält weniger, als der Titel verspricht.

75 Wilhelm von Kügelgen, Lebenserinnerungen des Alten Mannes in Briefen an seinen Bruder Gerhard, herausgegeben von Otto Freiherr von Taube, Leipzig 1942, S. 172ff.

76 Vergleiche Franz Engler, Revolution und Reaktion in Anhalt-Dessau-Cöthen, Diss. Halle 1929, S. 12ff.

77 Eine gute Schilderung der Regierungsmethoden im Staate Bernburg, wo mehr als 1/5 der Einkünfte auf die Hofhaltung entfiel, gibt der anonyme Aufsatz in der Gegenwart IV (1850), S. 133ff.

78 Brief vom 9. Februar 1847: Kügelgen, Lebenserinnerungen, S. 181.

79 Kügelgen, Lebenserinnerungen, S. 201 (23. Januar 1848).

80 David Friedrich Strauß, Ausgewählte Briefe, herausgegeben von Eduard Zeller, Bonn 1895, S. 204. Der Schluß des Briefes läßt allerdings schon ahnen, daß dieser Feuergeist bereits fünf Wochen später im Tone tiefster Enttäuschung von der Revolution sprechen und sich angewidert unter den starken Schutz des Polizeistaates zurücksehnen wird. Der Brief an Rapp vom 29. März

schließt mit einer eigentümlichen desperaten Lustigkeit: »Kann sein, daß wir uns unter den Ereignissen, die auf uns warten, oft nach der Ruhe der vergangenen Tage zurücksehnen werden; möglich, daß wir der Motion zu viel bekommen, wie wir seither zu wenig hatten: deswegen bleibt es aber doch wahr, daß zu viel hierin gesünder als zu wenig ist. Und auch lustiger, wenn man sich selbst nur recht versteht.«

81 Kügelgen, Lebenserinnerungen, S. 202 (Brief vom 4. März 1848).

82 Die Gegenwart IV (1850), S. 271, und Veit Valentin, Geschichte der Deutschen Revolution von 1848, Berlin 1930, I, 416f.

83 Kügelgen, Lebenserinnerungen, S. 202 (18. März 1848).

84 Kügelgen, Lebenserinnerungen, S. 203 (18. März 1848).

85 Kügelgen, Lebenserinnerungen, S. 204 (21. März 1848).

86 Kügelgen, Lebenserinnerungen, S. 211 (9. Mai 1848).

87 Hermann Entholt, Bürgermeister Smidt und die Zeit der Deutschen Revolution, Bremische Weihnachtsblätter, Heft 8 (1938), S. 6.

88 Kügelgen, Lebenserinnerungen, S. 210 (28. April 1848).

89 Stephan Born, Erinnerungen eines Achtundvierzigers, Leipzig 1898, S. 116f.

90 David Friedrich Strauß, Ausgewählte Briefe, herausgegeben von Eduard Zeller, Bonn 1895, S. 207.

91 Ebd., S. 206 (Brief vom 3. April 1848).

92 Vergleiche die eindringenden Forschungen von Georges Lefèbvre, La Grande Peur, Paris 1932.

93 Theodor Bunz, Der Franzosenfeiertag 1848, Reutlingen 1880.

94 Bericht über Königsberg: Die Gegenwart IV (1850), S. 501f.

95 Ernst Violand, Die soziale Geschichte der Revolution in Österreich, Leipzig 1850, S. 77f.

96 Ernst Viktor Zenker, Die Wiener Revolution 1848 in ihren sozialen Voraussetzungen und Beziehungen, Wien 1897, S. 111ff.

97 »Nassaus politische und soziale Zustände«: Die Gegenwart V (1851), S. 283.

98 Friedrich Lautenschlager, Die Agrarunruhen in den badischen Standes- und Grundherrschaften im Jahre 1848, Heidelberg 1915; Karl Hofmann, Der Bauernaufstand des Jahres 1848 im badischen Bauland, Neues Archiv für die Geschichte Heidelbergs V, Heft 2.

99 Vgl. die nach Abschluß dieses Buches vollendete Dissertation von Hella Mohrdiek, Die Bauernunruhen in Württemberg. Ein Beitrag zur Geschichte des Revolutionsjahres 1848/49. Maschinenschriftliche Diss. Tübingen 1949.

100 »Das Märzministerium in Württemberg«: Die Gegenwart VI (1851), S. 95.

101 Nach einem Bericht des Grafen Bernsdorff vom 15. März 1848 (Geheimes Staatsarchiv Berlin) bei Veit Valentin, Geschichte der Deutschen Revolution, Berlin 1930, I, 397.

102 Karl Reis, Agrarfrage und Agrarbewegungen in Schlesien im Jahre 1848, Breslau 1910 (Darstellungen und Quellen zur schlesischen Geschichte, Band 12).

103 Nach dem Bericht der »Grenzboten« bei Walter Reinöhl, Revolution und Nationalversammlung 1848, Stuttgart 1919, S. 50.

104 Ausgezeichnetes Material für die Geschichte des Solinger Aufstandes enthält die Arbeit von Sigfrid Kuhn, Der Aufstand der Kleineisenindustriearbeiter in Solingen am 16. und 17. März 1848, Diss. München 1938. Seine Quellen widerlegen allerdings ausnahmslos die dramatischen Schlüsse, die er aus ihnen zieht.

An weiteren Untersuchungen über Arbeiterunruhen seien genannt: Hans Pflaume, Organisation und Vertretung der Arbeitnehmer in der Bewegung von 1848, Diss. Jena 1934; Karl Rüdinger, Die Arbeiterbewegung in Bayern 1848–1850, Diss. München 1934; W. Koeppen, Die Anfänge der Arbeiter- und Gesellenbewegung in Franken, Diss. Erlangen 1934, und Alphons Thun, Beiträge zur Lehre von den gewerblichen Betriebsformen. Solinger und Remscheider Industrie. Dorpat 1880.

105 Bericht des Leutnants von Kalben vom 4. März 1849, herausgegeben von Karl Haenchen, Forschungen zur brandenburgischen und preußischen Geschichte, 49 (1937), S. 266.

106 Ludwig Häußer, Denkwürdigkeiten zur Geschichte der badischen Revolution, Heidelberg 1851, S. 113.

107 Ebd. S. 114.

109 Henriette Feuerbach, Ihr Leben in ihren Briefen, Berlin 1912, S. 136 und 143.

110 Briefe von und an Georg Herwegh, Paris 1896, S. 257.

111 Emil Rothpletz, Militärische Erinnerungen 1847–1895, Zürich 1917, S. 52ff.

112 Briefe von und an Georg Herwegh, Paris 1896, S. 301.

113 Stephan Born, Erinnerungen, Leipzig 1898, S. 134.

114 Freiherr von Wöllwarthsches Privatarchiv Essingen bei Aalen (Württ.), Rep. B 9.

115 Veit Valentin, Geschichte der Deutschen Revolution, Berlin 1930, I, 447. Nach einem Augenzeugenbericht des russischen Gesandten von Meyendorff (Zentralarchiv Moskau).

116 Das Frankfurter Parlament in Briefen und Tagebüchern, herausgegeben von Ludwig Bergsträßer, Frankfurt 1929, S. 269.

117 H. J. A. Körner, Lebenskämpfe in der Alten und der Neuen Welt, Leipzig 1865, I, 417.

118 Julius Fröbel, Ein Lebenslauf, Stuttgart 1890, I, 202.

119 Julius Fröbel, Die Bourgeoisie und das Volk, Wiener Studentenkurier vom 3. September 1848, Nr. 65, abgedruckt bei Julius Fröbel, Ein Lebenslauf, Stuttgart 1890, I, 196ff.

120 Ein ausgezeichneter Bericht über die Lage in Königsberg: Die Gegenwart IV (1850), 504ff.

121 Sigmund Neumann, Die Stufen des preußischen Konservatismus, Berlin 1930 (Historische Studien, Heft 119), S. 112f.

122 Hermann Wagener, Erlebtes, Berlin 1884, I, 34.

123 Ebd. I, 17.

124 Ebd.. I, 20.

125 Franz Schnabel, Der Zusammenschluß des politischen Katholizismus in Deutschland im Jahre 1848, Heidelberg 1910 (Heidelberger Abhandlungen, Heft 29) S. 50f.

126 Die Vereinstätigkeit der Linken hat außer in einer Arbeit von Gertrud Lüders, Die demokratische Bewegung in Berlin im Oktober 1848, Berlin 1909, in der Geschichtsschreibung eine merkwürdig geringe Beachtung gefunden.

127 Wahlmanifest der demokratischen Partei für Deutschland vom 16. April 1848: Neher, Arnold Ruge, S. 172.

128 Peter von Meyendorff, Politischer und privater Briefwechsel 1826–1863, herausgegeben von Otto Hoetzsch, 3 Bände, Berlin 1923.

129 Meyendorff, Briefwechsel, II, S. 37.

130 Karl Haenchen, Revolutionsbriefe, Berlin 1930, S. 23.

131 Der Deutungsversuch von Felix Rachfahl, Deutschland, König Friedrich Wilhelm IV. und die Berliner Märzrevolution, Halle 1901, läßt sich angesichts der Quellen nicht aufrechterhalten.

132 Karl Haenchen, Revolutionsbriefe, S. 32.

133 Theodor Schiemann, Geschichte Rußlands unter Kaiser Nikolaus I., Berlin 1919, IV, 140f.

134 Harald Temperley und Lillian Penson, Foundations of British Foreign Policy, Cambridge 1938, S. 156f.

135 Hans Precht, Englands Stellung zur deutschen Einheit 1848–1850, München 1925 (Beiheft 3 der Historischen Zeitschrift), S. 37ff.

136 Fürst Schwarzenberg an König Leopold I. von Belgien, 1. August 1851 (Haus-, Hof- und Staatsarchiv Wien): Eugen Franz, Leopold I., Fürst Schwarzenberg und die deutsche Frage, 1848–1852, in der Festschrift für Karl Alexander von Müller: Stufen und Wandlungen der deutschen Einheit, herausgegeben von Kurt von Raumer und Theodor Schieder, Stuttgart 1943, S. 243. Anders

lauten allerdings noch Schwarzenbergs Äußerungen im Jahr 1850 bei I. A. von Rantzau, Europäische Quellen zur schleswig-holsteinischen Geschichte im 19. Jahrhundert, Breslau 1934, II, 217.

137 Stenographische Berichte über die Verhandlungen der deutschen konstitutionellen Nationalversammlung zu Frankfurt am Main, herausgegeben von Franz Wigard, Frankfurt 1848, Band III, S. 1885.

138 Hans Precht, a.a.O., S. 77ff.

139 Hans Precht, a.a.O., S. 69.

140 Diese Bedingung macht schon Palmerstons Instruktion für den englischen Vertreter am Bundestag vom 25. März 1848, wo die Gründung eines deutschen Staates geradezu als »Garantie de la paix générale« bezeichnet wird: Vicomte de Guichen, Les grandes questions européennes et la diplomatie des puissances sous la Seconde République française, Paris 1925, I, 81.

141 Vorangegangen ist Erich Marcks mit seinem anregenden Aufsatz: Die europäischen Mächte in der Achtundvierziger Revolution, Historische Zeitschrift 142 (1930), und mit der Darstellung in dem ersten Band seines Geschichtswerkes: Der Aufstieg des Reiches, Stuttgart 1936. Ausgeführt worden ist die These in gründlicher Form von Alexander Scharff, Die europäischen Großmächte und die deutsche Revolution. Deutsche Einheit und europäische Ordnung 1848–1851, Leipzig 1942 (Das Reich und Europa). Zwei weitere Aufsätze desselben Verfassers beziehen sich vor allem auf die schleswig-holsteinische Frage: Kieler Blätter 1942 und Festschrift für Karl Alexander von Müller: Stufen und Wandlungen der deutschen Einheit, Stuttgart 1943, S. 196ff.

142 Vicomte de Guichen, Les grandes questions européennes et la diplomatie des puissances sous la Seconde République, Paris 1925, I, 167f.

143 Alexander Scharff hat darüber eine eigene Studie angekündigt. Einstweilen findet sich einiges Material bei D. M. Greer, L'Angleterre, la France et la Révolution de 1848, Paris 1925.

144 M. N. Pokrowski, Historische Aufsätze, Wien 1928, S. 95ff.

145 Vergleiche Louis Rosenbaum, Herkunft und Beruf der deutschen Abgeordneten 1847–1919, Frankfurt 1923.

146 Vergleiche Robert Heller, Brustbilder aus der Paulskirche, Leipzig 1849.

147 Tagebuch Hallbauers vom 11. Januar 1849 in: Das Frankfurter Parlament, herausgegeben von Ludwig Bergsträßer, Frankfurt 1929, S. 228.

148 Das Frankfurter Parlament, herausgegeben von Ludwig Bergsträßer, Frankfurt 1929, S. 107f.

149 Heinrich von Srbik, Deutsche Einheit, München 1936^2, I, 362.

150 Heinrich von Srbik, Deutsche Einheit, München 1936^2, I, 370f.

151 Adolf Rapp, Großdeutsch-Kleindeutsch, München 1922 (Der deutsche Staatsgedanke), S. 65.

152 Wie noch jüngst Alexander Scharff, Die europäischen Großmächte und die deutsche Revolution, Leipzig 1942, S. 111, andeutet.

153 Vergleiche das Urteil von Hans Erich Feine, Vom Werden des deutschen Staates, Stuttgart 1939, S. 151.

154 Das gibt selbst Heinrich von Srbik zu: Deutsche Einheit, I^2, 412.

155 Die sehr reservierte Stellung Leopolds von Belgien: E. C. C. Corti, König Leopold I., Wien 1922, S. 148ff.; Denkschrift des Prinzgemahls Albert vom 28. März: Ernst von Coburg, Aus meinem Leben und aus meiner Zeit, Berlin 1887, I, 273ff.; Denkschrift Christian Freiherr von Stockmars vom April 1848: Freiherr von Stockmar, Denkwürdigkeiten, Braunschweig 1872, S. 489ff. Promemoria Stockmars und Bunsens vom 15. August 1848: Karl Haenchen, Revolutionsbriefe 1848, Berlin 1930, S. 156ff.; Memorandum des Prinzgemahls Albert vom 22. Februar 1849: Haenchen, S. 357ff.

156 Christian Freiherr von Stockmar, Denkwürdigkeiten, S. 528.

157 Karl Haenchen, Revolutionsbriefe, Berlin 1930, S. 156ff.

158 Alexander Scharff, Die europäischen Großmächte und die deutsche Revolution von 1848, Leipzig 1942, S. 106. Um so unverständlicher ist es, daß Scharff auf den Spuren von Erich Marcks S. 112 wieder von einer »blutigen Lösung« spricht, bei der der König von Preußen ganz ohne Bundesgenossen gewesen wäre, wenn er die Kaiserwahl angenommen hätte.

159 Ludwig Bergsträßer, Das Frankfurter Parlament, Frankfurt 1930, S. 127 (Brief Gustav Rümelins vom 2. Mai 1849).

160 Karl Marx, Revolution und Konterrevolution, Deutsch von Karl Kautsky, Stuttgart 1896, S. 53. Die Schrift ist eine Gemeinschaftsarbeit von Engels und Marx.

161 Ebd. S. 97.

162 Ludwig Bergsträßer, Das Frankfurter Parlament, Frankfurt 1930, S. 143.

163 Karl Friedrich Vitzthum von Eckstädt, Berlin und Wien 1845 bis 1852, Stuttgart 1886, gibt in Briefen an seine Mutter und seinen Onkel ein anschauliches Bild des revolutionären Wiens.

164 Julius Fröbel, Ein Lebenslauf, Stuttgart 1890, I, 192.

165 Sehr aufschlußreich für die Stimmung des Landvolks ist die Schilderung bei dem schlesischen Bauernsohn und jungen Vorkämpfer der Bauernbefreiung: Hans Kudlich, Rückblicke und Erinnerungen, Wien 1873, III, 76ff.

166 Karl Friedrich Vitzthum von Eckstädt, Berlin und Wien, Stuttgart 1886, S. 180ff. (Brief vom 1. November 1848, abends 10 Uhr).

167 Paul Boerner, Erinnerungen eines Revolutionärs, Leipzig 1920, I, 233f.

168 Karl Haenchen, Revolutionsbriefe, Berlin 1930, S. 207.

169 Damit ist wieder der neuralgische Punkt des preußischen Bürgerkönigtums berührt; vgl. die Denkschrift Friedrich Wilhelms IV. vom 8. November 1848 bei Friedrich Frahm, Entstehungs- und Entwicklungsgeschichte der preußischen Verfassung, Forschungen zur brandenburgischen und preußischen Geschichte, 91 (1928), S. 273f.

170 Neueres Material aus dem Nachlaß Waldeck bietet die Biographie des Enkels Wilhelm Biermann, Franz Leo Benedikt Waldeck, Paderborn 1928, S. 153ff.

171 Karl Haenchen, Revolutionsbriefe, Berlin 1930, S. 338.

172 Bruno Bauer, Die bürgerliche Revolution in Deutschland, Berlin 1849, S. 294f.

173 Über diese Entwicklung des Handwerkerstandes vom 18. zum 19. Jahrhundert hoffe ich bald eine Studie vorlegen zu können. (Erschienen in Berlin 1955: Rudolf Stadelmann/Wolfram Fischer, Die Bildungswelt des deutschen Handwerkers um 1800. Studien zur Soziologie des Kleinbürgers im Zeitalter Goethes.)

174 Werner Sombart hat 1906 in einer geistreichen Studie die Frage untersucht: »Warum gibt es in den Vereinigten Staaten keinen Sozialismus?«, Tübingen 1906, die heute noch lesenswert ist.

175 Johann Georg Hoffmann, Das Interesse des Menschen und Bürgers bei der bestehenden Zunftverfassung, Königsberg 1808.

176 Vergleiche die aufschlußreiche Darstellung von Hermann Schlüter, Der Anfang der deutschen Arbeiterbewegung in Amerika, Stuttgart 1907.

177 Stephan Born, Erinnerungen eines Achtundvierzigers, Leipzig 1898, S. 122.

178 Referentenentwurf vom Juli 1850, Akten des Innenministeriums: Württ. Staatsarchiv Ludwigsburg, E 146–149 fasc. 1960.

179 Württ. Staatsarchiv, E 146–149 fasc. 1960.

180 Über Weitling besteht eine ausgedehnte monographische Literatur; das Beste enthält wohl Ernst Barnikol in den Bänden der Reihe Christentum und Sozialismus, Kiel 1929ff.

181 Über Schlöffel vgl. Max Lenz, Geschichte der Universität Berlin, Berlin 1910, II, 2 passim.

182 Karl Griewank, Friedrich Wilhelm Held, Diss. Rostock 1922.

183 Wilhelm Friedensburg, Stephan Born, Beiheft des Archivs für Geschichte des Sozialismus, Leipzig 1923, S. 63ff.; Eduard Bernstein, Die Geschichte der Berliner Arbeiterbewegung, Berlin 1907, I, 54ff.; Heinz Pflaume, Organisation und Vertretung der Arbeitnehmer in der Bewegung von 1848, Diss. Jena 1934.

184 Dokumente des Sozialismus, herausgegeben von Eduard Bernstein, Stuttgart 1903, III, 40ff.

185 Veit Valentin, Geschichte der Deutschen Revolution, Berlin 1930, I, 532.

186 Eine ausführliche Darstellung des Frankfurter Gesellentags gibt Wilhelm Eduard Biermann, Karl Georg Winkelblech, Leipzig 1909, II, 270ff.; außerdem Veit Valentin, Frankfurt und die Revolution von 1848, Stuttgart 1908, S. 304ff.; neuerdings Heinz Pflaume, Organisation und Vertretung der Arbeitnehmer in der Bewegung von 1848/49, S. 36ff. Der Text zweier Broschüren, welche die »Beschlüsse« des Frankfurter Arbeiterkongresses zusammenfassen und in einer »Denkschrift« zu dem Entwurf einer Gewerbeordnung der gleichzeitig tagenden Handwerksmeister Stellung nehmen, ist im Wortlaut abgedruckt im Anhang I und II von Biermanns ausführlicher Winkelblechbiographie II, 441ff. Ein Protokoll ist offenbar nicht geführt worden. Ein Akten-Faszikel über den Gesellentag befindet sich auf dem Stadtarchiv Frankfurt.

187 Die Zahl 12000 nennt die Weitlingsche Arbeiterzeitung »Der Urwähler«: Eduard Bernstein, Die Geschichte der Berliner Arbeiterbewegung, Berlin 1907, I, 84. Die Zahl von 12000 bis 15000 Mitgliedern der Arbeiterverbrüderung nennt eine Denkschrift der preußischen Regierung vom 8. Juni 1850: Württembergisches Staatsarchiv, E 146–149 fasc. 1960.

188 Aufsätze aus dieser Zeitschrift »Die Verbrüderung« sind gesammelt bei Max Quarck, Die Arbeiterverbrüderung, Frankfurt 1900.

189 Die Anregung für diese Zwangssparkasse stammt von dem Geometer Schwenniger, der von einem Unternehmen in Westfalen zu berichten wußte, bei dem sich ein solches Experiment schon in der Ausführung befand: Stephan Born, Erinnerungen eines Achtundvierzigers, S. 166f.

190 Die beschlagnahmten Papiere der württembergischen Arbeitervereine sind großenteils gesammelt in den Akten des württembergischen Innenministeriums: Württembergisches Staatsarchiv, E 146–149 fasc. 1959–1961. Dort auch eine Reihe ausgezeichneter zusammenfassender Berichte des Oberregierungsrats Camerer. Einzelnes in den Polizeiakten der Oberämter Ulm und Göppingen.

191 Eine anschauliche Schilderung des Lebens im fränkischen Arbeiterverein bei Ludwig Brunner, Politische Bewegung in Nürnberg 1848/49, Heidelberg 1907 (Heidelberger Abhandlungen zur Mittleren und Neueren Geschichte, Heft 17), S. 109ff.

192 Eduard Bernstein, Geschichte der deutschen Schneiderbewegung, Berlin 1913, S. 82f.

193 Über ihre Entstehung gibt es eine ausgezeichnete, aus den Akten gearbeitete Untersuchung von Margret Tilmann, Der Einfluß des Revolutionsjah-

res 1848 auf die preußische Gewerbe- und Sozialgesetzgebung, Diss. Berlin 1935, S. 35ff.

194 Gustav Mayer, Friedrich Engels, Berlin 1920, I, 396.

195 Diese Meinung äußert selbst Karl Schurz, Lebenserinnerungen, Berlin 1906, I, 191.

196 Als Beispiel mögen die Schilderungen aus dem bayrisch-württembergischen Grenzgebiet dienen in der materialreichen Dissertation von Hermann Keßler, Politische Bewegungen in Nördlingen und dem bayrischen Ries während der deutschen Revolution 1848/49, Diss. München 1939, S. 246ff.

197 Veit Valentin, Geschichte der deutschen Revolution, Berlin 1930/31, II, 459.

198 Das Folgende nach W. Koeppen, Die Anfänge der Arbeiter- und Gesellenbewegung in Franken, Diss. Erlangen 1935, S. 64ff.

199 Als Beispiel sei auf den wackeren Schultheißen Neidlein in Saulgau im württembergischen Donaukreis verwiesen, der – zu Ehren der schwäbischen Reaktion sei es gesagt – dieser Selbsthilfe wegen nicht einmal abgesetzt wurde, sondern noch Jahrzehnte im Amt blieb. Akten des Württembergischen Innenministeriums, Württembergisches Staatsarchiv, E 146–149 fasc. 1929 und 1933.

200 Stephan Born, Erinnerungen eines Achtundvierzigers, Leipzig 1898, S. 207.

201 Gustav Mayer, Friedrich Engels, Berlin 1920, I, 425.

202 Ebd. I., 360.

203 Henriette Feuerbach, Ihr Leben in ihren Briefen, herausgegeben von Hermann Uhde-Bernays, München 1920, S. 151f.

204 Bismarck, Gesammelte Werke, Berlin o. J., XIV, 2, S. 751; ein anderer Brief Bismarcks an Kinkel vom 1. Juli 1869 ist veröffentlicht in der »Deutschen Allgemeinen Zeitung« vom 1. April 1930.

205 Die Gegenwart II (1849), S. 552.

206 »Wäre Frankfurt eine Stadt wie Paris gewesen, oder wäre jene Versammlung in Wien, Berlin, an Orten zentraler Administration gehalten worden, so würde aus derselben möglicherweise eine extemporisierte Neugründung Deutschlands haben hervorgehen können, eine Neugründung freilich, die mehr als eine Vendée geweckt, mehr als ein Lyon zerstört haben, in furchtbaren Bürgerkriegen, in völliger Zerreißung Deutschlands untergegangen sein würde« (Frankfurt, 29. April 1848). Johann Gustav Droysen, Politische Schriften, herausgegeben von Felix Gilbert, München 1933, S. 125.

207 Welchen Umschwung der Stimmung die Nachricht vom 21. März hervorruft, schildert ein handschriftlicher Rückblick Stüves: Gustav Stüve, J. C. Bertram Stüve, Hannover 1900, II, 4.

208 Proklamation des Fürsten Heinrich LXII. von Reuß-Lobenstein-Ebersdorf vom 11. März 1848: Karl Adam, Kulturgeschichtliche Streifzüge durch das Jahr 1848/49, Zeitschrift für Kulturgeschichte III (1896), S. 259.

209 Ebd. S. 259.

210 Den Bericht, den der Oberamtmann Alfred von Bibra aus Römhild im August 1845 nach dem Studium der Schrift von Engels an den Minister des Inneren von Meiningen richtet, behandelt Wilhelm Engel, Wirtschaftliche und soziale Kämpfe in Thüringen vor dem Jahr 1848, Jena 1927 (Zeitschrift für thüringische Geschichte, N. F., Heft 11), S. 132.

211 Vergleiche den Brief des jungen Gesandtschaftsattachés Kurd von Schlözer aus Berlin an seine Eltern vom 23./25. März 1848: Kurd von Schlözer, Jugendbriefe, Stuttgart 1920, S. 119ff.

212 Ebd. S. 121.

213 Selbst die Männer der äußersten Rechten sind vom Zuge der Zeit nicht unberührt geblieben. Es gibt einen Brief Bismarcks vom 28. März 1848, der gewöhnlich falsch ausgelegt wird und aus dem deutlich hervorgeht, daß selbst der brandenburgische Junker und seine royalistische Gattin noch Ende März davon überzeugt sind, daß man nachgeben und ein deutsches Parlament am Bundestag einrichten müsse, auch wenn nicht abzusehen ist, wie sich die österreichische Macht dazu stellen wird und ob nicht ein Krieg daraus entstehen mag. Die märkische Ritterschaft hat in diesem Punkt Verständnis für die »friedfertige« und entwicklungsfreundliche Stimmung des Königs, der sich dem Wunsch aller Deutschen nicht verschließen will. Bismarcks Gesammelte Werke, Berlin o. J., XIV, 1, 102.

214 Hans Huber, Karl Heinzen, Bern 1932 (Berner Untersuchungen zur allgemeinen Geschichte, Heft 6), S. 85.

215 David Friedrich Strauß, Briefwechsel, herausgegeben von Eduard Zeller, Bonn 1895.

216 Eberhard Schmidt, Einführung in die Geschichte der deutschen Strafrechtspflege, Göttingen 1947, S. 293.

217 Karl Schurz, Lebenserinnerungen, I, 129f.

Zeittafel

1848

Februar Am Vorabend der Revolution erscheint in London in deutscher Sprache das »Kommunistische Manifest« von Karl Marx und Friedrich Engels.

22.–24. Februar Februarrevolution in Paris. Die Massen erzwingen die Abdankung des Königs Louis Philippe und die Ausrufung der Republik.

27. Februar Eine badische Volksversammlung bei Mannheim fordert Pressefreiheit, Schwurgerichte, Vereinsrecht, Volksbewaffnung und ein deutsches Parlament. Ähnliche Versammlungen finden in Württemberg, Hessen-Darmstadt, Nassau und anderen Staaten statt.

7. März Beginn der Berliner Versammlungen unter den Zelten.

8. März Der Bundestag in Frankfurt erklärt Schwarz-Rot-Gold zu den deutschen Bundesfarben.

13.–15. März Aufstand in Wien. Sturz Metternichs.

18. März Unruhen und Straßenkämpfe in Berlin. Die Truppen verlassen am 19. März auf Befehl des Königs ihre Stellungen und marschieren aus der Stadt. Prinz Wilhelm (der »Kartätschenprinz«) geht nach England.

20. März Infolge wiederholter Unruhen in München dankt König Ludwig I. von Bayern zugunsten seines Sohnes Maximilian II. ab.

31. März Mit Zustimmung des Bundestages tritt in Frankfurt ein aus Mitgliedern deutscher Ständeversammlungen gebildetes Vorparlament zusammen und beschließt die Berufung einer deutschen Nationalversammlung zur Feststellung der deutschen Reichsverfassung.

April Eine republikanische Erhebung in Baden (Friedrich Hecker, Gustav von Struve, Georg Herwegh) wird von Truppen des Deutschen Bundes unterdrückt.

15. Mai Zweiter Aufstand in Wien, der die Einberufung eines österreichischen Reichstages erzwingt. Kaiser Ferdinand I. flieht nach Innsbruck.

18. Mai Zusammentritt der deutschen Nationalversammlung in der Paulskirche zu Frankfurt.

22. Mai Eröffnung der preußischen Nationalversammlung in Berlin.

1. Juni Erstes Erscheinen der »Neuen Rheinischen Zeitung« in Köln (Chefredakteure: Karl Marx und Friedrich Engels).

2.–12. Juni Slawenkongreß in Prag, der die Umwandlung des österreichischen Kaiserstaates in »einen Bund von gleichberechtigten Völkern« verlangt.

7. Juni Rückkehr des Prinzen Wilhelm von Preußen aus London.

13. Juni Pfingstaufstand der tschechischen Radikalen, niedergeworfen von Alfred Fürst zu Windischgrätz.

15. Juni Zeughaussturm in Berlin.

27. Juni Erzherzog Johann von Österreich wird von der Frankfurter Nationalversammlung zum Reichsverweser gewählt. Er ernennt ein Reichsministerium, das jedoch weder den Einzelstaaten noch dem Ausland gegenüber wirkliche Macht hat.

20. Juli In Frankfurt tritt ein Gesellenkongreß zusammen, der bis zum 20. September tagt.

12. August Kaiser Ferdinand kehrt nach Wien zurück.

23. August – 3. September In Berlin tagt der 1. Allgemeine Deutsche Arbeiterkongreß, auf Initiative und unter Führung von Stephan Born.

26. August Preußen wird im Krieg mit Dänemark, der über der schleswig-holsteinischen Frage entbrannt ist, zum Waffenstillstand von Malmö gezwungen.

5. September Die Frankfurter Nationalversammlung verwirft den preußisch-dänischen Waffenstillstand, muß ihn aber am 16. September billigen.

13. September General Wrangel wird Kommandeur sämtlicher Truppen in den Marken.

18. September Die Abgeordneten Felix Fürst Lichnowsky und General Hans von Auerswald werden in Frankfurt ermordet.

21. September Gustav von Struve proklamiert in Lörrach die deutsche Republik.

26. September Verkündung des Standrechts in Baden.

6. Oktober Dritter Aufstand in Wien; Barrikadenkämpfe. Kaiser Ferdinand begibt sich nach Olmütz.

31. Oktober Einnahme Wiens durch kaiserliche Truppen nach achttägigen heftigen Kämpfen. Der österreichische Reichstag wird nach Kremsier in Mähren verlegt. Fürst Felix zu Schwarzenberg übernimmt das Ministerium.

9. November Die preußische Nationalversammlung wird auf Befehl des Königs vertagt und zum 27. November nach Brandenburg berufen.

10. November General Wrangel rückt, ohne Widerstand zu finden, in Berlin ein.

27. November Programmerklärung Schwarzenbergs im wiedereröffneten Reichstag in Kremsier.

2. Dezember Kaiser Ferdinand dankt ab; ihm folgt auf dem Thron sein Neffe Franz Joseph.

5. Dezember König Friedrich Wilhelm IV. befiehlt die Auflösung der preußischen Nationalversammlung und die Verkündung einer preußischen Verfassung, die am 31. Januar 1850 in Kraft tritt.

1849

4. März Der Reichstag von Kremsier wird aufgelöst und eine österreichische Gesamtverfassung oktroyiert.

28. März In Frankfurt wird die Reichsverfassung vollendet. Die »Kleindeutschen«, die den Ausschluß Österreichs und einen engeren Bund unter Preußens Führung anstreben, setzen sich gegen die »Großdeutschen« durch und wählen König Friedrich Wilhelm IV. zum Kaiser.

3. April Friedrich Wilhelm IV. erklärt einer Abordnung der Frankfurter Nationalversammlung, die ihm angetragene Würde eines Kaisers der Deutschen nur mit Zustimmung aller deutschen Regierungen, d. h. der Fürsten, annehmen zu können. Endgültige Ablehnung am 28. April.

5. April Abberufung der österreichischen Abgeordneten aus Frankfurt.

3.–9. Mai Aufstand in Dresden; erbitterte Barrikadenkämpfe.

12. Mai Ausbruch republikanischer Aufstände in Baden und der Pfalz unter Beteiligung des Heeres und mit Bildung provisorischer Regierungen.

13. Mai Volksversammlung in Offenburg. Großherzog Leopold von Baden flieht mit seiner Familie nach Frankfurt und bittet die preußische Regierung um Absendung von Truppen.

14. Mai Abberufung der preußischen Abgeordneten aus Frankfurt.

19. Mai Die letzte Nummer der »Neuen Rheinischen Zeitung« erscheint.

30. Mai Der Rest der Frankfurter Nationalversammlung, das »Rumpfparlament«, beschließt, seinen Sitz nach Stuttgart zu verlegen.

10. Juni Mannheim wird durch preußische Truppen besetzt.

14. Juni Einmarsch der preußischen Truppen in die Pfalz.

18. Juni Das Rumpfparlament wird in Stuttgart von der württembergischen Regierung aufgelöst.

23. Juli Kapitulation von Rastatt. Preußische Standgerichte fällen im Namen des badischen Landesherrn Todesurteile (27 Erschießungen). Ende der deutschen Revolution von 1848/49.

Gesamtdarstellungen

Die Gegenwart, Enzyklopädische Darstellung der neuesten Zeitgeschichte. 12 Bde. Leipzig 1848–1856.
Veit Valentin, Geschichte der deutschen Revolution von 1848/49. 2 Bde. Berlin 1930/31.
Alfred Stern, Geschichte Europas von 1815–1871. Bd. VII. Stuttgart 1916.
Erich Brandenburg, Die Reichsgründung. Bd. I. Leipzig 1916.
Erich Marcks, Der Aufstieg des Reiches. Bd. I. Stuttgart 1936.
Heinrich Ritter von Srbik, Deutsche Einheit. Bd. I. München 1936².
Hans Erich Feine, Das Werden des deutschen Staates. Stuttgart 1936.
Fritz Hartung, Deutsche Verfassungsgeschichte. Leipzig 1933⁴.
Alexander Scharff, Die europäischen Großmächte und die deutsche Revolution 1848–1851. Leipzig 1942.
Paul Wentzcke, Die unvollendete deutsche Revolution. München 1938.
Ricarda Huch, Alte und neue Götter. Die Revolution des 19. Jahrhunderts in Deutschland. Berlin und Zürich 1930.
L. B. Namier, 1848. The Revolution of the Intellectuals. London 1944.
Walther Hofer, Das europäische Revolutionsjahr 1848. Zürich 1948.
Karl Marx und Friedrich Engels, Revolution und Konterrevolution in Deutschland. Übersetzt von K. Kautsky. Stuttgart 1896.
Theodor Heuss, 1848. Werk und Erbe. Stuttgart 1948.
Johannes Hohlfeld, Die deutsche Revolution 1848/49. Leipzig 1948.
Otto Voßler, Die Revolution von 1848 in Deutschland. Frankfurt 1948.
Friedrich Meinecke, 1848. Eine Säkularbetrachtung. Berlin 1948.
Rudolf Stadelmann, Das Jahr 1848 und die deutsche Geschichte. Deutsche Rundschau, Juni 1948.

Quellensammlungen

Dr. Würth, Album der Geschichte des Jahres 1848 in Europa. o. O. u. J.
Tim Klein, Der Vorkampf deutscher Einheit und Freiheit. (Auswahl von Zeugnissen.) Ebenhausen 1914.
Ludwig Bergsträßer, Das Frankfurter Parlament in Briefen und Tagebüchern. Frankfurt 1929.

–, Der politische Katholizismus. Dokumente seiner Entwicklung. Bd. I. München 1921.
Karl Haenchen, Revolutionsbriefe 1848. Ungedrucktes aus dem Nachlaß Friedrich Wilhelms IV. Leipzig 1930.
Adolf Wolff, Berliner Revolutionschronik. 3 Bde. Berlin 1849–1854.
Ernst Kaeber, Berlin 1848. Berlin 1948.
F. Peyer, Wiener Chronik für das Jahr 1848. Wien 1850.
Friedrich Lautenschlager, Volksstaat und Einherrschaft. Dokumente aus der badischen Revolution. Konstanz 1920.
Walther Reinöhl, Revolution und Nationalversammlung 1848. Schwäbische Urkunden. Stuttgart 1919.

Denkwürdigkeiten und Briefe

Paul Boerner, Erinnerungen eines Revolutionärs. 2 Bde. Leipzig 1920.
Stephan Born, Erinnerungen eines Achtundvierzigers. Leipzig 1898.
Karl Biedermann, Erinnerungen aus der Paulskirche. Leipzig 1849.
A. Comte de Circourt, Souvenirs d'une mission à Berlin en 1848. 2 Bde. Paris 1908/09.
Johann Gustav Droysen, Briefwechsel. Herausgegeben von Rudolf Hübner. 2 Bde. Berlin 1929.
Max Duncker, Politischer Briefwechsel. Stuttgart 1923.
R. C. Th. Eigenbrodt, Meine Erinnerungen aus den Jahren 1848–1850. Darmstadt 1914.
Julius Fröbel, Ein Lebenslauf. 2 Bde. Stuttgart 1890/91.
Ludwig Häusser, Denkwürdigkeiten der Geschichte der badischen Revolution. Heidelberg 1851.
A. Graf Hübner, Ein Jahr meines Lebens (1848/49). Leipzig 1891.
Hans Kudlich, Rückblicke und Erinnerungen. 3 Bde. Wien 1873.
Wilhelm von Kügelgen, Lebenserinnerungen des Alten Mannes in Briefen an seinen Bruder Gerhard. Leipzig 1942.
Gustav Rümelin, Aus der Paulskirche. Berichte an den Schwäbischen Merkur aus den Jahren 1848/49. Stuttgart 1892.
Carl Schurz, Lebenserinnerungen. 3 Bde. Berlin 1906–1912.
Anton Springer, Aus meinem Leben. Berlin 1892.
J. D. H. Temme, Erinnerungen. Herausgegeben von Stephan Born. Leipzig 1883.
Hermann Wagener, Erlebtes. 2 Bde. Berlin 1883/84.

Akten und Urkunden

Ludwig Bergsträßer, Die Verfassung des Deutschen Reiches vom Jahre 1849. Bonn 1913.

Franz Wigard, Verhandlungen der deutschen verfassunggebenden Reichsversammlung zu Frankfurt a. M. 9 Bde. Frankfurt 1848–1850.

Johann Gustav Droysen, Die Verhandlungen des Verfassungsausschusses der deutschen Nationalversammlung. Leipzig 1849.

–, Aktenstücke und Aufzeichnungen zur Geschichte der Frankfurter Nationalversammlung. Herausgegeben von R. Hübner. Leipzig 1924.

Rudolf Haym, Die deutsche Nationalversammlung. Ein Rechenschaftsbericht. Frankfurt 1848–1850.

Karl Jürgens, Zur Geschichte des deutschen Verfassungswerkes 1848/49. 3 Bde. Braunschweig 1850.

P. Roth und M. Merck, Quellensammlung zum deutschen öffentlichen Recht seit 1848. 2 Bde. Erlangen 1850–1852.

E. Bleich, Verhandlungen der Versammlung zur Vereinbarung der preuß. Staatsverfassung. 2 Bde. Berlin 1848/49.

K. G. Rauer, Protokolle der von der Versammlung zur Vereinbarung der preußischen Verfassung ernannt gewesenen Verfassungskommission. Berlin 1849.

Verhandlungen des österreichischen Reichstages nach der stenographischen Aufnahme. 5 Bde. Wien 1848/49.

Anton Springer, Protokolle des Verfassungsausschusses im österreichischen Reichstag 1848/49. Leipzig 1895.

Karl Hugelmann, Die österreichischen Landtage im Jahre 1848. Wien und Leipzig 1929–1938. (Archiv für österreichische Geschichte, Bd. 111 und 114.)

Biographien

Alfred Bergengrün, David Hansemann. Berlin 1901.

Ludwig Berger, Der alte Harkort. Leipzig 1926[5].

A. Caspary, Ludolf Camphausens Leben. Stuttgart 1902.

Joseph Hansen, Gustav v. Mewissen. 2 Bde. Berlin 1906.

Georg Küntzel, Aus dem Leben Heinrichs von Gagern. Quellen und Darstellungen zur Geschichte der Burschenschaft, Bd. 15. Heidelberg 1938.

Friedrich Meinecke, Radowitz und die deutsche Revolution. Berlin 1913.

Paul Müller, Fürst Windischgrätz. Wien 1934.

Ludwig Pastor, August Reichensperger. 2 Bde. Freiburg 1899.
Anton Springer, F. Ch. Dahlmann. 2 Bde. Leipzig 1870–1872.
Georg Stüve, Joh. Carl Bertram Stüve. Nach Briefen und persönlichen Erinnerungen. 2 Bde. Hannover 1900.
Fritz Vigener, Ketteler. Ein deutsches Bischofsleben des 19. Jahrhunderts. München 1924.

Monographien

J. A. von Helfert, Geschichte der österreichischen Revolution im Zusammenhang mit der mitteleuropäischen Bewegung der Jahre 1848/49. 2 Bde. Freiburg i. Br. 1907–1909.
Veit Valentin, Frankfurt a. M. und die Revolution von 1848/49. Stuttgart 1908.
Felix Rachfahl, Deutschland, König Friedrich Wilhelm IV. und die Berliner Märzrevolution. Halle 1901.
–, Die deutsche Politik Friedrich Wilhelms IV. im Winter 1848/49. München 1919.
Ernst Victor Zenker, Die Wiener Revolution in ihren sozialen Voraussetzungen und Beziehungen. Wien 1897.
Ludwig Brunner, Politische Bewegungen in Nürnberg 1848/49. Heidelberg 1907.
Hermann Keßler, Politische Bewegungen in Nördlingen und dem bayerischen Ries 1848/49. Diss. München 1939.
Hermann Entholt, Die Bremische Revolution von 1848. Als Manuskript gedruckt. Bremen 1948.
R. Noack, Die Revolutionsbewegung von 1848/49 in der Saargegend. Diss. Frankfurt 1929.
Wilhelm Schöttler, Württemberg in den Jahren 1848/49. Stuttgart 1851.
Walter Schinke, Der politische Charakter des Dresdener Maiaufstandes. Diss. Leipzig 1917.
Ernst Rudolf Huber, Friedrich Christoph Dahlmann und die deutsche Verfassungsbewegung. Hamburg 1937.
Eberhard Meier, Die außenpolitischen Ideen der Achtundvierziger. (Historische Studien, Bd. 337.) Berlin 1938.
Werner Näf, Die Schweiz in der deutschen Revolution. (Die Schweiz im deutschen Geistesleben, Bd. 59, 60.) Frauenfeld 1929.
Günter Telle, Das österreichische Problem im Frankfurter Parlament im Sommer und Herbst 1848. Diss. Marburg 1933.

Fritz Winzer, Hannover und die deutsche Frage 1848/49. (Historische Studien, Bd. 348.) Berlin 1939.
J. Stoepel, Nürnbergs Presse in der ersten Hälfte des 19. Jahrhunderts (bis 1849). Diss. München 1940.
Walter Obenaus, Die Entwicklung der preußischen Sicherheitspolizei bis zum Ende der Revolutionszeit. Berlin 1940.

Zur Soziologie der Revolutionen

Carl Brinkmann, Soziologische Theorie der Revolution. Göttingen 1948.
Alexander Cartellieri, Geschichte der neueren Revolutionen (1642 bis 1871). Leipzig 1921.
Siegfried Hellmann, Die großen europäischen Revolutionen. München 1919.
Eugen Rosenstock, Revolution als politischer Begriff in der Neuzeit. Breslau 1931.
Emil Lederer, Einige Gedanken zur Soziologie der Revolutionen. Leipzig 1918.
Theodor Geiger, Die Masse und ihre Aktion. Stuttgart 1926.
Pitirim Sorokin, Die Soziologie der Revolutionen. München 1928.
Adalbert Wahl, Revolutionskunde. Süddeutsche Monatshefte 1920.

Nachtrag 1973

A. Dorpalen, Die Revolution von 1848 in der Geschichtsschreibung der DDR, in: Historische Zeitschrift, Bd. 210 (1970), S. 324–368; praktisch lückenloser Gesamtüberblick, methodisch vorbildlich in referierender Analyse und kritischer Einordnung.
J. Droz, Les Révolutions Allemandes de 1848, Paris 1957; außerordentlich gründlich, abgewogen, erfrischend sachlich, hebt die sozialgeschichtlichen Komponenten hervor.
G. Franz, Die agrarische Bewegung im Jahre 1848, in: Zeitschrift für Agrargeschichte und Agrarsoziologie, Bd. 7 (1959), S. 161 ff.; Korrektur der traditionellen Ansicht von der Passivität der Bauern während des Revolutionsjahres.
K. Griewank, Deutsche Studenten und Universitäten in der Revolution von 1848, Weimar 1949; knappe Skizzierung des Themas in allgemeinhistorischer Einbettung.
E. R. Huber, Deutsche Verfassungsgeschichte seit 1789, Stuttgart 1960,

2. Band (C. Die deutsche Revolution, S. 502–935); umfassend, außerordentlich kenntnisreich, unentbehrlich; dazu: Dokumente zur deutschen Verfassungsgeschichte, Stuttgart 1961, Band 1, S. 261–401.

H. Jessen (Hrsg.): Die deutsche Revolution 1848/49 in Augenzeugenberichten. Düsseldorf 1968; reichhaltige Auswahl.

K. Kersten, Die deutsche Revolution 1848–1849, Frankfurt am Main 1955 (3., erheblich überarbeitete Auflage); lebendige, stark impressionistische Darstellung, die sich bemüht, die Anfänge der Entwicklung eines Klassenbewußtseins der Arbeiter deutlich zu machen.

R. Kiszling (u. a.), Die Revolution im Kaisertum Österreich 1848/49, Wien 1948, 2 Bde.; Gesamtdarstellung, ein Standardwerk.

W. Mommsen, Größe und Versagen des deutschen Bürgertums. Ein Beitrag zur Geschichte der Jahre 1848–1849, Stuttgart 1949, 3. Auflage 1964; Zusammenstellung einzelner Abhandlungen zur Revolutionsgeschichte, souverän, gelehrt, traditionalistisch.

H. Otto, Wandlung, Problemstellung und Urteilsbildung der deutschen Geschichtsschreibung über 1848, Diss. Marburg 1953; wichtiger Beitrag zu den Veränderungen der Revolutionshistoriographie.

F. W. Potjomkin/A. J. Molok (Hrsg.), Die Revolution 1848/49, Berlin 1956; Sammelwerk, marxistisch-leninistisch.

P. Robertson, Revolutions of 1848. A Social History, New York 1952; Schilderung der europäischen Bewegungen unter sozialgeschichtlichem Gesichtspunkt.

ABBILDUNGSVERZEICHNIS

Personenregister

Menschen und Mächte
Geschichte im Blickpunkt

Herausgegeben von Dr. Hellmut Diwald, Professor für mittlere und neuere Geschichte an der Universität Erlangen-Nürnberg.

Fernste Vergangenheit und unmittelbare Gegenwart der Völker verknüpfen sich in einem Geschehenszusammenhang, den wir Geschichte nennen. Wer ihn kennt, weiß von den großen Möglichkeiten des Menschen, aber auch von den Gefahren, die ihn und seine Ordnungen bedrohen. Die Taschenbuchreihe »Menschen und Mächte – Geschichte im Blickpunkt« weckt und stärkt das Bewußtsein dieses Zusammenhangs durch die Veröffentlichung ausgewählter Biographien und Darstellungen aus der politischen, der Kultur-, Sozial- und Wirtschaftsgeschichte; Voraussetzung für die Aufnahme eines Titels in das Programm sind wissenschaftliche Zuverlässigkeit und Lesbarkeit. Eine Einführung des Herausgebers zu jedem Band erläutert Standort, Bedeutung und Wirkung des jeweils vorliegenden Werkes und wird durch eine Zeittafel, eine kritische Bibliographie und ein Register ergänzt. Die meisten Bände enthalten Schwarzweiß-, zum Teil auch farbige Abbildungen.

Themenkreise

1. Griechische Antike und Hellenismus
2. Rom und Römisches Reich
3. Das Christentum
4. Byzanz I. Von Theodosius bis Herakleios
5. Die Völkerwanderungen
6. Der Islam. Religion, Ausbreitung, Staatsgründungen
7. Das Frankreich
8. Das Reich im Hochmittelalter
9. Frankreich und England
10. Kaisertum und Papsttum
11. Die Kreuzzüge
12. Byzanz II. Das Lateinische Kaisertum
13. Deutscher Orden und Hanse
14. Handel und Wirtschaft im Spätmittelalter
15. Die Ausbildung des souveränen Staates
16. Religiös-soziale Rebellionen
17. Die europäische Stadt in der frühen Neuzeit. Stadtkultur des Islam
18. Wissenschaft und Hohe Schulen
19. Der Frühkapitalismus
20. Die europäischen Mächte im 15. Jahrhundert
21. Die Renaissance
22. Die großen Päpste
23. Der Humanismus
24. Die Epoche der Entdeckungen und Eroberungen
25. Neuzeitliche Wissenschaft
26. Die Osmanen
27. Die Reformation I. Vorgeschichte, Revolte, Bauernkrieg

28. Habsburg und die Ära Kaiser Karls V.
29. Die Reformation II. Wirkung und Ausbreitung
30. Gegenreformation und Dreißigjähriger Krieg
31. Die Entstehung des russischen Reiches
32. Der europäische Absolutismus
33. England bis zu Cromwell
34. Der Aufstieg Preußens zur Großmacht
35. Österreich-Habsburg und das Reich
36. Das Zeitalter der Aufklärung
37. China, Japan, Indien
38. Der Kampf um die Weltmeere
39. Die Französische Revolution
40. Die Napoleonische Ära
41. Der Wiener Kongreß. Wiederherstellung des europäischen Staatensystems
42. Die Entwicklung Nordamerikas
43. Restauration und Vormärz
44. Der europäische Liberalismus
45. Die Industrialisierung
46. Die Revolution von 1848
47. Der Sozialismus
48. Die Entstehung der modernen Nationalstaaten
49. Die Reichsgründung durch Bismarck
50. Europas Imperialismus
51. Der erste Weltkrieg
52. Die russische Oktoberrevolution
53. Die Vereinigten Staaten von Amerika
54. Europa zwischen den Kriegen
55. Der europäische Faschismus
56. Deutschland und der Nationalsozialismus
57. Japan und China
58. Der zweite Weltkrieg
59. Die Weltpolitik seit 1945
60. Das Ende des Kolonialismus

Programm April 1973 bis April 1974

H1 Werner Richter *Ludwig II., König von Bayern*
H2 Pierre Gaxotte *Die Französische Revolution*
H3 Joseph Vogt *Constantin der Große und sein Jahrhundert*
H4 Philip Longworth *Die Kosaken. Legende und Geschichte*
H5 Matthias Gelzer *Pompeius*
H6 Rudolf Stadelmann *Soziale und politische Geschichte der Revolution von 1848*
H7 Karl Brandi *Kaiser Karl V. Der Kaiser und sein Weltreich* (Sept. 73)
H8 Aziz S. Atiya *Kreuzfahrer und Kaufleute. Die Begegnung von Christentum und Islam* (Okt. 73)
H9 Ian Grey *Katharina die Große* (Nov. 73)
H10 Georgina Masson *Das Staunen der Welt. Friedrich II. von Hohenstaufen* (Dez. 73)
H11 Friedrich Sieburg *Robespierre* (Jan. 74)
H12 Erich Eyck *Bismarck und das Deutsche Reich* (Febr. 74)
H13 Tor Andrae *Mohammed. Leben und Glaube* (März 74)
H14 Hendrik de Man *Jacques Coeur. Bürgertum und Frühkapitalismus* (April 74)